Batterien 56

Cristina Campo

DIE UNVERZEIHLICHEN

Eingeleitet
von Guido Ceronetti

Aus dem Italienischen
übersetzt
von Irmengard Gabler

Matthes & Seitz

Die Übersetzerin dankt der Kommission der Europäischen Gemeinschaft für die großzügige Unterstützung.

... und wie die erhabenen Fixsterne
nehme auch ich nur langsam Abschied.
Ibn H'azm (10. Jahrhundert)
Für U. H. in Dankbarkeit.

© 1996 Matthes & Seitz Verlag GmbH, Hübnerstraße 11, 80637 München. Alle Rechte vorbehalten. © Für die Originalausgabe *Gli imperdonabili* 1987 Adelphi edizioni, Milano. Herstellung und Umschlaggestaltung Bettina Best, München. Satz: Wirth, München. Druck und Bindung: Spiegel Buch, Ulm. ISBN 3-88221-272-1

INHALT

GUIDO CERONETTI

CRISTINA

... was für den gewöhnlichen Menschen
höchste Spiritualität ist, die Seele, ist für
den geistigen Menschen nahezu Fleisch.

MARINA ZWETAJEWA

*Soviel ist gewiß: Nur zarte, liebende Hände können in
diesem Buch jene literarische Form, jene geistige Gestalt
Cristina Campo erschaffen haben. Denn dieser künstliche
Name entsprach so sehr dem Wesen seiner Trägerin, daß man
ihn niemals mit dem etwas dürftigen, unzulänglichen Attri-
but Schriftstellerin in Verbindung bringen würde.*
*Wie mit dem vorliegenden Buch glaubhaft dargelegt,
schrieb Cristina Campo, doch tat sie es wie fernöstliche
Künstler, die malten, ohne sich in die Schablone »Beruf
Maler« einzufügen. Sie schrieb wie ein Mime im Nô-Spiel,
der auf der Bühne aus sich herauspreßt, was Zeami als
Blume bezeichnet, am Ende zerfällt, vergeht und nicht wie-
derkommt, um sich zu verneigen, damit, was sich als Schauspieler erwiese, Blume bleiben darf.*
*Es gibt sie natürlich, die Schriftstellerinnen; und alle sind
sie mehr oder minder frei, schön, häßlich, laut, scharfzüngig,
hemmungslos und dokumentierend, allesamt modern, auf-
strebend und rührig, und teilen alle dasselbe Schicksal: Je
weniger Schriftstellerinnen und je mehr Schriftsteller sie
sind, desto höher ist ihr Ansehen. In der schreibenden Frau-
Frau läßt sich ein gewisser Mangel an Sonnenaktivität
erkennen, eine Verlangsamung, ein Widerstreben der Worte,*

7

den schattigen *Weg zu nehmen, während der schreibenden Mann-Frau der chirurgische Prozeß hinderlich ist, in dem sie sich zum Androgynen wandelt, um sich fremder Sichtweisen und Formen zu bemächtigen: Sie wird wohl kaum aus dem Erhabenen schöpfen. Diese als Frauen geborenen Literaten bereiten uns eine merkwürdige Überraschung: Wir dachten, sie seien besessen vom Dämon eines Schriftstellers, dabei sind sie lediglich Transvestitinnen, die gelitten haben, um Grenzen zu überschreiten.*

Doch Frauen von solch rätselhafter Natur wie Emily Brontë, Caterina von Siena, Abailards Heloïse, Rabia, Emily Dickinson, Teresa d'Avila, Anna Katharina Emmerich, Marina Zwetajewa, Simone Weil oder unser kostbares Juwel Cristina Campo lassen sich weder den Schreiberinnen, noch den Schreibern zuordnen; das Verlagswesen steht ihnen zu Diensten, ohne daß sie ihm dienten. Werden sie gelesen, so hinterlassen sie im erstaunten Leser ein anderes Gefühl, als ein Buch üblicherweise hinterläßt: zarter, näher dem Ort des Vergessens.

Dies soll nicht etwa heißen, daß man sie vergißt, sie sind dem Vergessen lediglich ein wenig näher. In ihnen offenbart sich das Jahrhundert weniger tatsächlich, weniger gestempelt. Teresas Vida *hinterläßt keine Spuren, aus Caterinas Briefen treten nur wenige Worte immer wieder klar hervor (Blut, Feuer, Liebe, badet euch darin ...), während alles Lehrhafte, das Mark jener Briefe sich in sibyllinische Umwölkung hüllt. In diesen betörend weiblichen Wesen, in die das Wort sich senkt, kommen wir dem Unsagbaren auf die Spur (hierin war die Campo Expertin). Das Unsagbare schwebt an uns vorüber, berührt uns so zart, daß es uns nicht merklich zu verändern scheint ... Echte Schriftsteller hinterlassen stets ein sichtbares Zeichen. Nicht so jene Spinnerinnen des Unsagbaren, weil sie selber eines sind. Jede von ihnen ist eine Idee. Sie sind wie Unterscheidungszeichen, die die Anarchie des Klangs zähmen, damit die stets göttliche Anmut diese Kraft in die richtigen Bahnen lenke.*

Vor etlichen Jahren, als ich Flöte und Teppich *rezensierte, schien es mir passend, Cristina als »Schriftsteller Campo« zu bezeichnen. Heute finde ich diese Benennung völlig unzureichend, und so möge man sie aus dem Gedächtnis löschen. Cristinas beseligende Einmaligkeit gleicht dem Gesang von Piccarda: frei schwebend in einem grenzenlosen, spirituellen Raum von Weltferne und Musik.*

Cristina Campo tat sich vor allem durch ihre Belesenheit und ihre mystische Dichtung hervor und erwies sich zudem als glänzende Übersetzerin von Poesie (John Donne). Ihre Belesenheit war von so einzigartiger Vielfältigkeit, daß sie uns fast verdächtig wird: Eine herkömmliche Literatin *beschreitet weniger* unwegsame, *weniger unnütze Pfade. In Wahrheit verwandelte sie jeden Gegenstand, den sie auswählte, erklärte, untersuchte, erlebte oder eigentlich erhöhte, auf wundersame Weise zum wirkmächtigen Lebenszeichen. Ihre Belesenheit war nichts anderes als eine Offenbarung ihrer Inspiration, ein Wirken des* verborgenen Wortes.

Cristina Campo, die Zarte, die Sterbende, war eine Gegenwärtig-Setzung. Und dies bezeugt auf wohlklingende Weise die Sammlung dessen, was sie uns von ihrer schattenreichen, filtrierten Reise durch das Leben hinterläßt, in dem sie uns als eine Leidende erschien, die nur selten ihr Krankenbett verließ. Sie ist all jenen ein Licht, die dank einer intuitiven Initiation noch imstande sind, Pneuma und helle Kindlichkeit wahrzunehmen.

DIE UNVERZEIHLICHEN

FLÖTE UND TEPPICH

Für meinen Vater, Guido Guerrini

Das Buch enthält Schriften aus mehreren Zeiträumen, darunter zweifellos einige aus meiner Jugend.

Dennoch scheint mir das Buch immer wieder die gleichen Aussagen zu wiederholen, mit unterschiedlichen Vorzeichen und Farben. Es ist oder wäre gern ein kleiner Ablenkungsversuch vom Spiel der Kräfte, »ein Bekenntnis des Unglaubens an die Allmacht des Sichtbaren«.

Aus diesem Grund habe ich nicht einmal die Wiederholungen getilgt. In einem von unseren alten Meistern bemalten Zimmer wiesen die verschiedenen Figuren auf den einzelnen Wänden üblicherweise mit gleicher Geste auf einen Mittelpunkt, auf einen einzigen abwesenden oder gegenwärtigen Gast.

C. C.

I

EINE ROSE

Wer die französischen Märchendichter leichtfertig schilt, nur weil sie ihre Feen mit ein paar Straußenfedern schmückten, der mag wohl das Augenlicht, nicht aber die Gabe des Sehens besitzen. Eine gewisse Madame d'Aulnoy dagegen hatte sie, und so vermochte sie in den Stimmen des Volkes allerlei zarte Geheimnisse zu erspüren, unbewußt, wie eine Träumende, oder jemand, der auf einer Wiese vierblättrigen Klee findet. (Dies unterschied sie im übrigen von den Brüdern Grimm, die sorgsam jedes folkloristische Gräslein verhochdeutschten, dabei durchaus viel Kostbares fanden, jedoch vergraben unter einem erstickenden Haufen Unkrauts ohne jede Magie.)

Madame d'Aulnoy ersann solch herrliche Märchen wie *Der goldene Zweig* oder *Die weiße Katze,* die man niemals in all ihrer Tiefe wird ergründen können. Doch eigentlich genügt unseren Zwecken auch das allseits beliebte Märchen Perraults vom Aschenputtel. Wir wollen einstweilen die bereits kläglich entjungferten Symbole der bösen Schwestern und des gläsernen Pantoffels beiseite lassen (der ursprüngliche Pantoffel war übrigens aus erlesenem *Fehwerk*), denn auch ohne sie werden wir Offenbarendes zur Genüge finden,

19

Strahlen, die nur ein Erzähler wie Perrault empfangen konnte, der wie alle Sehenden ein wenig zerstreut war.

Hier der Auftakt zum berühmten Höhepunkt des Geschehens, dem Ball bei Hofe:

»Angetan mit ihrem prächtigen Gewand bestieg Aschenputtel die Kutsche. Die gute Fee warnte es, auf keinen Fall über Mitternacht hinaus beim Tanze zu bleiben, denn sollte sie auch nur eine Sekunde länger verweilen, würde die Kutsche sich in einen Kürbis, würden die Pferde sich zu Mäusen, die Lakaien zu Eidechsen, und die schönen Kleider in die Lumpen zurückverwandeln, die sie vorher waren.«

Diese wenigen Worte weisen sanft, wenn auch entschieden auf das Geheimnis von »Zeit« und auf die Gesetze des Wunderbaren: Denn wohin führt die Mißachtung eines Verbots? Doch nur zu einem tragischen Rückschritt, zum morgendlichen Erwachen auf der kalten Asche. Die dritte Ballnacht wäre Aschenputtel um ein Haar zum Verhängnis geworden: Und um sich zu retten, flieht es Hals über Kopf, denkt nicht mehr an sein verlorenes Pantöffelchen, verzichtet auf jene kurze, ekstatische, ihm von einer geheimnisvollen Macht geschenkten Gegenwart. Doch siehe da: Gerade dies verlorene Pantöffelchen wird es schließlich in des Prinzen Arme führen. Der freiwillige Verzicht des Mädchens soll ihm am Ende zum Vorteil gereichen.

»Wer sein Leben hingibt, der wird es erlangen.« Madame Le Prince de Beaumont bedichtet in *Die Schöne und das Tier* dieselbe Thematik und dringt dabei in noch subtilere, geheimnisvollere Bereiche vor. Wie jedes echte Märchen handelt auch dieses von der liebevollen Umerziehung einer Seele – hin zur Aufmerksamkeit. Man soll die Dinge nicht nur wahrnehmen, sondern sehen. Und Sehen bedeutet Erkennen des einzig Wahren, des einzig Wirklichen. Und was wäre wirklicher auf Erden als das Überirdische? Die Liebe zwischen der Schönen und dem Tier ist ein langer, zäher, ungemein grausamer Kampf gegen Furcht, Aberglauben, Vorurteile und eitle Begierden. Aschenputtels zu langes Verweilen auf dem Hofball ähnelt der Rückkehr der Schönen in ihr Vaterhaus, die dem Tier beinahe das Leben gekostet hätte. Beide Mädchen wären um ein Haar wieder in die Fänge der Vergangenheit geraten, die wie ein plötzlicher Wintereinbruch vernichtet hätte, was so lange nicht erblühen durfte: die Gegenwart. Für die Schöne ist dies die entscheidende Prüfung, doch das weiß sie nicht. Und eigentlich ist es auch für das Tier die entscheidende Prüfung.

Wann verwandelt dieses sich in einen Prinzen? Doch erst, als solch ein Wunder nicht mehr nötig wäre, weil die Metamorphose sich bereits im Herzen der Schönen vollzogen hat. Geläutert von den Krusten jungmädchenhaften Sehnens und Träumens, bleibt ihr die reine, liebende Seele. (»Ich sehe ihn nicht mehr als garstiges Scheusal, aber selbst wenn er eines wäre, würde ich ihn heiraten, weil er so gütig ist und ich keinen lieben könnte als ihn.«)

So vollzieht sich die Verwandlung des Tieres eigentlich im Herzen der Schönen, und daß zugleich aus dem häßlichen Untier ein Prinz wird, ist zwar durchaus logisch, aber nicht mehr vonnöten. Nun, da keine leiblichen Augen ihn mehr betrachten, ist des Prinzen Anmut nur noch Beiwerk, nur noch jenes beseligende Glück, das denen verheißen ist, die das Himmelreich suchen. »Wer hat, dem wird gegeben werden«, verspricht ein Vers, der die Anhänger des Buchstabensinns so recht in Verwirrung stürzt.

Um die Schöne zu ihrem glorreichen Sieg zu führen, ringt das Untier mit Tod und Verlassenheit, kämpft verzweifelt um die Liebe der Schönen, kommt jede Nacht zu gegebener Stunde, um mit dem fügsamen, unerschrockenen Mädchen bei festlicher Musik zu Abend zu speisen. Eingeschlossen in der Ägide des Schreckens und der Lächerlichkeit (»ich bin nicht nur häßlich, sondern leider auch töricht«) riskiert es Haß und Abscheu seiner Liebsten, steigt in die Welt der Schatten hinab und nimmt das Mädchen mit sich.

Nicht weniger – und auf nicht minder frenetische Weise – tut Gott für uns, Nacht um Nacht, Tag um Tag. Man sollte jedoch nicht vergessen, daß die Schöne es war, die ihren Prinzen erlöste, von fern, und ohne es zu ahnen. Es geschah, als sie ihren Vater, bevor er fortritt, nicht etwa um feines Geschmeide oder prunkvolle Gewänder bat, sondern um ein etwas merkwürdiges Geschenk: »Ich wünsche mir eine Rose, Vater, weiter nichts.« Und dies mitten im Winter.

IN MEDIO COELI

Am Anfang der Zeit waren Zäune am
Ende der Welt ... und hinter allen
Dingen erschien etwas Unendliches.

THOMAS TRAHERNE

Im hohen Alter, wo die Menschen meist schon viel
von ihrem Leben vergessen haben, erinnern sie sich
bekanntlich immer deutlicher ihrer Kindheit. Und
wenn wir, wie es heißt, nicht ins Himmelreich kommen, es sei denn, wir werden wie die Kinder, scheint
es das richtige zu sein, sich aller andern Güter um dieses höchsten willen zu entäußern, das uns vielleicht
nach dem Tod zuteil wird.

Sogar ein im Geist schon ein wenig wirrer alter
Mann hat, wenn er von seiner Kindheit zu erzählen
beginnt, etwas vom Geheimnisvollen eines Sehers.
Um ihn her verlangsamt sich der Rhythmus des
Lebens, entsteht oft eine seltsame Stille, und auch das
unruhigste Kind wird ihm gespannt zuhören. Er
scheint dabei wirklich mit Seherkräften begabt zu sein,
denn was er enthüllt, ist etwas Zukünftiges; nicht so
sehr die eigene Vergangenheit, sondern die Erinnerung, die das Kind, sobald es erwachsen ist, an die
eigene Kindheit haben wird. Weder er selbst noch das
Kind sind sich dessen bewußt, es sei denn durch das
Numinose der Worte, das beide mit demselben Zau-
berbann umschließt. Und wie einfach sind sie, diese

Worte! Dennoch wird das Kind den alten Mann immer wieder unterbrechen; es will noch mehr wissen, besteht darauf, die Form jenes Kuchens zu erfahren, die Größe jenes Gartens, die Farbe des Kleids, das die Urgroßmutter damals auf dem Spaziergang oder auf dem Ball getragen hat. Und wenn dem Kind solche Fragen nicht einfallen, wenn es nicht mit phantasievoller Aufmerksamkeit begabt ist, wird es, mit gerunzelter Stirn, den Großvater zumindest fragen: »Wie alt warst du damals?« Das ist ein Versuch, während es im Grunde seiner eigenen Zukunft entgegensieht, den Abstand und den beängstigenden, unvorstellbar langen Weg zwischen dem Großvater und jenem Kind von einst zu überwinden; einem alterslosen Kind, einem maskierten Greis, gleich den schwarzen Kindern auf den Ikonen. »Sechs oder sieben Jahre«, wird der Großvater etwa antworten und wie in einem geheimen Repensorium hinzufügen: »So alt wie du jetzt, ein Jahr älter oder jünger.« Eine förmliche Kabale, eine unbewußte, die die beiden, wie den Schläfer bei Proust, mit dem Faden der Stunden, der Tage, der Jahre umgarnt.

Mit welch hypnotischer Langsamkeit ein Kind die Lider bewegt, das dem Großvater oder der Großmutter zuhört, wenn sie ihm aus ihrem Leben erzählen! Wie im Fieber hält es die Lippen halb geöffnet und läßt den Speichel langsam durch den Hals rinnen. Seine Miene hat nichts Fröhliches, während es sich eng an die greisen Knie schmiegt. In ihm ist die reglose Gespanntheit des Vogels in der Mauser, des Insekts in der Metamorphose; aber es ähnelt vielleicht auch der aus voller Kehle singenden Nachtigall, deren zartes Gefieder sich dabei aufplustert und deren Körperwärme sich erhöht. Es sind Augenblicke inneren Wachstums für das Kind. Lustvoll und bebend trinkt es aus dem Brunnen der Erinnerung, dessen dunkel schimmerndes Wasser ein verfeinertes Wahrnehmungsvermögen verleiht.

Von den Gegenständen, die das Kind so sehnlich zu »sehen« wünscht, ist es ja selber auch umgeben, hat sie zum Greifen nahe, und doch scheint es keine Beziehung zu ihnen herstellen zu können. Die Dinge, von denen ihm etwa die Großmutter erzählt – einfache, beinahe erschreckend einfache und, weil sie ihm immer wieder entgleiten, so verlockende Dinge –, scheinen ihm nichts gemein zu haben mit denen, die es tagtäglich sieht und berührt und die es, sobald die Erzählung beendet oder abgebrochen ist, wiederum sehen und berühren wird.

Es liegt etwas fast Brutales oder vielleicht bloß Tierhaftes in der Plötzlichkeit, mit der ein Kind zu seinen Spielen zurückkehrt nach solchen Augenblicken, während welcher die über seinem Kopf kreisenden Sphären zum Stillstand gekommen sind. Man hätte geglaubt, es werde sich nicht ohne Tränen, nicht ohne Widerstreben aus solcher Verzückung lösen. Doch wie aus einem Traum erwacht, wird es – nach Art der Tiere oder der durch ein Wunder geheilten Menschen, welche, kaum daß sie die Augen öffnen, nach Nahrung verlangen –, sogleich »Ich hab' Hunger« ausrufen, gierig nach seinem Butterbrot langen und auf einem Fuß davonhüpfen, um es anderswo zu essen; und dabei gewissermaßen auftrumpfend und mit kleinen Schreien oder lautem Singen fast prahlerisch sein Unbeteiligtsein betonend. Am liebsten wird es sich nun der Welt der Tiere zuwenden: den Hund mit sich wegzerren oder die Katze packen und mit ihnen durch den Garten tollen.

Nicht etwa, daß so ein Kind nicht in einer völlig normalen Beziehung zu den Dingen seiner Umwelt lebt. Im Gegenteil. Begnadet mit einer unschuldigen Sinnlichkeit, umgreift es die Orange, taucht die Hand

in das kosig weiche Tierfell, in das sie umschmei-
chelnde Wasser mit dem unbefangenen Ungestüm
eines Engels. Aber es weiß das nicht. Erst bis seine
Erinnerung sich gleich einem Reifen um die eigenen
Anfänge geschlossen haben wird, kann es das wissen.
Der alte Mensch hingegen weiß es. Was sich da
abspielt, ist gewissermaßen ein Zwiegespräch zwischen einem Garten, in dem man nackt ist, ohne sich
dessen bewußt zu sein, und einem Raum, darin man
sich entkleidet hat.

Darum nimmt auch die schlichteste, von einem alten
Menschen erzählte Geschichte die Form einer Parabel
an; in Parabeln drückten sich die alten Leute früherer
Zeit überhaupt gern aus. Und seit je wurden Märchen
– diese oft leichthin nur »Moralitäten« genannten
Evangelien – von der Großmutter erzählt, der Ältesten
des Hauses, der Frau, die stets guten Rat wußte,
mochte sie eine Dame sein oder eine Bäuerin. Und wie
sinnvoll klingt das alte italienische Sprichwort: »Ein
alter Mann im Herdwinkel ist mehr wert als ein junger
auf dem Feld«, wenn man an den wandernden Märchenerzähler denkt, dem noch mein Vater lauschte; an
jenen geheimnisvollen Mann, der wie ein Zelebrant
oder Zeichendeuter zu den geselligen Zusammenkünf-
ten an den langen Winterabenden ins Haus gebeten
wurde; an den Alten mit der großen Tabakspfeife, der
von seinen Worten lebte, und um den sich wie eine
Kapelle der große Wohnraum oder die Küche gleichsam von selbst in zwei Hälften teilte: das Gynäzeum
der Spinnerinnen auf der einen, das Androzeum der
Raucher auf der andern Seite.
   In der Toskana wurde das Märchen schon immer »la
novella« genannt, wie im Volksmund, auch in anderen
Ländern, die Evangelien (la [bonne] nouvelle, die
[frohe] Botschaft). War dem Märchenerzähler das

Haus vorbehalten, der häusliche Herd in seiner Mitte –
von jeher der Treffpunkt mit den Toten, mit den Gei-
stern der Ahnen –, so lauschte man dagegen dem fahrenden Sänger, der von weltlichen Heldentaten und
Begebenheiten erzählte, auf dem Dorfplatz. Und weil
hier, wo sich das Volk in Menge sammelte, jede Art
von Belustigung willkommen war, war der Bänkelsänger oft auch Feuerschlucker und Gaukler. Der Märchenerzähler aber, der platte Verse und Holztafeln mit
Ankündigungen in pathetischen Bildern und Worten
verachtete, ging wie der Überbringer von Kostbarkei-
ten von Haus zu Haus. Die Kinder stellten sich ihn
gern mit einem Sack voller Wörter vor, ganz ähnlich
dem Sandmann mit seinem Sack voller Träume. Zu
allen Zeiten gab es Geschichten vom Märchenerzähler, der keine Märchen mehr weiß oder keine
mehr erfinden kann: eine himmlische, stets widerruf-
bare Gabe. Irgendein schlichter alter Mann mag sich
beim Erzählen seiner Eigenschaft als heimlicher Hiero-
phant nicht bewußt sein. Der kundige Märchenerzähler aber ist sich ihrer bewußt; er bevorzugt die Form
der Parabel. Ersterer wird sagen: »Als Kinder sind wir
oft zu jenem Krüppel mitgenommen worden ...«
oder »Damals, im Jahr der Hungersnot, wurden sogar
Mäuse verzehrt.« Letzterer hingegen wird so beginnen: »Auf der Insel, die nach den Kindern Kaledans
benannt ist, glaubte ein blinder König nicht an den
Tod ...« Der eine wie der andere hält geheim, was er
eigentlich ist, und gehorcht damit einer Regel, die zu
allen Zeiten galt; indem der eine es in die liebgewordenen alltäglichen Dinge der Erinnerung wie in bäuer-
liche Amulette, in stumme, zärtliche Talismane ver-
schließt, der andere in die komplizierten, stets wiederkehrenden, mit der Magie der Zahlen und Symbole
verbundenen figurativen Ausdrücke der doppelsinni-
gen Erzählung, welche der Unterseite eines Teppichs

gleicht, der erst nach dem Umwenden sein wahres Muster zeigt.

Es ist kein Zufall, daß das Märchen, diese sinnbildliche Wanderung, meistens wie ein Ring dort endet, wo es begonnen hat. Das erreichte Ziel jenseits der sieben Berge, jenseits der sieben Meere, ist das Vaterhaus, der vertraute Park oder Garten, wo mittlerweile das Gras hoch aufgeschossen ist. Dort wartet der altgewordene König auf seinen Sohn, den verloren geglaubten Prinzen, um ihm die Krone zu überlassen. Es gibt ein Märchen, und nicht einmal ein altes (»La leggenda d'oro di Mollichina«, von Camille Mallarmé, der Nichte des Dichters, auf italienisch geschrieben), worin die Wanderschaft ins Jenseits führt: Ein kleines Mädchen geht auf die Suche nach der toten Mutter. Jenseits von Wäldern und Meeren, von labyrinthischen Städten und dumpf grollenden Bergen, und nachdem die Kleine auch die fahlen Landschaften des Mondes durchquert hat, wird ihr der Garten des Paradieses gezeigt. Es ist der erste liebenswerte Ort, an den sie gelangt. Bald aber kommen ihr die hohen Eichen, das wirbelnde rote Laub bekannt vor: Es ist der Wald unweit ihres Vaterhauses, der Wald, in dem sie ihre Suche begonnen hat. Und so erblickt sie denn auch ohne Verwunderung gleich darauf ihre Mutter, die neben der ihr bei ihren frühen Spielen liebgewordenen Quelle in einer kleinen Grotte sitzt.

Im Märchen gibt es bekanntlich keine Wege. Wir gehen einfach der Nase nach, scheinbar in einer geraden Linie. Zuletzt wird sich diese Linie als ein Labyrinth erweisen oder als ein vollendeter Kreis, eine Spirale oder ein Stern – oder gar als fester Punkt, von dem sich die Seele nie entfernt hat, während Körper und Geist sich auf ihrer scheinbaren Wanderschaft mühten. Selten wissen wir, wohin wir gehen, oder auch nur, worauf wir zugehen; denn wir können nicht erraten, was in Wirklichkeit das tanzende Wasser ist oder der singende Apfel oder der alles wissende Vogel (in »La princesse Belle-Etoile« von Mme d'Aulnoy). Das bloße Wort ist es, was uns ruft, das abstrakte, inhaltsschwere Wort, mächtiger als alle Gewißheit. Und ebensowenig vermögen die Moiren – als altersschwache Bettelweiber oder sprechende Tiere verkleidet – uns jemals mehr als ein paar negative Verhaltensmaßregeln zu geben, von denen alles abhängt und gegen die immer verstoßen wird, denn Verbote, welche anstelle anderer und geheimer stehn, lassen sich nicht wirklich befolgen: »Kauf nicht das Fleisch eines zum Tod Verurteilten! Setz dich nicht auf den Rand eines Springbrunnens!« Da uns also das, was wir suchen gegangen sind, weder vorstellbar ist noch sein darf, muß das Ziel unerreichbar bleiben.

Ähnlich spricht ein östlicher Lehrmeister, wenn er seinem Schüler sagt, er müsse wandern, um ans Ziel zu gelangen, müsse sich vorantreiben kraft seines Geistes, damit ihm Erleuchtung zuteil werde. Erleuchtung vollzieht sich wie das Sichöffnen der Lotusblüte, wie das Erwachen des Träumenden. Du wartest nicht, daß ein Traum zu Ende gehe; du erwachst von selbst, sobald der Traum zu Ende geträumt ist. Die Blüte öffnet sich nicht, wenn du erwartest, sie werde sich öffnen; es geschieht, sobald die Zeit dafür reif ist.

Das Ziel geht also schon neben dem Wanderer einher, wie der Erzengel Raphael den jungen Tobias geleitet, oder wartet daheim auf ihn wie der alte Tobias. In Wirklichkeit trägt ein jeder von uns sein Ziel immer schon in sich und strebt dem unverrückbaren Mittelpunkt seines Lebens zu: der Quelle in der Grotte, wo Kindheit und Tod einander umarmen und eins dem anderen sein Geheimnis anvertraut.

Wie paradox daher dieser Gedanke, diese Form einer geduldigen, mühevollen Wanderung! Doch eben in diesem Paradoxon liegt der Schnittpunkt des Ewigen und des Zeitlichen, denn die Form muß sich von selbst zerstören, aber erst im Augenblick ihrer Vollendung.

Alle Ebenen unseres Daseins scheinen von dieser beharrlichen Beziehung zwischen Kindheit und Tod durchdrungen zu sein. Dafür ist Proust ein Hauptzeuge. Und Pasternak enthüllt uns ihren tiefsten Sinn in seinen Anmerkungen zu Chopin an der Stelle, wo er sagt, die »Etüden« seien »Versuche einer Theorie über die Kindheit« und zugleich eine »pianistische Vorbereitung auf den Tod«, eine Suche, bei der »das Ohr das Auge der Seele« sei.

Wenn die Seefahrer alter Zeiten von ihrem Kurs durch einen Sturm abgetrieben worden waren und ihn, oft von der entgegengesetzten Seite her, wiederfanden, nannten sie das »Vorwärtskommen durch Rückkehr«. Das Greisenalter, wovon anfänglich die Rede war, ließe sich auch als Verbannung oder frühe Vorbestimmung bezeichnen – oder als beides wie eben bei Chopin. Jedenfalls ist es so, daß vom Höhepunkt unseres Lebens an – er kann mit dessen natürlichem Zenith zusammenfallen oder ihm vorausgehen – unser Weg uns nicht, wie es dem Gesetz der Zeit gemäß wäre, dem Vergessen, sondern dem Erinnern zuführt. Das ganze bis zu ihm – bis zur Himmelsmitte – erworbene Erkenntnisvermögen scheint sich von nun an unserer Kindheit zuzuwenden, dem Elternhaus, dem uns frühest vertrauten Fleck Erde, und dem von Tag zu Tag beredter werdenden Geheimnis der eigenen Wurzeln; einer immer eindringlicheren Zwiesprache zwischen dem Kind von einst und den Toten, den verschleierten, stets gegenwärtigen Botschaftern der Mysterien des Gedächtnises. Ich kann es gut begreifen, daß der Mestize Garcilaso de la Vega, als er seine

Großeltern mütterlicherseits – die von den siegreichen Spaniern abgesetzt und vertrieben worden waren – miteinander reden hörte, ein für allemal wußte, er werde sich nie anders als »El Inca« nennen, obgleich er Christ und der Sohn eines berühmten Spaniers war (Garcilaso de la Vega, *Comentarios reales de los Incas*). Er verstand plötzlich diese tausendmal gehörten Klagen, verstand diese alten Leute, die mit verzweifelter Sehnsucht ihrer toten Kaiser, der wie die Sonne schrecklichen und milden, gedachten. Nicht weniger dramatisch ist vielleicht unsere Begegnung mit einem alten Familienporträt, dem Mann oder der Frau, von denen uns viele Male erzählt worden ist, dem Großvater, dessen Gesicht dem unsern gleicht und der – erst heute wird es uns klar – »noch die Kaiser gesehen hat«. In seinen kalten und doch zärtlichen Augen liegt etwas, wonach wir seit je in uns und außerhalb unser suchten; etwas der Erde sehr Ähnliches, die uns (wie ein Indio ausdrückte) unter dem Anschein, es würde uns der Himmel erschlossen, genommen wurde. Vor allem eine Sprache, eine unverdorbene, eine spontane liturgische Anordnung von Wörtern – und das will viel heißen; eine Anordnung von Sternen zu Bildern ist dagegen etwas Geringfügiges.

Das erste, was uns solche Begegnungen mit der eigenen Lebensgeschichte vermittelt, ist die Landschaft.

Wer das Glück gehabt hat, seine Kindheit auf dem Land zu verbringen (oder wenigstens in einem Haus mit einem genügend weitläufigen Garten, dessen Grenzen er nicht allzu genau kannte), wird sich sein Leben lang ein Gefühl für eine geheimnisvolle und dennoch präzise Sprache bewahren, für eine melodische Aufeinanderfolge von Sätzen, die, während sie das Ohr erfreut, dem Geist etwas Endgültiges, etwas immer wieder von neuem Verheißenes und in die

Ferne Gerücktes, ankündigt. Wie die Lösung eines Rebus kann diese endgültige Form manchmal von einem Traum (in dem die geliebte Landschaft unerhörte Tiefe annahm) oder von etwas Gelesenem, oft einem Märchen, dargeboten worden sein (und mehr denn je reihten sich da im Geist die lieblichen Stätten an unausdenkbaren Pfaden aneinander, bevölkerten sich mit Erscheinungen, erfuhren immer subtilere und erhabenere Verwandlungen).

Ein Rebus von unermeßlichen Ausmaßen ist die Kindheit; von unbestimmten, durch die Winzigkeit der eigenen Statur ausgedehnten Grenzen (ganz wie in den Märchenbüchern die Zauberformeln langsam ausgesprochen werden). Er war der Hügelrücken, den kleinen Schritten unzugänglich, hinter dem sich die wunderbare Wiese, die Lichtung von Broceliande, erstrecken mußte; er war das Parktor, das stets geschlossene, oder das kaum jemals betretene Wäldchen; war die auf dem Spaziergang in der Abenddämmerung erspähte schwindelnd hohe, unverrückbar stillstehende Schloßruine, die sich bei jeder Straßenbiegung verschob; war die Grotte, die verborgene Quelle – »la fin du parc«.

Eine alte Photographie genügt, damit diese goldenen Hieroglyphen, diese grünen Ideogramme von etwas einst vollständig Gegenwärtigem, ohne Unterlaß Geahntem und wieder Verlorenem aufs neue ihre Zeichen zusammenfügen. Eine solche Photographie wird nur dem vergilbt erscheinen, der sich nicht aufs Erinnern versteht. Wer hingegen in ihr ein noch lebendiges Bild sieht, für den ist dieses Gelbliche der pure Honig des Lichts, alle jene sonnigen und schattigen Vormittage mit ihren Rufen, ihrem Geraschel, dem Gesumm von Bienen, dem Blinken heller Kleider in der Ferne, dem Gemurmel von Stimmen in der wie Eis schimmernden Luft. Ein ganzes Gewebe sich durch den flimmernden Raum spannender »Marien-fäden«.

Einen absoluten Raum sozusagen; der aber in Wirklichkeit durch jene Verbote, jene unsichtbaren Begrenzungen gebildet wird, die gewissermaßen den Schnürbändern der Metrik, den Gliederketten der Reime ähneln. Die Erinnerung umkreist ihn immerzu, manchmal bis zur Selbstqual, wie eine ihr versagte Ekstase. Und dann und wann, mit einer engelhaften und grausamen Beharrlichkeit, zeigt ihn uns plötzlich ein immer wieder geträumter Traum: den verschlossenen Garten, dessen Eingang wir weinend suchen, das verlassene oder zerstörte Haus, das unsichtbare Wasser, das, wie der Fluß Skamander, zu uns sprechen würde, wenn wir bloß die Hand eintauchen könnten. (Für andere kann es eine Musik sein, eine fast unhörbare, oder eine hinter vielen Türmen vernommene Stimme, ein Wort oder ein ganzer Anspruch, die, sobald man sie aufschreiben will, einem entschwinden.)

Aus solchen Träumen erwachen wir mit einem Gefühl der Verlassenheit, das heftiger ist als jede Verzückung. Es ist nicht wahr, daß der Faden unseres Traumes abreißt, sobald wir uns bewußt werden zu träumen. Dieses Bewußtsein kann auch andauern, kann den Traum gleichsam an der Hand führen wie ein Kind einen Erwachsenen, damit er ihm eine zu hohe Gartenpforte öffne. Es sind solche Augenblicke, in denen Jorge Luis Borges, ein bewußter und darum allmächtiger Träumer, beschließt, sich im Traum das zu erschaffen, was er sich seine ganze Kindheit hindurch gewünscht hat: einen Tiger. Doch »Welche Ohnmacht!« Das ersehnte Tier will nicht gelingen, wirkt lächerlich oder springt wie der Blitz über seinen Kopf hinweg. Im Traum natürlich vermag uns aus den verhüllten, leuchtenden Augen der Kindheit nur ein abgeschwächter Blick zu erreichen: der Blick Fortunas auf ihrem Rad, des »Großen Glücks« auf der rollenden Kugel.

Das Märchen ist ein unaufhörliches Verweben solcher flüchtiger, in ihrer höchsten Herrlichkeit festgehaltener Augenblicke. Der Derwisch zerteilt mit beiden Händen die Weihrauchwolken, und durch diesen Spalt vermag der Gefangene in einen Garten hinauszutreten. Ein Pförtchen öffnet sich im Stamm der Eiche vor der fliehenden Prinzessin, und auf der anderen Seite erstreckt sich ein weites unbekanntes, einsames Gelände.

Nicht ohne guten Grund ist das Lesen von Märchen, dieser Geheimsprache alter Menschen, so oft ein unauslöschliches Erlebnis für ein Kind. Wenn es sie von der lebendigen Natur umgeben liest, kommt das bereits einer ersten Einweihung, wenn auch noch nicht in die Bedeutung, so doch in die Macht von Symbolen gleich. Corrado Alvaro, ein mit dem Sinn fürs Geheimnisvolle begabter Schriftsteller, vergleicht das Märchen dem Kindesalter der Welt, als man zu Fuß oder auf Reittieren reiste.

Was waren sie anderes, die Höhlen, die Wälder, die unterirdischen Reiche, als die auf mühevollen Reisen erblickten Örtlichkeiten? ... Diese Art des Reisens ... vergrößerte die Landschaft ins Riesenhafte, bewirkte eine genauere, aber auch geheimnisvollere Bekanntschaft mit den Dingen ... Und die Tiere, die uns trugen, machten alles noch geheimnisvoller dadurch, daß sie sich unvermutet ängstigten, sich sträubten weiterzugehen, eine Vorliebe für bestimmte Wege und Orte zeigten, plötzlich drauflosgaloppierten oder sich aufbäumten. Da belebte sich der Weg mit schattenhaften Erscheinungen, mit Grauenhaftem und Erschreckendem und dann mit froher Erleichterung.

Ebendieser berückende und dabei so bedächtige Rhythmus des Reisens – ein ewiger Rhythmus – ist dem Märchen eigen und auch allen solchen geistlichen Dichtungen, die immer wieder dessen exakte Hyperbeln und präzise Unmöglichkeiten entlehnen und verwenden. Der »Geistliche Gesang« des hl. Johannes vom Kreuze ist eine klassische Liebes- und Wanderungsgeschichte, die Suche nach dem unvergleichlichen Königssohn. Da ist die Rede von Bergen und Meeresküsten, von Löwengruben und seltsamen Inseln, von silbernen Wasserspiegeln, aus denen Augen hervorsehen, von Hochzeitslagern, die von goldenen Schilden beschützt werden. Beim Abschied wird das Gelübde getan, keine Blumen zu pflücken, sich nicht vor wilden Tieren zu fürchten, sich nicht durch Festungsmauern und fremde Grenzen abhalten zu lassen. Das Märchen aller Märchen, die Wanderung aller Wanderungen, das *Buch Tobias,* erhellt sich mit blendendem Glanz, wenn der alte Vater zu dem himmlischen Unbekannten mit dem Fisch und dem Wanderstab sagt: »O du, der du in die Hölle führst, du, der du wieder herausführst ...«

Es ist diese Übereinstimmung der Ausdrucksweise, die einem fast bestürzend auffällt angesichts der Kennzeichen – der immer wieder vorkommenden Bilder, Zahlen, Rituale –, die das Märchen, der Traum, die Erinnerung miteinander gemein haben.

Wenn sich etwas für unser Leben Wesentliches ereignet – eine Begegnung, eine Erleuchtung –, werden wir das also vor allem an dem Licht erkennen, das aus der Kindheit und dem Märchen darauf fällt. Wunderbarerweise befinden wir uns für eine Weile mitten in diesen beiden, wissen sie uns jetzt zu deuten. Die Landschaft vor unseren Augen scheint den ersten, in der Kindheit gesehenen Gärten, Wäldern und Tälern ähnlich zu werden; das Märchenhafte dagegen verkörpert sich in Symbolen und Emblemen, die unmittelbar ein bedeutsames Ereignis eröffnen: in einer Reihe beunruhigender Übereinstimmungen, in magnetisch anziehenden Gegenständen, die sogleich zu Talismanen, zu Unterpfändern oder Wahrzeichen werden. Der fast aufreizend mechanische Verlauf der *Wahlverwandtschaften* wird plötzlich durch das Aufblinken eines solchen Gegenstandes gestört: des Kelchglases, in das, wie es sich traf, die verschlungenen Initialen Eduards und Ottiliens eingeschnitten waren.

Aber vor allem ist es das Landschaftliche, was bei solchen Seelenzuständen zutiefst Verborgenes entfaltet. Nachdem wie mit einem Zauberstab die Geometrie von Zeit und Raum abgeschafft ist, wandern wir stundenlang umher, ohne aus einem Kreis hinauszugelangen, oder haben im Gegenteil mit wenigen Schritten die Schwelle des Grenzenlosen erreicht. Nicht unser Zustand gespannter Aufmerksamkeit läßt uns solche Stätten so zauberhaft erscheinen. Hier handelt es sich um eine viel verborgenere Wechselbeziehung zwischen einem Entdecken und Sich-entdecken-Lassen, zwischen einem Gestalten und Sichgestalten. Alles war schon längst da, aber erst heute ist es wirklich da. Heute wird dir irgendein Bauer, um die Richtung nach irgendeinem Dorf befragt, wie ein Gnom oder eine Fee antworten, dir mit einer Gebärde den Weg eröffnen, an dessen Beginn du hundertmal ahnungslos vorübergegangen bist, den Weg, der zu den vier weißen Brunnenbecken führt, die, hundert Schritte oder tausend Meilen entfernt, weitum von Wiesen hoher, wohlriechender Kräuter beschützt sind; oder zu dem unterirdischen, nun von Brombeerranken überwucherten etruskischen Königsgrab, aus dem weiße Bracken und ein Mann mit der Doppelflinte hervorkommen; oder, am Fuß eines noch von der

Sonne beleuchteten Bergrückens, zu dem Flußarm, der so tief ist, daß ihn ein schwankendes Gewölbe verflochtener rosiger Wurzeln überdeckt: samtiges Wasser, das stillzustehen scheint, aber sich bewegt, und ohne zu fließen einem Dort zuströmt, so daß wir ihm nur zu folgen brauchten, damit dieses Dort, das uns Träume immer angedeutet, aber immer vorenthalten haben, zum Hier und Jetzt würde. Aber kommt es jetzt noch auf dieses Dort an? Vom Schauen seiner Grenzen – davon, daß sich die Vision immer wieder verliert, verbirgt, unterbricht – scheint das Leben sich zu nähren, wie der Vogel in der Upanischade die Frucht betrachtet, ohne sie zu verzehren. Dieses Schauen hat ein unerwartetes, fast unerträglich starkes Aroma; es vereint in sich vielleicht das des letzten, lauen pränatalen Wassers, mit dem sich schon die rauhe Luft der Welt mischt, und jenes seltsam tödliche des Süßwassers, das in der Flußmündung salzig wird.

Es braucht viel Glauben, um Symbole in dem zu erkennen, was sich wirklich ereignet hat, besonders aber in dem, was sich erst später ereignen wird, denn das Heute ist das Immer. Hier beginnen alle Fluchtlinien der Existenz, Magnetnadeln, die hin- und herschwanken, für jeden Wind empfindlich sind.

Nicht selten werden wir in einem solchen Gemütszustand von einem Traum heimgesucht. Es ist der alte, immer wiederkehrende Traum, aber wie sehr verändert! Oder eher ein Niederschlag von Träumen, worin sich Bilder eins durch das andere erklären, wie in einer noch kaum erlernten Sprache jene Wörter, die einzeln uns entzückten, ohne ihren Sinn zu enthüllen. Und weil der Sinn nun klar ist, begreifen wir, daß diesmal der ganze Traum – der ganze Garten von Träumen – einladend offensteht. Huschende Blicke lenken unsere Schritte, Hände winken uns, Schwellen zu überschreiten; hinter schier blendend hellen Glasscheiben bewegen sich die angebeteten Gestalten derer, die wir verloren haben, stellen vielleicht wie einst eine Schüssel Obst auf den Tisch. Wie ein Schriftband aus bekanntem und unbekanntem Mund spannt sich der dunkle, nun einleuchtende Spruch, die unwiderlegliche Deutung, zwischen Vergangenheit und Zukunft ... So war es vielleicht, in der Morgenfrühe der Welt, mit dem heilenden Traum im Tempel des Asklepios.

Werden wir je hingelangen in diese Räume, in diese schattigen, so innig ersehnten Winkel? Zumeist nur bis zu ihrer Schwelle, bis zu dem Schleier von Laub, das in der Sonne glitzert wie durch einen Schleier von Wasser flitzende Fischchen. Und auch diesmal – überflüssig zu sagen – ist es nicht der Traum, der uns Einhalt gebietet, und noch weniger das Erwachen; sondern das »non licet« überreicher Fülle, die beinahe tödliche Glückseligkeit des Schauens, ohne zu besitzen.

Von diesem Augenblick, das heißt von diesem Traum an – die Himmelsmitte ist überschritten – steht der weitere Verlauf unseres Lebens auf dem Spiel. Wenn wir nicht imstande sein werden, die Reihe verhüllter Mahnungen, welche uns bisher begleitet haben wie die der klugen sprechenden Tiere, in eine Reihe inspirierter Handlungen umzusetzen, in ein immer ehrlicheres Wählen, ein immer heitereres Verzichten – wenn wir durch diesen Traum nicht, wie Nietzsche sagt, »das Suchen verlernt und das Finden erlernt« haben –, dann werden wir gewiß nicht dereinst dem weisen Alten gleichen, der sich in Bildern ausdrückt, und nicht das Gewebe der Tage entfalten, jenes zauberhafte Tuch, auf das »alle Vögel und Tiere und Fische gemalt waren und auch jeder Baum und jede Pflanze und Frucht dieser Erde, jedes Gestein und jede Seltenheit und Muschel des Meeres und die Sonne, der Mond und die Sterne und die Planeten des Firmaments« und das sich doch mühelos durch ein Nadelöhr ziehen ließ (in »La chatte blanche« von Mme d'Aulnoy). Wir werden vielmehr wie ein alter Mann mit qualvollen und süßen Erinnerungen sein: ein blinder Seher, doch immerhin ein Seher; vielleicht außerstande, den letzten Schlüssel, den kleinen goldenen Schlüssel zur Erschließung der Welt herbeizuschaffen; außerstande, einen Weg zu weisen, der nicht dunkel und mühevoll wäre, aber doch der richtige ist. Kennt er auch nicht das Ziel, das unverrückbare, so doch gewiß, diesem Weg entlang, jeden Kiesel, jede Distel und jede Kornähre und die Geheimnisse der Häuser, der Menschenwerke, der Tiere, die von den Biegungen aus sichtbar werden.

Schon ein Weniges des Erschauten genügt: »Eine Ölpresse aus einem einzigen dicken Eichenstamm ... Des Abends spielten sie vierhändig, mein Vater und meine Mutter: Paisiello, Donizetti ... Mit acht Jahren bekam ich ein Pony geschenkt, ein braunes mit drei weißen Fesseln. »Ist's weiß an drei Beinen, des Königs wert will's scheinen«, sagte der Stallbursch. Meine Schwester hingegen bekam zwei stumme Entenkükken.«

Wie es in Träumen geschieht, können die Worte der Botschaft verwirrend und zusammenhanglos klingen, aber ihrem geheimen Sinn nach sind sie völlig richtig aneinandergereiht.

Echte Dichtung vermag manchmal einen solchen Augenblick vom Zünglein der Waage, von der Schneide des Schwerts, von der Kante des Ruders zu erhaschen, von überall, wo Gegensätze sich versöhnen.

Sie gibt diesen Augenblick mit ihrem unverwechselbaren Ton uralter Weisheit wieder, in dem kindlicher Jubel mitschwingt und daraus hervorklingt. Ein Gefühl es Bangens ist in ihm enthalten und auch der Gewißheit, auf die Fragen antwortet da die Erinnerung, und der Mensch, in der Mitte seiner drei Lebensalter, kann in Ruhe mit den Toten Zwiesprache halten. Er gleicht dem doppelgesichtigen Janus oder hat wie die Spinnen viele Augen, die ihm nach allen Seiten den Weg erhellen.

Es gab immer nur wenige Dichtungen, die so die ganze Lebenszeit des Menschen umspannen, und nur sehr wenige in der jüngsten Vergangenheit. Vielleicht ist die reinste Offenbarung der verschiedenartigen Welten – eine nicht in Parabeln, sondern in Gebärden ausgedrückte – in den Nô-Spielen Japans noch lebendig, diesen Bildschirmen mit verstreuten Landschaften, die weder räumlich noch zeitlich miteinander in Beziehung stehen, eine jede für sich zu äußerstem Ausdruck gesteigert und doch alle in Gruppen angeordnet wie Sternbilder. Sie alle handeln ausnahmslos von Erinnerungen und vom Tod. Sie trachten nicht, das Unaussprechliche auszusprechen, sondern bieten nur, genauso wie ein Traum, seine Gegenwart dar: in der Gebärde, die auf eine Föhre am Wegrand weist, in einem Ärmel, auf den Schnee gefallen ist. Yeats erkannte die Ehrfurcht vor Mysteriösem, die die Dichtung dieser alten Dramen (und ihr Publikum) für den Wald, die Quelle, das verlassene Haus, die einsame heilige Stätte hegten. In jeder Szene kehren bruchstückhaft und bedeutsam jene Bilder wieder, die uns als Kinder mit Bangen erfüllten, die Träume uns immer wieder in Erinnerung rufen, die das Märchen als Rätsel darbietet: »locus absconditus«, »hortus conclusus«, »fons signatus«. Und ebenso wie in der Erinnerung und im Traum gibt es in jeder Dichtung, die am Geheimnisvollen teilhat, ein Thema, das immer wieder auftaucht, erst als zartes Samenkorn, dann als hoher Baum, in dem die Vögel zu Tausenden nisten; von Dantes *Vita Nuova* bis zu seiner *Göttlichen Komö-*

die, von den ersten bis zu den letzten Schriften eines Hofmannsthal oder Proust.

Von diesem langen, unersättlichen Liebeswerben, dem nie ganz erhörten, nie genug erneuerten, um die vier sphinxhaften Schwestern – Erinnerung, Traum, Landschaft und Tradition – nährt sich die Poesie, die große Sphinx mit dem erleuchteten Gesicht, das undurchdringlicher ist als die rätselhaft dunklen der vier anderen.

Am Schluß des Nô-Spiels hat das Schicksal sich erfüllt, das tote Liebespaar ist getraut worden oder der Kahn, in dem die schattenhaften Kurtisanen das Lied, das unvergleichliche, sangen, hat den See überquert. Wie Wasser im Wasser zerfließt die Erscheinung. Den letzten Schleier, nicht sie wird ihn zerreißen. Dem Kind jedoch, das einem Märchen lauschte, dem Dichter, der ein Werk vollendet hat, dem Schläfer, der, am Rande des Erwachens, das Tor des verbotenen Gartens durchschritt, hat das Ewige doch ein Stückchen von sich gewährt. Freilich nur ein Stückchen.

> Wir bitten dich, wach noch nicht auf:
> Jenseits dieses Gestrüpps inmitten der Wiese
> gibt es hier nichts.
> Die morgendliche Brise weht in den Pinien.
> Ein Gestrüpp, wild, düster und leer.[1]

---

1. *Nishikigi,* in *Alcuni nobili drammi giapponesi,* von Fenollosa-Pound.

41

ÜBER DAS MÄRCHEN

für Cayetan

Ein Märchenerzähler kennt tausenderlei Geheimnisse. *Märchen der Völker* lesen wir auf einem Buchumschlag. Dabei weiß ein jeder, daß alle vollkommenen Erlebnisse die eines einzigen Menschen sind, daß nur die kostbare Erfahrung eines auserwählten Wesens wie ein magischer Becher den Traum von vielen widerspiegeln kann. Das einmalige Geschehen ist zugleich Weltgeschichte, das Tiefgründige zugleich Oberfläche.

Möglicherweise ist ein Märchendichter wie einer, der vierblättrigen Klee findet und damit, so Ernst Jünger, die Gabe des Wahrnehmens und Augurenkraft erlangt. Den Kindern zuliebe beginnt er zu erzählen, und im Nu wird sein Märchen ein Magnetfeld, zu dem all die unaussprechlichen Geheimnisse seines Lebens und des der anderen strömen, um dort Gestalt anzunehmen. Und kaum ein Erzähler, den das Wesen seiner Geschichte zu bildhaftem Sprechen nötigt, wird jene gefährliche, wunderbare Gabe geheimnisvoller Inhalte zurückweisen, denn »am Anfang war die Form«, der goldene Krug, bereit, die unbekannte Flüssigkeit zu empfangen. Mit der Zeit wird er dann seine Gabe immer gewandter, immer sorgsamer zu gebrauchen

43

wissen. (So muß es wohl auch bei Madame d'Aulnoy gewesen sein.)

Oftmals muß der große Märchendichter zahllose geologische Schätze herbeischaffen, um seinem Mineral den einzigartigen, feurigen Glanz zu verleihen: den Achat in den Farben des Regenbogens, den dunklen Malachiten, von dem man nicht glauben möchte, daß seine Adern, Intarsien und Streifungen keines Goldschmiedes Werk sind, sondern Wasser und Zeit sie schufen. Wie gewandt ein Märchendichter dann die Materialien auswählt und neu kombiniert, hängt davon ab, ob er das Geheimnis am Grunde seines Märchens kennt.

Und daß alle bedeutenden Märchen auf solch einem Geheimnis gründen, bezeugt ein jedes ihrer Bestandteile.

Hier sei zuerst die Schönheit genannt, und zwar im weitesten Sinne. Ist es nicht stets die reine, ganz und gar abstrakte Schönheit, um derentwillen der Held des Märchens kämpft? Oftmals nimmt sie nicht einmal Gestalt an und existiert dennoch, man denke nur an *Die Liebe zu den drei Orangen,* oder an *Die Tochter des Königs mit dem goldenen Haupt.* Schönheit und das dunkle, tiefe Grauen, die tragischen Pole des Märchens, sind Marksteine von Entzweiung und Versöhnung zugleich. Nicht einmal die größte Gefahr vermag den Märchenhelden von der Schönheit abzubringen, und sei diese noch so unbenannt. Und das Wesen seiner wahnwitzigen Suche offenbart sich uns zum einen in der Art des ihm auferlegten Wagnisses, zum anderen in den Tugenden, die ihm, es einzugehen, verliehen sind: die drei geistlichen, die vier weltlichen und außerdem die sieben Gaben des Heiligen Geistes.

Sogar eine äußerlich ganz und gar menschlich anmutende Gestalt, Sindbad der Seefahrer – jener

Odysseus des Orients, der bereits von der ersten Reise
mit Reichtümern beladen heimkehrt –, erliegt noch
sechs weitere Male dem Lockruf des Unbekannten,
der ihn prompt immer wieder dem Leviathan Angst in
den Rachen schleudert. Sieben Male lockt ihn die
Schönheit, packt, reinigt und läutert ihn die Angst,
damit er, den ein Vers aus Salomos Buch zum ersten
Aufbruch trieb, nach »jener siebten und letzten Reise,
dem Ende aller Leidenschaft«, sagen wird: »Ich habe
Buße getan vor Gott«.

Helden und Dichter des absoluten Märchens, des Märchens aller Märchen waren in allen Jahrhunderten die
Heiligen. Daneben gab es aber auch geheimnisumwit-
terte Männer und Frauen des Adels, die mit geistiger
Anmut so manchen Hof bereicherten. Ihre Geschichten, Liebesklagen und phantastischen Erzählungen
waren ganz den Heiligenlegenden nachempfunden,
wie zum Beispiel die *Lais* der Marie de France, jene
lange, erlesene Liebeslegende. Sogar am Hofe des Son-
nenkönigs kursierten Märchen und waren in Wahrheit
nichts anderes als Gleichnisse: *Die Schöne und das Tier,
Die weiße Katze*. So tat sich mit einem Male eine
gewisse Comtesse de Ségur hervor und ersann seltsamerweise – zumal im 19. Jahrhundert die Verbindung
zwischen Märchen und Mysterium schon gänzlich in
Vergessenheit geraten war – zwei echte mystische
Wanderungen: *L'Histoire de Blondine, de Bonne-Biche et
de Beau-Minon* und *Le Bon Petit Henri*. Zuvor hatte sie
Enkel und Kinder eindringlich vor dem Mißgeschick
der unschuldigen, starrköpfigen Sophie (Sades Justine
nachempfunden) und des tugendhaften Blaise ge-
warnt.

Während die Geschichte vom braven Heinrich, der aus
Liebe zu seiner Mutter den unseligen Berg besteigt,

45

um die Blume des Lebens zu finden, im Grunde als eine in sieben Stationen beschriebene Besteigung des Berges Karmel zu verstehen ist, mag *L'Histoire de Blondine* als eine Geschichte von der Vertreibung aus dem Paradies und der Erlösung von der Erbschuld gelten, ganz gleich, ob die derzeit übliche erotische Lesart nicht minder denkbar wäre. Man darf ja heutzutage keine Deutungsebene gänzlich ausschließen – am allerwenigsten die wörtliche –, um ein exemplarisches Geschehen zu erklären. Doch wenn man womöglich schon bald den Engpaß – ein klassisches Symbol in der Mystik –, in dem Blondine eine Nacht verbringt, um bei ihrem Erwachen festzustellen, daß mittlerweile sieben Jahre verflossen sind und sie alles Wissen der Welt besitzt, mit Begriffen der Raumfahrt zu erklären sucht, wird man feststellen, daß der Astronaut bei seinem Erwachen nicht mehr weiß als zuvor, und der Sinn seines Schlafes – von wahrhaft gigantischer Dauer, wenn er denn nicht metaphysisch sein soll –, gänzlich verloren geht. Mit diesem Argument finden wir uns, wie die Bogensehne nach dem Abschießen des Pfeils, wieder in der Ausgangslage: Wir müssen das Märchen auf mehreren Ebenen lesen, sonst ergibt keine einen Sinn. Lesen ist Begegnung, Entsprechung.

Dem Märchenhelden erschließt sich das Unmögliche. Doch wie soll er es erreichen, wenn nicht wieder mit Hilfe des Unmöglichen? Dieses ist wie eines der Wörter, die zuerst von rechts nach links, dann von links nach rechts zu lesen sind. Oder wie ein Berg mit zwei Seiten, deren eine so steil ist wie die andere flach, wie der Berg des braven Heinrich. Dieser *muß* mit jedem Schritt hinauf das Unmögliche bewältigen, um es dann beim Abstieg nach *Belieben* bewältigen zu *können,* denn sobald er den Gipfel erklommen hat, wandelt sich ihm ein jedes Hindernis zum Talisman.

Diese zweifache Bewegung erfordert vom Helden des Märchens natürlich eine streng asketische Geisteshaltung: Will er sich mit dem Unmöglichen messen, dann muß er die eigenen Grenzen verdrängen und unermüdlich über sie wachen.

Der Held macht sich ohne ein Fünkchen Hoffnung auf den Weg. Dabei symbolisiert der Berg das Unmögliche. Dem schlichten Entschluß, ihn zu besteigen, folgt ein Gefühl, das den archimedischen Punkt jenseits der Wirklichkeit bilden soll. »Ich will alles tun, um meine Mutter zu retten«, lautet die symbolische Formel, die das Tor öffnet zur vierten Dimension. Sie tut dieselbe Wirkung, die ein gewisser Mystiker[1] dem Gebet zuschreibt, da sie den Berg sozusagen aus den Fugen hebt und mit der Spitze in den Boden rammt. Von nun an ist der Held in den Augen der Welt ein Narr.

Nach seinem Bekenntnis – ein Bekenntnis des Unglaubens in die Allmacht des Sichtbaren – werden die einzelnen Prüfungen nur noch Stufen der Vervollkommnung sein, Bestätigungen jenes törichten Glaubens. Mutproben wie das Durchqueren von Feuer, das Bezwingen von Drachen, das Kämpfen in Turnieren, sind Kleinigkeiten, gemessen an der schmerzlichen Enthaltsamkeit des Herzens: Auf der Suche nach der Schönheit muß man Ungeheuer kosen, müssen Edelleute in den schlechten Rock eines Bettlers, Pilgers, Dieners schlüpfen, in die Lumpen der Diener ihrer Diener, müssen Liebende dem Widersacher, dem Usurpator, dem bösen Geist, die Nächte bei der Geliebten opfern. Und die Pforte, die es nicht zu öffnen gilt, die Frage, die man nicht stellen darf, das

---

1. M. R. Bryan Houghton, Autor der denkwürdigen Abhandlung »Orazione, grazia, liturgia« in *Conoscenza religiosa,* Januar–März 1969.

geliebte Antlitz, das sich seufzend in Luft auflöst, wenn der Geliebte es betrachtet . . .

Im Italienischen gibt es den Ausdruck »anima spicca«, womit ein Pfirsichkern gemeint ist, der sich mühelos aus dem Fruchtfleisch lösen läßt. Ebenso mühelos muß der Märchenheld sich das Herz aus der Brust oder die Seele aus dem Herzen lösen, weil er mit gebundenem Herzen nichts Unmögliches bewältigen kann.

Der mittlere Bereich des Märchens, die Phase zwischen Prüfung und Befreiung, ist eine Welt der Spiegel. Wie in einem alten, höfischen Reigen tauschen hier Gut und Böse ihre Masken, und daß die lächelnde Königin eine alte Hexe war, daß in der elenden Spielmannshütte sich der prächtige König Drosselbart verbarg, wird erst in jener Welt offenbar, in der die Schuld beglichen wird, dort, wohin das Märchen uns geleitet, wo die verkehrten Gestalten sich neu darstellen im leuchtenden Gewand, im vollkommenen Buch der Bedeutungen. Und dennoch ist der Märchenheld von Anfang an aufgefordert, jene filigrane Scheinwelt irgendwie zu deuten, mit seinem Ja oder Nein ihren Gesetzen zu entsprechen. Man verlangt von ihm nichts weniger, als daß er, gleich dem Somnambulen, zwei Welten zugleich angehöre.

Wie kann der Mensch durch jenes Feuer schreiten, hinter jene Spiegel treten? Asketische und mystische Traktate würden sagen: vor allem mit Hilfe des Guten, auf das er stets sein Denken richten sollte, damit es ihn leite (»er gedachte seiner Mutter . . . seines wunderbaren Gartens . . .«). Außerdem wird es ihm nicht an Engeln und Schutzheiligen, an Sakramenten und Sakramentalien mangeln. Im düsteren Wald bringen die gute Fee oder der gute Geist dem Verirrten wunderbare Speisen, heilsame Tränke, schenken ihm Nüsse, in denen sich Kutschen verbergen oder Tücher, die Meere trockenlegen.

Hat der Held einmal ein gutes Werk getan (»... das hübsche Vögelchen war frei, und bevor es fortflog, zwitscherte es: Gott möge dirs mit Gutem vergelten, Heinrich!«), ist dies ein Pfand, das zumeist gerade dann eingelöst wird, wenn die Gefahr am größten ist: wenn der Held vor Erschöpfung der Versuchung erliegen möchte, sich umzuwenden, nachzusehen, wie groß die zurückgelegte Strecke Weges ist, die so endlos lang und dabei so sinnlos schien. Stimmen verfolgen den Wanderer entlang des Wegs, Hände wollen nach ihm greifen .. Stimmen und Hände, die die Sinne verwirren, weil sie um Hilfe flehen, zur Umkehr beschwören, zauberhafte Liebkosungen und unermeßliche Reichtümer verheißen. (Der heimtückische Papagei, Hüter der verbotenen Rose, verleitet Blondine nicht etwa dazu, sich dieser Rose zu bemächtigen, sondern bittet sie inständig, sie zu *befreien*).

Gegen derlei Verlockungen können nur noch jene Worte helfen, die uns schon immer das Spiel der Kräfte zu mißachten lehrten: »Der Mensch lebt nicht nur von Brot allein ...« oder »Führe mich nicht in Versuchung ...«.

Eindringlich und unermüdlich lehrt das Märchen uns nichts anderes, als das Gesetz der Notwendigkeit zu mißachten, in eine neue Ordnung einzugehen, weil es nur dies zu erlernen gilt auf Erden.

Wir wissen, was das tapfere Schneiderlein tat, um den schrecklichen Riesen, der es mit einem Atemzug hätte ohne weiteres umblasen können, beim Weitwurf zu besiegen: Anstelle eines Steins warf es ein Vögelchen in die Luft ...

Da es im Spiel der Kräfte keinen Riesen gibt, dem

sich nicht ein noch weit schrecklicherer Riese entgegenstellen könnte, ist kein Schatz mit Sicherheit der
einzige. Und was liegt näher, als die liebliche Prinzessin mit einer noch weit lieblicheren auszustechen, um
dann mit dieser vor den König zu treten und Anspruch
auf den Thron zu erheben?

Noch verhängnisvoller ist die gefälschte Waage:
Mein Feind öffnete den Geldschrank, also will ich ihn
nicht öffnen, mein Gegner war arm, also werde ich
reich sein. So will es das unermüdliche, ironische Hin
und Her des Gesetzes von Notwendigkeit, dessen älteste Verbündete die arglose Schläue ist.

Als der jüngste Prinz den Thronsaal betritt und sagt:
»Ich fand auf meinen Reisen keine Prinzessin, die der
Erwähnung wert wäre; doch habe ich hier ein weißes
Kätzchen *qui fait si bien patte de velours«,* wissen wir
sofort, daß er die Krone erhalten wird.

Wer auch nur ein einziges Mal einen geistvollen
Menschen traf, wird diese Methode wiedererkennen.

Wie die Evangelien, ist das Märchen eine goldene
Nadel, die unbeirrbar über einem schwankenden,
unwägbaren Norden schwebt, in stets unterschiedlicher Neigung, wie der Hauptmast eines Schiffes auf
stürmischer See.

Es bietet hie und da die Wahl – doch ist dies eine von
stets wechselnden Schleiern verhüllte Wahl – zwischen
Einfalt und Weisheit, Härte und Sanftmut, Erinnern
und heilsamem Vergessen. Der eine siegt, weil er
in einem Land von Leichtgläubigen und Verrätern ver-
schwiegen war, der andere, weil er sich in kindlichem
Vertrauen an den Erstbesten wandte oder gar an eine
ganze Räuberschar. Seid auf der Hut, warnt das Märchen mit jeder Zeile, doch die Prinzessin, die in einen
hundertjährigen Zauberschlaf fällt, kann der umsichti-
gen Furcht ihres königlichen Vaters danken, und wir

wissen, wen wir vor Samarkand finden, wenn wir aus Bagdad fliehen. Keine Schrift bietet Regeln, die allezeit gelten, oder verneint das Leben. Ein stets neues und neu gestelltes Rätsel, ungelöst bis zur entscheidenden Stunde, bis zur Vollbringung einer reinen Tat: ein Rätsel, völlig frei von armseliger Erfahrung, Tag um Tag gespeist von Vision und Schweigen.

Auf jedem Märchen – wie auf jedem Leben – lastet die Bürde eines undurchschaubaren, zentralen Rätsels: das Schicksal, die rechte Wahl, die Schuld. Das glorreiche Abenteuer kann den Unschuldigen treffen: den sanftmütigen Schäfer, das im Turm eingemauerte Mädchen. Andere wiederum, ruhelosere Gemüter, drängt eine gebieterische Kraft zum Aufbruch. Sie denken nicht an Heimkehr, entäußern sich, um jenes unmögliche Gut zu erlangen, all ihrer Habe. Auf unergründliche Weise treibt diese Kraft sie dazu, sich gegen die Ordnung aufzulehnen, jene *segensreiche Schuld* auf sich zu laden, die Blondine den Sieg erringen läßt.

Viele Märchen haben darin ihren scheinbar unlösbaren Knoten. Wie noch niemand vor ihr ersann die Comtesse de Ségur ihn mit Blondine. Dort erwies er sich als einer jener vertrackten Knoten, die sich nur lösen lassen, indem man zugleich an beiden Schnurenden zieht. Buona Cerva, die dank Blondines Schuld und Erlösung ihre ursprüngliche Feengestalt wiederlangt, spricht Worte, die jede Generation an die nachfolgende richten könnte:

»Blondine, Blondine ..., niemals hätten wir unsere eigentliche Gestalt wiedererlangt, hättet Ihr nicht die Rose gepflückt, Euren bösen Geist, den ich gefangen hielt. Ich hatte die Rose so weit wie möglich von meinem Palast fortgebracht, damit sie Euch nicht unter die Augen kommen sollte ... Der Himmel sei mein Zeuge, daß wir mit Freuden ein Leben lang Buona

Cerva und Bel Micio geblieben wären für Euch, um Euch die grausamen Schmerzen zu ersparen, die Ihr habt erdulden müssen ...«

Im Unheil des gesegneten Gartens vollzieht sich harmonisch Leid und Erlösung, gibt es Hilfe und Beistand. Buona Cerva und Bel Micio, verzauberte Geister, benötigen zu ihrer Befreiung, auch wenn sie sanft versuchen, dies zu vermeiden, die erlösende Hingabe eines Sterblichen.

Das verschlüsselte, schwierige Märchen ist andererseits von der Beharrlichkeit eines Horoskops. So, als entglitten sie einem Horizont, erscheinen nacheinander die Patinnen aus dem Feenreich zur Taufe der neugeborenen Prinzessin. Sieben Planeten, zwölf Sternbilder, je nach Verdienst der Eltern günstig oder feindlich: Wählte die Königin ihre Gäste mit Bedacht, entsann sie sich der ihr wohlgesonnenen Fee und zog sie den übrigen, mächtigeren vor?

Zu Anfang günstige Planeten, glückliche Konstellationen. Doch ein übelwollender Saturn – die vernachlässigte, nach Rache dürstende Fee – wird plötzlich auftauchen und den Himmel über der von Fledermäusen gezogenen Kutsche verdüstern. Wozu taugen die erlesenen Geschenke der anderen Feen, wenn die böse eine tödliche Frist setzt? Die Prinzessin soll mit zwanzig Jahren sterben.

Da hilft kein Flehen, alles scheint verloren, als die letzte Fee – ein freundliches Geschöpf, das zufällig noch keinen Wunsch geäußert hat – bescheiden interveniert. Es ist ihr nicht gegeben, den Fluch fortzunehmen, sie kann ihn nur mildern, abwandeln. Die Prinzessin soll nicht sterben, sondern in einen hundert Jahre währenden Zauberschlaf fallen, bis sich ihr Schicksal erfüllt. So lenkt also statt des Unheils eine Verspätung das Leben der Prinzessin.

Der Zusammenhang zwischen der Schuld der Eltern und dem Schicksal ihrer Kinder besteht demnach in der unwägbaren Zeit, die eine Bestimmung braucht.

Auch die Szene des Reigens, von Madame d'Aulnoy als *branle des fées* bezeichnet, besitzt den Charakter eines Horoskops. Ich spreche von dem Fest der jungen Feen in der Nacht des Frühlingsäquinoktiums, der Ratsversammlung, die alle hundert Jahre einmal auf der Lichtung von Broceliande stattfindet. Ein Fest der Erneuerung des Schicksals in der Natur, oder eine Art spektakuläre Konjunktion der Gestirne.

Märchenhelden, von Geburt an mißgestaltet oder nur daumenlang, werden von ihren waghalsigen Müttern in den Kreis des Reigens geworfen, mitten hinein in das Herz ihres Schicksals. Nach ein paar Augenblicken bedrohlichen Zögerns heißen die Feen solch ein Kind üblicherweise bei sich willkommen, nehmen aber keineswegs sein Gebrechen von ihm, sondern erhöhen es zur besonderen Gabe. So vermag der Däumling, in Orte vorzudringen, die anderen verschlossen sind, entdeckt der Armlose Schätze, Goldadern, ein unterirdisches Reich, in dem das himmlische sich spiegelt.

Weiht man das Mißgeschick den höheren Mächten, so wird es dem Betroffenen und der Welt zum Schlüssel.

Die beiden Richtungen, in denen man dem Leben nachspürt – hinunter zu seinen verborgensten Wurzeln, oder hoch hinauf gen Himmel –, erscheinen einander nie auf so skandalöse Weise zu ergänzen wie im Märchen.

Und dennoch läßt das aristokratische Märchen (denn wofür steht Prinz oder Prinzessin, wenn nicht für die auserwählte Seele?) sich nicht zu Gegensatzpaaren herab, zu Jungschen Androgynien. Nichts, abgesehen von der Heiligen Schrift, ist so gnadenlos unsentimental wie ein Märchen. Auf den Gesichtern der Zwillinge Erhabenheit und Häßlichkeit berühren sich eng die Reiche des Lichts und der Finsternis. Doch stets ist es der Treue, Beständige, der den anderen erlöst: dank seiner Tränen, die das Augenlicht wiedergeben, seines Blutes, das Dornen Blüten treiben läßt, Statuen belebt, verstümmelte Leiber zusammenfügt. Die mystische Erneuerung, dereinst Ritual bei Trappisten und Karmelitern, ist im Märchen noch immer die unabdingbare Voraussetzung für das Wunder.

Sindbad sagte, ein Märchen wirke ausschließlich auf den Rohstoff des Daseins, sein natürliches alchimistisches Feld. Merkwürdigerweise behält der Charakter – mögen es Körpersäfte sein oder Sterne oder das atavistische Vermächtnis eines anderen Märchens – bis zum Ende seine Eigenheiten bei, und nur, indem er stets dieselben Fehler begeht, stets dieselben Mißgeschicke erleidet, gelangt er schließlich zur Metamorphose.

Welch hinreißende Doppeldeutigkeiten sind es doch zuweilen, die uns diese Eigenheit immer wieder vor Augen führen? Der jüngste Prinz, der letzte der neun verhexten Schwäne, erlangt das Brennesselgewand, das ihn in seine Menschengestalt zurückverwandeln kann, mit nur einem Ärmel: Für den zweiten blieb keine Zeit ... Und so wird er sein Leben lang einen Schwanenflügel behalten und eines jener seltenen, beunruhigenden Geschöpfe sein, die sich auf ewig ihrer eigenen Finsternis entsinnen und als geistiges Totem einen schmerzlichen, prächtigen Schwanenflügel bewahren.

Reife ist im übrigen jener unvorhersehbare, jähe und endgültige Moment, den niemand vor der Zeit erreicht, und böten ihm alle himmlischen Heerscharen ihren Beistand an. Diesen Umstand belegen im Märchen verschiedene Erscheinungen, alle gleichwohl vielsagend wie wirkungslos: die Taube, das Füchslein, die gütige Alte mit dem Reisigbündel. Sprechen sie nicht alle die gleichen warnenden Worte? Erkennt man unter den Federn, dem roten Fell, den Lumpen nicht das blaue Blinken von Moiras Gewand?

Doch Reife erfährt man nicht durch Überredungskünste, noch weniger durch einen Geistesblitz. Sie kommt wie ein jähes, gleichsam biologisches Stürzen, als erreichten sämtliche Organe zugleich denselben Punkt, damit die Wahrheit sich in Natur wandle.

Es ist, als erwache man eines Morgens und beherrsche eine neue Sprache, denn Zeichen, die man oft schon sah, ergeben mit einem Mal Wörter: Blondine, die im Schlaf einer einzigen Nacht alles Wissen der Menschheit erfährt, oder: »*Est-ce vous, mon prince? Vous vous-êtes bien fait attendre! ...*«

Kinder besitzen geheimnisvolle Sinne, die Dinge erahnen und wiedererkennen können. Obwohl ein Kind von sechs Jahren tagein tagaus Märchen zu lesen vermag, kehrt es doch mit einer geradezu hypnotischen Beharrlichkeit zu bestimmten Bildern zurück, die es eines Tages wiedererkennen wird, wiederkehrende Embleme, heraldische Begebenheiten. Schönheit und Angst. Der Dialog unter dem alten Stadttor zwischen der Gänsemagd und dem Schädel ihres Pferdes: »*O du Falada, da du hangest.*« »*O du Jungfer Königin, da du gangest, / wenn das deine Mutter wüßte, / ihr Herz tät ihr zerspringen.*« Eine Geschichte, die sich stets dann wiederholen kann, wenn eine neue Seite im Buch des Lebens aufgeschlagen, eine neue Türe aufgeschlossen wird.

Dunkles Märchen, harte Mispel,
erst Stroh und Zeit lassen sie reifen.[1]

(So existiert in der Poesie die Gestalt vor der Idee, bis der Dichter sie schließlich mit Ideen anfüllt, die ihn zuweilen jahrelang verfolgt haben, phantastische oder alltägliche, beängstigende oder vertraute Bilder. Fast immer stammen sie aus frühen Kindertagen, so die verzauberte Inschrift in der Rinde eines alten Baumes im Park, eine im Wachen und Träumen wiederkehrende Frauengestalt, die eine Schale Obst auf den Tisch stellt. Unergründlich, sanft, harren sie geduldig der Erfüllung ihres Schicksals, der Entschlüsselung).

Man kann beobachten, wie ein Märchenerzähler unweigerlich zum Literaten wird, selbst wenn er niemals zuvor einer war, die erlesensten Wendungen findet, ganz so, als müsse die Sprache durch die Berührung mit den vollkommenen, außergewöhnlichen, erhabenen und anrührenden Symbolen ihren süßesten Nektar geben. Deshalb würde ein herkömmlicher Märchenerzähler genügen, um einem Kind mit Hilfe der Worte das Buch des Lebens aufzuschlagen.

Oder kann nur jener die Symbole voll und ganz beherrschen, der die eigene Sprache ähnlich liturgisch empfindet wie den festlichen Ritus, ebenso vertraut wie das tägliche Brot?

In diesem Licht würde das *tägliche Brot* des Lukasevangeliums, bei Matthäus das *über-wesentliche Brot,* nicht mehr als ein philologisches Rätsel erscheinen, sondern sich wieder als natürliche Mehrdeutigkeit erweisen. Wie in der Liturgie, in der das Brot zum Über-Wesentlichen, zum absoluten Wesentlichen

---

1. Aus einem der wunderbaren Märchen Luigi Capuanas, die nahezu unbekannt sind.

wird. Durch Sinnbilder behüten wir das Leben vor dem Zerfallen. Das Symbol zeugt Leben.

»Der Derwisch füllte Weihrauch in einen Kessel, zerteilte den Rauch mit beiden Händen, und durch die Öffnung schritten die Gefangenen hinaus in einen Garten.«
»Die Alte kam herbei, bewegte vor den Augen des Mädchens die Spindel hin und her, und es blickte hinab auf ein kleines bewaldetes Tal, wo es seinen Geliebten sah, der auf einer Lichtung im Grase lag.«
»Mir träumte, ein Wort sei emporgestiegen aus der Tiefe und vor mich hingetreten. Als ich es sah, wurde mir bang.«
»Wenn er durch die Berge wanderte, nahm er für gewöhnlich die Gestalt eines halb verwesten Maulesels an. Auf den Vorderhufen dahintrottend, Kopf und Hals noch mit Fell bedeckt, schleppte er den übrigen Leib als Gerippe nach.«

Beispiele reiner Schöpfung, verwandelter Arten mittels der Worte.

Wem wird im Märchen ein wundersames Schicksal zuteil? Demjenigen, der sich ganz ohne Hoffnung dem Hoffnungslosen anvertraut. Hoffen und Vertrauen sind nicht eins, so wie auch die Erwartung weltlichen Glücks von der zweiten geistlichen Tugend sich unterscheidet. Wer stur und beharrlich den Satz wiederholt: »Wir wollen hoffen«, der vertraut nicht, sondern erhofft in der Tat eine glückliche Fügung des Schicksals, weil das Spiel der Notwendigkeiten ihm gerade günstig scheint. Wer vertraut, der zählt nicht auf besondere Ereignisse, denn er ist sich der Harmonie gewiß, die alle Elemente in sich eint und deren Bedeutung überwindet, so wie der symbolische Teppich Blüten und Tiere überwindet, aus denen er sich zusammensetzt.

Im Märchen siegt der Narr, der die Argumente auf den Kopf stellt, die Masken verkehrt herum trägt, den verborgenen Faden in der Handlung, das unerklärliche Echo in der Melodie entdeckt und sich mit schlafwandlerischer Sicherheit durch das Labyrinth von Formeln, Zahlen und Anspielungen bewegt, in jenen den Evangelien, dem Märchen, der Dichtung eigenen Ritualen. Er glaubt wie ein Heiliger fest daran, daß er auf dem Wasser gehen kann, glaubt daran, daß ihn seine glühende Begeisterung Mauern überwinden läßt. Wie der Dichter glaubt er an das Wort, schafft Welten mit ihm und wirkt Wunder. *Et in Deo me transgrediar murum.*

Die beharrliche Treue des Toren, zunächst asketisch und mystisch, wird am Ende apostolisch. Am Ziel seiner Reise in die Unterwelt, seines Aufstiegs auf den Berg Karmel, erwartet ihn das Überzählige, Zusätzliche, nicht nur der Gegenstand seiner unmöglichen Liebe, sondern alles, worauf er für diese zu verzichten bereit war. Nicht nur sein Leben, das er nicht retten wollte, sondern das Leben all jener, die an dem heiligen Wagnis teilhatten – Gute und Schlechte. Der erlöste Wald belebt sich mit Gestalten. Bleich entsteigen ihrem Blute Blaubarts Frauen. Sogar die zärtlichen, schlauen Tiere, die ihren feinen Instinkt dem Helden dienstbar machten, finden Gnade, empfangen menschliche Würde ... Ein neues Land, ein neuer Himmel um einen verwandelten Geist. Weistum der Lebenseinheit, wie es lebt in unseren Märchen.

II

LES SOURCES DE LA VIVONNE

Zu den zahllosen Enttäuschungen, die sich wie schwarze Fäden durch den Teppich seiner Dichtung winden, zählt Marcel Proust bekanntlich einen Ort: *Les sources de la Vivonne.* Er erreicht ihn mit seiner Freundin Gilberte (beide sind 40 Jahre alt), nachdem seine Träume sich ein Leben lang um jene Quellen rankten, und was sieht er statt des Überirdischen, statt der Pforte in die Unterwelt? »Einen viereckigen Waschtrog, von dem Blasen aufsteigen.«

Diesen frostigen Satz, in den Proust seinen großartigen Flußtraum bannen und einzwängen wollte wie den Riesen in die Flasche, können wir aber auch als eine Art heiliges Grauen deuten. Wie unsäglich viel zarter und beeindruckender als die Ausdehnung des Kleinen im Gewaltigen ist doch das Gewaltige im Kleinen. Und eben dies mußte auch Leopardi empfunden haben, als ihn vor dem winzigen Grabe Tassos — und gerade vor seiner Winzigkeit – ein Schauder überlief.

Ich entsinne mich eines Anblicks, der sich mit Prousts Waschtrog vergleichen ließe: Auf einem alten Photo von der Quelle des Tiber säumen zwei Wanderstiefel, die den mächtigen Füßen des Kolosses von

Rhodos zu gehören scheinen, das schmächtige Rinnsal, welches sich wie eine zarte Knospe tief unten in einer Schlucht den kristallinen Schneemassen und dunklen Geröllbrocken entwindet. Welch unsägliches Wunder geht aus von diesem Bild. Ebenso wunderbar muß, nach Aischylos, vor allem aber nach der Ilias, wo die Sandale eines Kriegers eine ganze Buchseite überschatten kann, jene kleine Türe in Mykene gewesen sein. Die Ilias berichtet auch von einem furchterregenden Feigenbäumchen am Rande der drei tödlichen Kreise, die der Erbprinz um das Königreich hat ziehen lassen. Auch die verlassenen Waschtröge – »schön anzusehn und ganz aus Stein« – vor den Toren zu jenem Reich sind weit schauerlicher als etwa ein Haufen Kadaver oder der Scheiterhaufen des geliebten Freundes.

In seiner Abhandlung über die Gartenkunst reichte ein englischer Gentleman die Siegespalme den italienischen Gärtnern, da deren edle, ebenmäßige Pflanzungen von bescheidenen Hecken umgeben waren. »Wollte man nur darauf achten«, so bemerkte er, »*die Erwartung um ein weniges geringer zu halten als die Wirklichkeit,* dann wäre einem das Staunen vor einem Wunder geschenkt.« Auf jedem Gebiet gibt es eine goldene Regel, und wenn wir diese hier auf den Kopf stellten? »Wollte man nur darauf achten, die Wirklichkeit um ein weniges *geringer* zu halten als die Erwartung ...«. Dies ist die magische Schwelle, der seidene Faden, den kein Messer zu durchschneiden vermag, und der im Märchen das Reich von König Laurin schützt. Dies ahnten die drei großen Medici, die nach rauschenden Willkommensfesten Byzantiner, Lombarden und Römer in Staunen versetzten, wenn sie sie in die erhabene Nüchternheit ihrer Landsitze führten. Der »helle Stern«, der dieser geheimnisvollen Dynastie leuchtete, war gewissermaßen der Geist der Litotes.

Einem lesenden Kind wird das Erscheinen des Königs verheißen, ein funkelndes Wort. Doch das weise, prophetische Märchen weiß, was es tut[1]:

»Die Herolde stießen in ihre Hörner, da tat die goldene Pforte sich auf. Es erschien der König, bleich und traurig, ohne Zepter, ohne Krone, im Gewand eines Kriegers.«

(Das Reich des Märchens kann, wie einmal jemand anmerkte[2], berauschen, doch vor allem ist es eine Welt des Pathos, der Symbole des Schmerzes).

Das erste irdische Gewand eines mythischen Bildes aufzuspüren, seine weitschweifigen, unklaren Linien in die unbestechliche Festigkeit des Realen zu pressen, ist eine Wahrheitssuche, die unweigerlich ins Pathos führt, zumal wir die Nebelfäden unserer Träume, die unzählige Generationen vor uns zu entwirren suchten, wieder zu verwirren haben. Die Eingangspforte zu den Gemächern des Zauberers Mandrone auf den Höhen des Adamello, oder die zu den Schatzkammern von König Laurin im Rosengarten –, Orte, um derentwillen sich einst ganze Hirtenclans verirrten, wenn sie Lieder davon sangen oder einander am Lagerfeuer Geschichten erzählten –, sind bereits allesamt fotografiert. Ersterer ist ein rautenförmiges Schlupfloch, zu dem wie mystische Mauern riesige Eisblöcke führen, die der düstere Berghimmel überschattet. Letzterer ist ein horizontaler Spalt, nahezu auf ebener Erde, überwuchert von dornigem Gestrüpp und halb verschüttet von Geröllbrocken, die König Laurin der Legende

---

1. Dieselbe Zauberkunst wirkt in alten Zeremonien. So leitete beispielsweise eine Litotes von gewaltiger tragischer Kraft die Konsekration des russischen Zaren ein. Der kaiserliche Festtagszug bewegte sich in Prunk und Herrlichkeit zur Kathedrale hin, um dann unversehens eine fast unerträgliche Leere zu schaffen – da erschien der Kaiser, allein, zu Pferde, »in der schlichten Felduniform eines Gardeoberst, mit nur einem Orden geschmückt.«

2. Marianne Moore, *Predilections*.

nach hatte herbeischaffen lassen, weil er die Menschen verachtete. Stellen wir uns einen alten Wandersmann vor, der hinaufsteigt bis zu jenen Höhen, hinter dem letzten Felsen der steilen Wand einen Moment lang innehält und einen kurzen, trunkenen Blick auf die geheimen, sagenumwobenen Höhlen wirft, verhüllt von Nebelschwaden und dem schwarzen Mantel des Zeitlichen ...

In den Büchern, die heutzutage die kärglichen Überreste alter Sagen aufbewahren[1], sind es eigenartigerweise gerade die kriegerischen Schlußsätze, die für ein Kind eine geradezu magische Anziehungskraft besitzen: »Heute weisen nur noch zwei Steinhaufen auf die Stelle, an der sich hoch oben die Eingangshalle des Palastes von Vaglianella befand ...«. Oder: »Heute gibt es die Vergißmeinnichthütte nicht mehr. Die Hirten, welche durch das Val Travegnòl ziehen, weisen auf die himmelblaue Wiese und sagen zueinander: Schaut, hier stand sie einmal, die *tambra de seliëttes* (die Hütte der Vergißmeinnicht) ...«.

Betrachten wir in einer Ausstellung orientalischer Schätze Statuen, Keramiken und unbesiegbare Schwerter, so schweift unser Blick unweigerlich ab, um auf einer Glasvitrine zu verharren: Denn dort wird das versengte, rumpfabwärts verstümmelte, einer schwanzlosen Eidechse gleichende Löwenjunge aus Lapislazuli aufbewahrt, das in den Trümmern des Palastes von Persepolis gefunden wurde, den Alexander der Makedonier einst hatte niederbrennen lassen. Und in einem bestimmten Landstrich Siziliens hält der

---

1. Vor allem die unerschöpflichen *Dolomiten-Sagen* von Karl Felix Wolff (Sagen und Überlieferungen, Märchen und Erzählungen der ladinischen und deutschen Dolomitenbewohner. Innsbruck 1957[9]). Zudem die *Leggende delle Alpi lepontine* und die *Leggende dei Grigioni* von Aurelio Garobbio.

Lastwagenfahrer in moderner Arbeitskleidung noch immer mitten in der Einöde an, um dem Fremden den Abdruck des Hufes zu zeigen, den das Roß von Rinaldo de Montalban hinterließ. Was glaubt er nur zu sehen in dieser kleinen, runden Vertiefung? Vielleicht die karismatische Gegenwärtigkeit des Vergangenen, ein steinernes Zeugnis der genauen, unwiederbringlichen Sichtweise der Toten? Gewiß hat jemand mit zartem Lächeln etwas für immer in diese Zeichen versenkt, so wie Prospero seinen Stab auf den Grund des Meeres schleuderte.

In einem Ort in Europa kann man das wackelige, abgenutzte Kindertischchen sehen, an dem ein hochgewachsener Dichter einen Großteil seiner Werke schrieb. Man findet es in einer zierlichen, schmiedeeisernen Laube, einer sogenannten *Solitude,* wenige Meter von einem Jagdhäuschen entfernt und überschattet vom dichten Laubwerk mehrerer Pfirsichbäume. Wer es ansieht, meint, unter diesen drei Zollbreit Holz die majestätische Säule hervorwachsen zu sehen, die das Universum dieses Dichters trug: seine Paläste, unergründlichen Rätseln gleichend, seine Labyrinthgärten, seine Kaufleute und all die Gefangenen »edlen Geblüts«. Wie eine Ölfontäne müßte sie aus einer Stelle des Pfirsichhains emporschießen und eifrig sprudeln, um Flotten und Städte in Gang zu halten.

Nicht alle haben die Heiligen Stätten gesehen, und es ist auch nicht statthaft, sich die Begegnung des frommen Mannes mit den vier Felsen vorzustellen, die einst zu Salomos Tempel gehörten, oder den Turm, auf dem der Erlöser der Versuchung widerstand, sich hinabzustürzen. Oder den Felsen (man verehrt ihn innerhalb eines geweihten Ortes), auf dem sich wie in feuchtem Ton die Spur seiner göttlichen Füße verewigte.

Die Tatsache, daß das Tal von Josaphat, von dem Joël sprach, jener Ort der letzten Antworten, in Wahrheit eine bescheidene Mulde im Osten von Jerusalem ist, durch die sich das feine Rinnsal des Kidron schlängelt, ist nicht weniger furchteinflößend, als jene Schriftrolle, mit der Joël, sie mit zehn Fingern umfassend, die unvorstellbaren Weiten des Himmels vergleicht, in der Stunde, da der Raum enden wird. (Dies ist, wie ich meine, die Spitze der Pyramide. Und an ihrem Fuße befindet sich vielleicht – blind, versteinert und bedrohlich – der Trilobit aus der Urzeit. Nur eine Spanne messend, von der bedrohlichen Regelmäßigkeit und der kühnen Eleganz einer chinesischen Rüstung, zeigt er uns den ersten Entwurf von Leben auf einem toten Stern ...).

Kleine verfallene Stätten, den Winden ausgesetzt, jahrtausendelang vom Regen unterspült. Vorspringende Felsen, Waldlichtungen, denen in Form von Blitzen, Vollmonden und Dunstschwaden all die Erscheinungen entglitten, die die Welt einst mit Grauen und Entzücken erfüllten. Welches war der Sinn dieser Kokons uralter Weisheit, dieser winzigen Ikonen gewaltiger Zeremonien? Es mußte ihnen wohl Leben in Hülle entströmt sein, wenn Pilger und Kreuzfahrer mit glühenden Herzen die ganze Welt davon in Kenntnis setzten, wenn Mönche jahrhundertelang darüber in großen, goldenen Lettern auf weiße Tierhäute schrieben. Der Dichter heftete seinen Blick darauf, wie man ihn auf das rote, von einem Pfeil durchbohrte Wachsfigürchen zu heften pflegte, um es mit dem innigen Zauber der Liebe anzufüllen, um ihm zu entziehen, was zwischen dem Unsagbaren steht und dem, was der Mensch erneut zu sagen versuchen wird ...
Typisch für einen modernen Dichter ist Prousts beklagenswertes Unvermögen, das wahre Antlitz des

Staunens zu genießen, den Blick vom Unendlichen ins Endliche zu wenden, von der Wüste, deren Pfade stets der Wind auslischt, hin zum kleinen Schwarzen Stein im verbotenen Bereich Mekkas. Proust definiert die Gesetze der *rêverie* (die man im übrigen bereits seit mehr als einem Jahrhundert befolgte) als ein unnützes, schuldhaftes Sehnen, welches »das Wahre größer werden« läßt. Doch nur die Wahrheit ist größer als das Wahre, und dennoch erschauern wir, wenn das Wahre sich uns offenbart, weil es so winzig, so greifbar, so vergänglich ist. Und doch ist es die einzige Hülle, die der Vision vergönnt ist. Von allen Dingen ist die Vision das einzige, was wir nicht erträumen, sondern nur freudig weinend anbeten können, sobald sie sich uns zu offenbaren geruht. (Wie zart und eigenartig, wie konzentriert und unvollkommen muß das Antlitz der Contessa di Tripoli ausgesehen haben, da Jaufré Rudel mit einem Lächeln starb!)

Wir schlagen Dantes Werke auf und suchen den Abschnitt, der, wenn wir uns recht entsinnen, wie eine mosaische Tafel Schicksale erklärt und besiegelt, sowohl auf Erden, als auch im Jenseits, und finden ihn auf drei Verse beschränkt. Nicht selten kommt es vor, daß Bach, nachdem er auf den Tasten langsam eine seiner Gottesstädte errichtet hat, dem andächtig Lauschenden erneut deren Grundsteine hören läßt: vier kleine Noten.

Heute vernehmen wir in einem fort den unbefangenen Ausruf: »Ich kann dir gar nicht sagen, wie großartig es ist.« Und das können wir tatsächlich nicht, weil unser Geist gar nicht imstande wäre, das Gewaltige zu fassen. Welche Bedeutung hätte es auch für unsere Phantasie (jene schlafende Blume, die jäh ihre so stürmischen Kelche öffnet), daß der Umfang des atomaren Zentrums in X zwanzig Kilometer beträgt, daß die Rakete, die von der Basis Y abgeschossen wurde,

90 Tonnen wiegt oder das Stadion in Z 50 000 Zuschauer faßt?

Mit seiner Größe von drei Spannen, seinem strengen und wissenden Blick erschreckt und rührt uns König Laurin; das Schicksal von Goliath und Polyphem ist lächerlich.

»Ich kann dir gar nicht sagen, wie winzig es ist«, sprach erregten Sinnes und finster dreinblickend ein Freund, der aus Cumä heimgekehrt war, einem Ort, den einst Virgil in allen Einzelheiten beschrieben hatte, bis hin zu jenem »übelriechenden Schlund«.

»Ich kann dir gar nicht sagen, wie gewaltig es ist«, meinte er wohl, wieviel Ewigkeit in jenem kleinen Fleckchen Sand schlummert, in dem kleinen Häufchen stinkender Materie, der Pforte in die Unterwelt, dem Uterus der Poesie, dem Ursprung einer ganzen Rasse. Mit Proust beginnt die Chronik einer unglückseligen Zeit, einer Zeit, in der alles »größer, noch größer, noch viel, viel größer ...« wird. Und ohne diese Klage um das verlorene Staunen wäre seine Dichtung zweifellos nicht, was sie ist. (Eine Klage, die ein wahrer Meister des Unglücks, Tasso zum Beispiel, niemals hätte begreifen können, er, der aus den wirren Stimmen im Irrenhaus das unschuldige, wunderbare Konzert des *Dialogo della famiglia* heraushörte).

Wie konnte ein Meisterwerk auf solch einem illusorischen Flecken des Universums Wurzeln schlagen und Knospen treiben, auf diesem blinden Vorkampf des Herzens?

Und dennoch blieb Proust, obgleich ein bereits verstümmelter Mensch, unbeirrbar Dichter. Denn wie alle Dichter vor ihm (wie auch Leopardi, der auf andre Weise verstümmelt war) verstand er, daß es für die Dichtung nur einen einzigen, irreversiblen Weg gibt, daß sie sich nicht unterscheidet von der Ehrfurcht vor der theologischen Bedeutung von Grenze: das Gebot,

Gott nachzueifern, vom Berge Sinai, bis hin zum brennenden Dornbusch, von Tabor bis hin zu einem Stückchen Brot.

(Was ist ein Dogma letztendlich anderes als ein Kreis, den mit diamantener Spitze das siebenfach gereinigte Wort um einen Bereich des Unsagbaren gezogen hat?)

Die einzige Garantie für das Mysterium ist der unvergleichliche Glanz des realen Gegenstandes, wenn ihm vorübergehend ein Geist innewohnt. Und was ist Prousts Dichtung denn anderes als die beharrliche Rückkehr zur rechtwinkligen Analyse, zum galaktischen Denken an den einzigen, greifbaren Gegenstand: die Metapher, der präzise, funkelnde Vergleich? »Niemals waren die Guermantes so grenzenlos«, entsann sich ein Schriftsteller, »wie in jenem einfachen roten G auf schwarzem Tuch, in das Robert de Saint Loup sich am Ende hüllt wie der heidnische Gott in die Wolke ...«.

Als der Mensch die Grenzen des Objekts erweiterte, durchschnitt er den seidenen Faden, der das Reich Laurins umgab, und verscheuchte daraus die erhabenen Gäste. Doch auch dies ist eine Gewalttat, von der man nur ungern spricht.

NÄCHTE

1. Die Geschichte von der Messingstadt[1]

> Im siebten Jahrhundert muslimischer
> Zeit, im Orte Bulaq, übertrug ich mit
> sorgsamer Feder, in einer Sprache,
> die ich vergessen habe, in einem mir
> unbekannten Alphabet die sieben Rei-
> sen von Sindbad dem Seefahrer und
> die Geschichte von der Messing-
> stadt ...
>
> J. L. BORGES, Der Unsterbliche

> Ich weiß nicht einmal, ob ich je an
> diese Stadt glaubte ... Es genügte
> mir damals wohl der Vorsatz, sie zu
> suchen.
>
> J. L. BORGES, Der Unsterbliche

Die Märchen von 1001 Nacht gleichen bekanntlich einem Irrgarten mit tausend Eingängen. Dieser scheint manchmal konzentrisch, und sein Mittelpunkt könnte – so wie in den Irrgärten aus alter Zeit das Rätsel eines Spiegels – die traurige, geheimnisvolle Geschichte von der Messingstadt sein.

1. Die kursiven Passagen sind Zitate aus der *Geschichte von der Messingstadt (Die Erzählung aus den Tausendundein Nächten,* ins Deutsche übersetzt von F. P. Greve, Insel-Verlag Leipzig 1913), aus der Bibel *(Buch der Könige)* und aus dem Koran; die mit Anführungszeichen gekennzeichneten Textstellen sind fast ausnahmslos Zitate aus Schriften von Hofmannsthal und Borges, die bei einer Lektüre der *Nächte* stets gegenwärtig sind.

Diese Geschichte, die Schahrazad in der 566. Nacht zu erzählen begann, ist nicht einfach zu entdecken. Man überblättert sie nur allzu leicht, nachdem man bereits fünf oder sechs der alten Bücher gelesen hat, stößt stattdessen auf eine angenehm heitere Erzählung oder eine köstliche Fabel, um schließlich nach der *Siebten Reise Sindbads* das Buch einfach aus der Hand zu legen. Überdies möchte man fast meinen, daß einige Märchen bei Nacht ihren angestammten Platz verlassen, wie das vielgerühmte weiße Roß auf ein paar von Leonardos unvollendeten Bildern, das der Betrachter am Morgen vergebens an der gleichen Stelle suchen wird, wo er es noch am Vorabend fand. Borges schreibt zum Beispiel von einer beängstigend kreisförmigen 602. Nacht, in der Schahrazad dem König ihre eigene Geschichte erzählt haben soll, um das Buch ins Unendliche auszudehnen. Und berühmt ist auch das düstere Abenteuer, das Hofmannsthal als das *Märchen der 672. Nacht* erzählt. Heutzutage würden wir diese beiden schönen Gleichnisse wohl vergebens suchen, wo besagte Dichter sie einst fanden.

Liegt die Messingstadt mitten im Herzen des Labyrinths, so scheint manch eine der anderen *Nächte* zu jenem Herzen hinzuführen, wobei die einen den Weg dorthin verlängern, andere ihn verkürzen. Etliche Male täuschen uns Luftspiegelungen und lassen vor unseren Augen die Stadt erstehen, noch ehe wir sie dann tatsächlich erreichen: So sehen wir die im Koran erwähnte Säulenstadt Iram in all ihrer gleißenden Pracht in der Wüste aufragen und gleich daneben die Gruft des unglücklichen Königs, der sich mit ihr einen Abglanz paradiesischer Freuden schaffen wollte, und der vom Blitz getroffen niedersank, noch ehe er sie betreten konnte. Dann gelangen wir in die Gemächer des verbotenen Schlosses in Toledo, wo eine Schar arabischer Reiter, allesamt aus Stein und »den Blick gen

Westen gerichtet« die Invasion Spaniens prophezeit. Die Dunkelheit dieser Mauern birgt Salomos Schatz, den smaragdenen Tisch, den magischen Spiegel, das Buch der Psalmen in griechischen Lettern auf goldenem Grund und geheimnisvolle Schriften über Kräuter und Gifte, Steine und Sterne. Zuletzt stoßen wir auf die lange Geschichte von *Hasib el Karim* oder der *Schlangenkönigin,* eine einfallsreiche Kosmogonie, die man nur mit ein wenig Kühnheit als Märchen bezeichnen kann, es sei denn, man wollte auch Teile der *Apokalypse* so benennen.

Wie fern ist nun das köstliche Paar – der Kalif und sein Wesir, beide in Kaufmannsgewändern –, das Geschichte an Geschichte reiht wie das Sternbild des Großen Bären Nacht an Nacht, oder wie der verkleidete Herzog, *the mad old duke of dark corners,* in *Measure for Measure* eine grauenvolle Szene an die andere! Wie fern sind nun die schmalen, stinkenden, abenteuerlichen Gassen, durch die wir die klimpernden Fußknöchel einer gläubigen Christin oder eines nubischen Sklaven verfolgten! Fern auch die wohltuende Kühle verborgener Innenhöfe, die Menschenleben, erkauft mit einer Geschichte, die »erotische Pantomime der Liebenden«. Von innen nach außen – oder von außen nach innen – gelangt man, ist das Licht einmal gelöscht und der Mond versunken, in ein Land, das in ein stetes, staunendes Schimmern getaucht ist, und wo die Dinge keine Schatten zu werfen scheinen. Die lustvolle Sinnlichkeit der *Nächte* ist verflogen wie Weihrauch. Bereits in Sindbads vierter und sechster Reise wittert man den nahenden Tod. Womöglich ist die *Geschichte der Messingstadt* das einzige der Märchen, in dem das tödliche Capriccio der Sinne nur noch der wehmütige Nachhall einer Melodie ist, die Erinnerung an einen Schatten, der vor Jahrhunderten auf einen Quadranten fiel. Nur die Augen der gegen die Stadt ziehenden Reiter sind wachsam; doch sind sie auch imstande, den wahren Umfang der Dinge zu erfassen, die in jenem verzerrenden Licht viel größer scheinen, als sie in Wahrheit sind? Wie in weissagenden Träumen ist die Luft ein grenzenloser Raum, leer und dicht zugleich wie eine glühende Wolke. Sind Zeit und Raum wie Schriftrollen eingerollt, wie es von der Stunde, da der Erlöser zum zweiten Male kommt, geschrieben steht, grollt einsam durch die feierliche Blässe das Wort. Wir haben die düsteren, schlaflosen Städte verlassen und betreten die Wüste, das Reich Gottes.

Sie – die Wüste – ist nahezu das einzig Greifbare in dieser Geschichte, nicht nur für die verängstigte Seele, sondern auch für Nase, Zunge und Haut. Hier riecht es scharf und urwüchsig wild nach Wolle und Hanf, nach Staub zwischen den Zähnen und schweißgetränktem Leder. (Dies gilt auch für eine andere untröstliche Reise in die Messingstadt, *Die sieben Säulen der Weisheit*).

Nahezu das einzig Greifbare, denn es gibt noch etwas anderes: das Metall. Die gewaltigen, verlassenen Waffensäle, das Messing der Reiterfigur, die auf halber Wegesstrecke Wache hält, selbst die steil aufragenden stählernen Stadtmauern, die wie aus einem Guß scheinen. Und die Grabplatten aus Silber und Stahl, die den Besucher der leblosen Stadt auf Schritt und Tritt mahnen und warnen – überall stoßen wir auf unheilvolles, mystisches Metall, als sei es ein Siegel Salomos, der auch in dieser Geschichte auf geheimnisvolle Weise gegenwärtig ist. Die Heilige Schrift erwähnt in der Tat, daß der weise König ein Experte war auf dem Gebiet des Metalls, und daß Gott für ihn das »Kupfer reichlich sprudeln ließ«. Die Minen Palästinas bezeugen dies noch heute an der Stelle, wo Eusebius christliche Märtyrer malte, denen ein Auge ausgestochen und ein Fuß abgehackt worden war.

Wo liegt diese Stadt? Seltsamerweise wird sie nie benannt, bevor sie nicht nahe genug ist, um wie ein Magnet die frohe Reiterschar heranzulocken, die mit ihren weißen damaszenischen Standarten eigentlich ein ganz anderes Ziel hatte, dessen jedoch keiner der Männer sich mehr zu entsinnen scheint: Die legendären Flaschen Salomos, in die der weise König alle Dschinns gebannt hatte, die sich seiner Herrschaft widersetzten, um sie alsdann, verschlossen mit dem heiligen Siegel, auf den Grund des Meeres zu schleudern.

Man ist von Syrien aus gen Westen gezogen, in ein noch gänzlich unerforschtes Gebiet, jenseits der Länder des Maghreb, deren Beherrscher zugleich Befehlshaber der Reiterschar und Held der Geschichte ist: Emir Musa. Ein fremdartiger Westen im übrigen, in dem es Dschinns in Sphinxengestalt gibt. Doch mitten in der Wüste steht das Messingstandbild und bringt die Reiter vom Wege ab. Sie machen kehrt, um wohin zu gelangen? Hinein in die Wüsten Libyens, Ägyptens, Judäas? Ziehen sie nun vorwärts oder rückwärts? Zwei Jahre hat der geheimnisvolle Scheich Abd-al-Samad, geistiger Führer der Reiterschar, ihnen als Dauer der Reise geweissagt. Doch schon bald verkürzen sich diese zwei Jahre zu wenigen Tagen, um sich dann wieder ins Unermeßliche zu dehnen. Sprach jener *hochbetagte Greis, den die Fülle der Tage gebrochen hatte,* nicht dieselben magischen Worte, die ein jeder kennt, der schon einmal mit ähnlich seltsamen Vorgaben reiste: *Der Weg dorthin ist lang und schwierig und der Straßen sind wenige … Der Weg ist voller Mühsal und Grauen und voll Wunder und erstaunlicher Dinge …«?*

Wollte einer eine Karte dieser Reise zeichnen, so schiene diese nicht minder abwegig oder glaubhaft wie die eines bedeutenden Kartographen des Mittelalters, der die Welt einmal als eine »in der Mitte des Ozeans

schwimmende Scheibe«[1] darstellte, dann wieder als
»über die Wasser verstreutes Laub«. Gleicht die Welt
nicht auf jeder Reise, die länger währt als einen Tag,
einem Kreis, einer Spirale, einem Stern oder verstreu-
tem Laub? Was das Zeitliche und das Räumliche anbelangt, so scheint die Messingstadt sich nicht allzu sehr
von der Burg Monsalvatsch zu unterscheiden, in welcher der Heilige Gral aufbewahrt wurde, und die, so
der Marchese di Villanova, einem treibenden Eiland
gleich, einmal hier, einmal dort auftauchte, zu Wasser
oder zu Lande.

(Erzählt Schahrazad im Verlauf ihrer 1000 Nächte
nicht auch von Begebenheiten, die erst Jahrhunderte
später eintreffen sollen, wie die, die wir vor Augen
haben?)

Es gibt sogar einen Moment, in dem die Messingstadt sich zu verdoppeln scheint. Schon glaubt man,
sie betreten zu haben, doch es ist nur die Vorstadt,
Spiegelbild und Ankündigung der eigentlichen Stadt,
so wie der kleine Traum den großen anmeldet, die trügerische Liebe die wahre. Von der Messingstadt trennt
die Reiter eine unüberwindbare Mauer mit fünfundzwanzig Toren, *deren keines von außen sichtbar war.* Und
natürlich wissen dies alle, obwohl niemand es ihnen
gesagt hat. Jeder akzeptiert, daß die Grabplatten, die
jenseits der Mauer funkeln, zugleich fern sind und
greifbar nah, zugleich sieben sind und drei, in griechischer Sprache beschriftet und in Sprachen, die es niemals gegeben hat. Und all die großen, vergessenen
Namen von gefallenen und begrabenen Herrschern,
von Königen der Perser, Amalekiter, Inder, all die
letzten *Mahnungen / von großen Männern, zerfallen zu*

1. Der Hinweis auf den berühmten Kartographen Cosma Indo-
pleuste stammt von Lucio Bozzano, *Antiche carte nautiche,* Rom
1961.

76

Staub – eines fließt ins andere und alles stürzt gemeinsam: im *bitterlichen Weinen* des Emir Musa, der regungslos auf dem Rand der Mauer steht, im irren Lachen seiner Soldaten, die in die Hände klatschen und sich dann von der Mauer in die Tiefe stürzen. Vielleicht fallen wir so weinend und lachend mitten hinein ins Zentrum des Lebens, wenn »in uns selbst Tod ist und Leben und das Schlafende und das Wachende, und das Neue und das Alte noch eins sind.«[1]

Figuren, Leser und Erzähler gelangen auf diese Weise tiefer ins Innere des Irrgartens, für den die Flaschen Salomos lediglich das Lockmittel waren: wie die Hyazinthe für Proserpina, wie das erste Märchen Schahrazads für König Schahryar, den sein blutiger Traum gefangen hielt.

In den erotischen Geschichten der *Nächte* wird ähnlich verfahren: Auch dort wird der Leser durch Gassen und Plätze, Tuchhallen und Innenhöfe geführt, bis er endlich das Privatgemach betreten darf, in dem sich das ersehnte Bett befindet. Der Mittelpunkt der Messingstadt ist ebenfalls ein Zimmer mit einem Bett, *und auf dem Bett lag ein Mädchen, der strahlenden Sonne gleich.*

Nun hatte das Lager, auf dem das Mädchen lag, Stufen, auf ihnen standen zwei Statuen aus andalusischem Kupfer, die Sklaven darstellten, die eine einen schwarzen und die andere einen weißen. Der erste hielt eine stählerne Keule, und der zweite ein Schwert aus gewässertem Stahl, der das Auge blendete.

Doch wird man bei diesem Lager weder Lautenklänge hören noch frohes Zechen und Lachen. Auch die Prinzessin erzählt durch die Stimme einer beschrifteten Steinplatte den eigenen Tod, ihre große Warnung, ihr reines, schauerliches *de contemptu mundi:* das traurigste Rezitativ, die herzzerreißendste Arie in der

---

1. Torquato Tasso, *Lettera a Dorotea degli Albizi*.

77

beeindruckenden Reihe von Rezitativen und Arien, die den Gang der Reisenden durch die Totenstadt begleiten. Kaltes Quecksilber glitzert in den Augen des Mädchens, so daß es scheint, *als blickte sie alle an nach rechts und nach links*. Sie ist dort gleichsam im Mittelpunkt des Herzens und verkörpert das Nichts, das Ende aller Eitelkeit, und man trifft sie nur einmal im Leben, oder, wie uns die Heiligen raten, mindestens einmal am Tag:

O Adamskind, laß nicht die Hoffnung höhnen – Was du gehäuft, des mußt du dich entwöhnen;
   Du gierst nach einer Welt und ihren Schätzen – Ich sah Vergangne vor dir auch so hetzen.
   Zu Recht und Unrecht türmten sie zuhauf – Doch hielt ihr Schatz des Schicksals Lauf nicht auf.
   Sie führten Heere und gewannen Gold – Doch ward das Glück darum noch keinem hold;
   Sie mußten fort zum Staubesbett im Grab – Das nie der Werke Pfand die Freiheit gab;
   So lädt die Karawane ab zur Nacht – Vor einem Haus, das keinen Gästen lacht;
   »Hier ist kein Raum für euch«, so klingt das Wort – Sie laden wieder auf und ziehen fort;
   Grau scheint der Marsch, und der verzagten Brust – verspricht nicht Halt noch Reise länger Lust.
   Drum rüste Zehrung bis zum Morgenstern – Nur rechter Wandel hilft dir vor dem Herrn!

Die Reiter mußten wahrscheinlich bis hierher kommen, um zu erkennen, daß das Motiv ihrer Reise sinnlos war. Salomos Flaschen, die die Wanderer am Ende finden, werden weder dem Emir Musa noch dem Kalifen helfen, der ersteren ausgesandt hat. Müssen sie nicht am Ende einsehen, daß der, der Erkenntnis zu erlangen sucht, nur um die eigene Macht zu mehren, diese Macht am Ende als wertloses Gut erkennen wird? Denn als ein Gefangener seiner Erkenntnis wird er seine Macht opfern müssen, um als ein freier Mann heimkehren und – wie der Emir Musa – in das »Heilige Jerusalem« pilgern zu können. Im Märchen geschieht es nicht selten, daß der Held nach etwas sucht und stattdessen auf geheimnisvolle Weise etwas anderes erlangt.

Im Grunde genommen ist die *Geschichte von der Messingstadt* nichts anderes als eine Melodie, ein Tanz aus dem *Buch der Prediger*. Man weiß, daß die guten Dschinns für Salomo allerlei Paläste errichteten mit Statuen und mit Schalen groß wie Schwimmbecken, und daß sie auf den Meeresgrund hinabtauchten, um ihm kostbare Perlen zu bringen. Gewiß beherrschte jener Prophet den Kosmos und »deutete Gott in aller Aufrichtigkeit«[1], weil er, der große, unberührte Skeptiker, wie noch kein Mensch vor ihm die grenzenlose Nichtigkeit des Herrschertums erkannt hatte.

(Und gedenke Deines Schöpfers
noch in jungen Jahren,
bevor dich die grausamen Tage erreichen
und die Jahre, von denen du sagst:
»Die will ich nicht.« ...

Bevor die silberne Form zerfällt
und der Krug über der Quelle bricht,
und das Rad in den Brunnen stürzt
und Staub wird wieder zu Staub,
von dem er genommen,
und der Odem heimgeht zu Gott,
der ihn geschenkt!)[2]

1. Ibn Arabi, *Die Weisheit der Propheten.*
2. Verse aus dem Buch der Prediger, nach einer Übersetzung von Guido Ceronetti (*Qohèlet*, Turin 1970).

Der weise König scheint die Flaschen absichtlich dort ins Meer geschleudert zu haben, wo sie nun verborgen liegen, um den Emir Musa in die Messingstadt zu lokken, weil dieser Mann die Wahrheit wohl verdient. Gehorsam und gottesfürchtig (er allein ruft seine Männer auf, Enthaltsamkeit zu üben, weder die Stadt zu plündern noch den Leib der Prinzessin anzurühren), bereit sowohl zur Klage, als auch zum Lobpreis *(wir sind dennoch zu Großem geboren)* gibt der edle Emir in der Stadt sein Leben hin, um ein neues zu erlangen. Die Reise reiste ihm zur Seite, und sein fernes Ziel jenseits von Bergen und Tälern war eigentlich die *Höhle des eigenen Herzens.* Das ist eine der Benennungen der islamischen Mystik für die Wüste, für *den Ort, wo kein Unrecht herrscht, den Ort der Begegnungen, Versuchungen und Offenbarungen.*

Es paßt durchaus zu diesem Mann – auch wenn es nicht weiter von Belang ist –, daß er Spanien eroberte. (Dieser historischen Tatsache widerspricht die Legende nicht, wenn sie entgegen der Chronik behauptet, er habe sich »im heiligen Jerusalem« bis ans Ende seiner Tage ins Gebet vertieft).

Nur der Mann, der das Abenteuerrad in Bewegung setzte, der Wesir Talib, kehrt nicht nach Damaskus zurück. Der Irrgarten verschlingt einen jeden, der ihn mit weltlichem Streben betritt. Er war für das Unterfangen unerläßlich und unnütz zugleich und muß sein Leben lassen, als er den Leib der Prinzessin berührt. Und so ereilt ihn dasselbe Schicksal, das in der *Geschichte von Hasib el Karim* dem droht, der den Leib Salomos zu berühren wagt, der in priesterliches Grün gehüllt, das heilige Tetragramm am Finger der auf der Brust ruhenden Hand, auf seinem Throne sitzt. Und siehe da, für einen Augenblick verschmelzen die Prinzessin und der Weise zu einer Person. Woher kommt der Blick jener kalt glitzernden Quecksilberaugen?

Der Gedanke, daß die Gestalt eine Statue sei, ein wohl-
gestaltes Püppchen, kann nur in Talibs Kopf entstehen. Der aber rollt bereits einen Augenblick später.
Dies ist die Antwort, die die Gestalt ihm gibt.

Mit diesen Worten stieg er zwischen den Pfeilern die Stu-
fen zum Lager hinauf; doch kaum war er im Armbereich der
beiden Sklaven, als siehe, der Keulenträger ihn auf den
Rücken traf, während der andere mit dem Schwert in seiner
Hand ausholte, also, daß Talibs Kopf davonsprang und er
tot zu Boden fiel.

Alle Geschichten über Salomo, den Messingkönig,
handeln von seiner überirdischen Macht, die (wie die
von Hermes Trismegistos, dem Herrn des Quecksil-
bers) seinen Tod überdauert. Sein hoher Name wirft
auf das gesamte Buch der *Nächte* in irgendeiner Weise
seinen Schatten. Wir werden niemals erfahren, ob
jener König tatsächlich der Autor der *Sprichwörter,* des
Buches der Prediger und des *Hohenliedes* war, doch mit
Sicherheit umgab ihn eine feurige Wolke, da sich die
drei Schriften und die vielen Legenden, die sich um ihn
ranken, spontan um seinen Namen zusammenfügten,
so wie die Fragmente eines sagenhaften Atlantis. Wie
man weiß, weht der Geist, wohin er will, und komponiert nach Belieben seine Gestalten.

Die Stadt besitzt fünfundzwanzig Tore, *deren keines*
von außen sichtbar war. Diese Lesart ist nur ein vermute-
tes Tor, aber natürlich das augenscheinlichste.[1]

1. Alessandro Spina hat ein anderes Tor gefunden, und dies wiederum führt in eine andere Stadt: »An einer Stelle im Text«,
schreibt er, »hat sich ein Vers von Dante eingeschmuggelt. Es ist
eine wörtliche Übersetzung und zugleich ein Schlüssel (einer von
tausend), mit dessen Hilfe man sich die Erzählung erschließen
kann, wenn man sich den Leser als Scheich Abd al Samad
vorstellt, der an eine verriegelte Türe gerät.
Hätte die *Göttliche Komödie* sich einer besonderen Beliebtheit erfreut, und hätte diese Beliebtheit sich in Nachahmungen ausge-

2. Fliegende Teppiche

Die Erzählungen von 1001 Nacht wimmeln von Teppichen, sind ein regelrechtes Teppichfest. Das ganze Leben spielt sich darin auf Teppichen ab. Salomo fliegt auf einem Teppich in den Kampf gegen die rebellierenden Dschinns, während ihn Vögel durch die Lüfte begleiten, und wilde Tiere im Schatten seines Teppichs laufen. Die listenreiche Geliebte läßt sich in einen Teppich wickeln, um zu ihrem Liebsten zu gelangen; Leichen verbergen sich unter Teppichdecken (man denke nur an jene schaurigschöne Szene in der *Geschichte von den drei Äpfeln!!*); man schläft auf ihm, liebt auf ihm, läßt wohlklingende Weisen auf ihm erklingen, doch vor allem betet man auf ihm und erzählt sich Geschichten. *»Und als ich durch den Spalt sah, siehe, da war es ein Betraum, in dem eine Nische von zwei Wachskerzen erhellt wurde ... Und ein Gebetsteppich war darin ausgebreitet, auf dem ein Jüngling saß, schön anzuschauen. Und vor ihm lag auf ihrem Halter eine Abschrift des Korans, in der er las.«*

drückt (doch war sie wohl ein wenig »zu spät« entstanden, um zur Nachahmung anzuregen), und ist Volksdichtung popularisierte hohe Dichtung, könnte man die *Geschichte von der Messingstadt* auch als eine Nachahmung verstehen, eine heruntergekommene *Komödie.* Da muß man nicht erst auf die Symmetrien verweisen: Emir Musa – Dante, Abd al Samad – Virgil, Messingstadt – Hölle; oder die Personen, denen man begegnet, wie der zur Hälfte in die Säule eingerammte *Dschinn,* der von den Schlachten gegen die Heerscharen Salomos erzählt wie ein beliebiger Kriegsmann bei Dante. Dante ist mit mehr Werken der arabischen als der italienischen Literatur zeitgleich. Diese Welt, die so vollendet auf den Fluchtpunkt hin angelegt wurde: Gott und Gottes langer Arm, der Ted ... Es stimmt, daß hier, wie Hofmannsthal sagt, die Gegenwart Gottes das einzige ist, was uns

Es ist der kleine, leichte Gebetsteppich, den der gläubige Muslim auf Reisen bei sich trägt, um bei der täglichen Andacht, wo er auch sei, die Reinheit eines privilegierten Bodens zu genießen, von keines Ungläubigen Fuß entweiht. Darauf befindet sich als rituelle Synthese einer Moschee das Abbild einer Gebetsnische, deren spitzer Bogen stets gen Mekka gerichtet sein muß, in deren Mitte die Gedächtnislampe oder die umgekehrte Weiheamphore, aus deren Hals Blüten tropfen, üblicherweise drei Nelken. Fast immer bildet ein Spruch aus dem Koran den auf höchst eigenartige und lyrische Weise vielsagenden Schmuck. Den islamischen Teppich, der figürliche

fortwährend überrascht. (Verblüffend ist aber auch die Kargheit der Mittel, mit der stärkste Wirkungen erzielt werden.) Was allerdings bei diesen Monologen (zumal jede stählerne Grabplatte der Monolog einer Person ist) am heftigsten berührt, ist wie bei den Personen Dantes die Liebe zum Leben:

Doch verläßt du diesen düstern Ort
und siehst die schönen Sterne wieder ...

Die Gegenwart des Göttlichen, die nicht zur Weltverachtung führt. Das Göttliche hauptsächlich verstanden als Ende (oder Ziel) von allem. Und die Dinge, die man verliert, von denen man weiß, daß man sie verlieren muß, sowohl Freunde als auch Häuser, um sie nur noch sehnsüchtiger zu lieben. Der Tod hat den Sinn, das Trachten nach Besitz zu tilgen, weil der die Dinge entwürdigt.

Ein arabischer Freund ›von edler Herkunft‹, dem der Tod das Heim zerstörte, nahm meine rituellen Beileidsbekundigungen (›Das Gute ist in dir‹, ›Gott sei Dank bleibt niemand‹) mit folgenden Worten entgegen: ›Nur die Tage leisten mir Gesellschaft ...‹. Keine Verachtung klang in seiner Stimme, nur die Liebe zu diesem vergänglichen Geschenk.« (»Anmerkung des Übersetzers« in *Die Geschichte von der Messingstadt,* Mailand 1963).

Abbildungen meidet, binden metaphysische Regeln und zwängen ihn, wie jedes Kunstwerk von altbewährter Weisheit, in die grausame Schönheit stolzer Stilisierung, Preis und Frucht einer altüberlieferten, kontemplativen Kultur.

Weshalb aber fliegt der Teppich? In den traditionellen Erzählungen des Westens kann es wohl einmal geschehen, daß »eine Prinzessin sich in einem fremden Palast, tausend Meilen von ihres Vaters Reich entfernt, im eigenen Bett zur Ruhe legt«, und das geflügelte Roß, jenes prophetische Himmelsgeschöpf, kennt man in vielen Ländern. Der fliegende Teppich aber ist einzigartig, ein wunderbar unergründliches Rätsel.

Bezaubernde Bücher über die Kunst des Teppichknüpfens[1] beantworten wie Orakel alle erdenklichen Fragen um Entstehung und Bedeutung jener Räume aus enggeknüpften, zurechtgestutzten Wollfäden, die, ebenmäßig geschoren, vor unseren Augen leidenschaftliche, beredte Rankenmuster ausbreiten oder geradlinige Formen geistiger Geometrie. Solche Bücher erzählen von Teppichen, die neunzehn Jahrhunderte überdauerten, wie jener Perser, den man in einwandfreiem Zustand in einem Fürstengrab in den Altaischen Bergen fand, und der mit seinen zehntausend Kilometern Reise die Existenz jener sagenhaften Seidenstraße glaubwürdig bezeugt. Vor unseren Augen tut sich die unermeßliche geographische Weite des Teppichs auf, die letztendlich identisch ist mit derjenigen der *Nächte,* weil sie dieselben Wanderungen und Vermischungen schufen: Türken und Griechen, Hebräer und Perser, Araber und ägyptische Zigeuner,

1. Ganz besonders das Buch *Tapis d'Orient, Histoire, Esthétique, Symbolisme* von Robert de Calatchi, Fribourg 1967, aus dem fast alle Zitate stammen.

Syrer, Armenier, Zirkassier, Kurden, Turkmenen, Tartaren, Mongolen. Auch die jahrtausendealten geologischen Schichten sind dieselben: vom mythischen Teppich Sthesifontes bis hin zum modernen Teppich, der dem alten noch immer beharrlich gleicht.

»Ein trockenes und rauhes Klima, ein überreiches Angebot an Wolle und Schafen, sowie die Notwendigkeit eines schnellen und mühelosen Transportes« verbinden ästhetische und praktische Gesichtspunkte. Die unterschiedlichen Ebenen des familiären und des geistlichen Lebens vereinen sich im Teppich, machen ihn zu einer vollendeten Miniatur von Tradition, die kein einziges Element ausschließt, damit man sie rein und unverfälscht betrachten kann.

Wo wurden Teppiche geknüpft? In den Städten Persiens – Vorzugsland des Teppichs, obschon diese Kunst so umfassend und vielfältig ist wie der Orient selbst – gründete man an Quellen kristallklaren Wassers Teppichschulen. Die sogenannten »Teppichmeister«, Bänkelsänger des Webstuhls, zogen wie einstmals die Märchenerzähler von Dorf zu Dorf, Land zu Land, um den dortigen Handwerkern die Schätze ihres umfangreichen Gedächtnisses anzubieten, in dem sie zahllose Muster hüteten. Und allerorten gab es einen Propheten, der in der hohlen Hand die Träume von Generationen sammelte: ein weitgereister Wanderer, der seine Einsichten im Herzen trug, ein Websklave fern der Heimat, dessen Sehnsucht, bedient von geflügelten Händen, mit Gold aufgewogen wurde, ein Dichter, der Fäden knüpfte, mit sicherem Gespür vielerlei Muster in Einklang brachte und dabei unfehlbar die Rhythmen der Dinge von denen der geistigen Stile zu unterscheiden wußte, ein Mystiker, dessen Teppich Beten und Fasten miteinschloß, der die symbolische Weihegabe, die seine Frömmigkeit ihm in den Webstuhl diktierte, dem Einen widmete, der ihm das

Gewebe, während er die farbigen Fäden hineinknüpfte und zurechtstutzte, mit einem Strahl Seiner Herrlichkeit erhellte. Ein Genie, ein von einem Dämon besessener Geist, der kühn das Vermächtnis biologischer, intellektueller und spiritueller Kräfte in sich einte. Das begnadete menschliche Wesen, das auf einem Quadratdezimeter die zehntausend Knoten des Sennehteppichs unterzubringen wußte, ohne dabei die Gesamtheit aus dem Blick zu verlieren, den lichten Hain, in dem weißer Jasmin Reihern und rosenfarbenen Flamingos Schatten spendete: Dies »Immer auf mikroskopisch kleinem Raum« müßte uns schier bestürzen, bedächten wir nur einen Augenblick, mit welch hehren Gedanken ein beliebiger Fürst einst den Erdboden bekleidete, damit der Mensch seinen Fuß darauf setze, und was wir in unserer Armseligkeit heutzutage schon auf Augenhöhe heben.

Die bezaubernden Bücher entdecken uns, was wir schon immer zu wissen vermeinten, nämlich daß nichts, was nicht auf vielerlei Weise zu deuten ist, den Geist länger als eine kurze Weile zu fesseln vermag, und daß der orientalische Teppich (nach einer berühmten Definition großer Kunst) eines der wenigen Dinge ist, mit denen man jahrelang im Kerker ausharren könnte, ohne den Verstand zu verlieren. Kurzum, sie entdecken uns, daß der Teppich eine Sprache spricht, und daß, wer ihrer mächtig ist, einen Buchara lesen kann wie ein Gedicht von sprühender Heiterkeit. Wie ein Heraldiker, der aus alten Wappen all die unergründlichen Familiengeschichten herauszulesen vermag, die sie erzählen.

Die Traditionen hegen eine unüberwindbare Abscheu vor allem Unbestimmten, Rührseligen, Willkürlichen; eingeflochtene Regeln und Gebote verurteilen stillschweigend selbst im bescheidensten Handwerk jegliche Schwärmerei. Wie das Märchen oder das Gleichnis handelt auch der Teppich beharrlich von der Wirklichkeit und erfaßt nur in Gestalt des Wirklichen die Geometrie des Geistes, die Mathematik der Betrachtung. Wer behauptet, ein Teppich, ein Märchen oder ein Gleichnis hätten eine feste symbolische Bedeutung, hat nicht erkannt, daß bei allen dreien das Sinnliche ebenso eng mit dem Übersinnlichen verknüpft ist wie das Gewebe mit dem Einschußfaden. So wird ein jeder gerade die Botschaft für sich herauslesen, die keinem anderen gilt als ihm – wie die Menschen, die jenem alten Meister lauschten, der einem jeden seiner Zuhörer nur den Teil der Geschichte erzählte, der sie betraf, den aber vollständig.

Auf dieser subjektiven Objektivität kann der Geist, der einen Teppich betrachtet, sich sanft zur Ruhe betten, wie in einem Wäldchen, das unterirdische Quellen speisen. Die harmonische Gestalt, das konzentrische Muster, der wohltuende Balsam reiner Farben, aus der Natur gewonnen und in fließendem Wasser aufgefrischt, machen den Teppich zu einem Mittelpunkt der Betrachtung und rücken ihn in manchen Fällen gar in die Nähe des heiligen *Mandala*. Die unerschöpfliche Vielfalt der Kombinationen eines niemals zufälligen Zufalls machen ihn andererseits zu einer höchst lebendigen toten Sprache: Wir können zwar einige Sätze entschlüsseln, doch nicht den gesamten Diskurs; ihn kann uns nur die Zuhilfenahme anderer Sprachen enthüllen, und das Nomadentum vervielfältigt die Kulissen der Bedeutungen ins Unendliche. Steht in China das Dreieck für die gestillte Sehnsucht, könnte es in Zentralasien lediglich das Zelt eines Nomaden bedeuten; der Skorpion ist in Indien ein Glücksbringer, der vor Lepra schützen soll, während er im Kaukasus für den todesmutigen Krieger steht, der sich eher töten ließe, als sich dem Feinde zu ergeben; in China schließlich ist er ein versteckter Hinweis auf den unzufriedenen Gelehrten. Weil der islamische Glaube die Darstellung von Lebewesen ächtet, stellt er den Motiven aus der Natur symbolische Andeutungen entgegen. In einer Karawanserei wird der kaukasische Handwerker mit köstlicher Unbefangenheit die Gebetsnische seiner Teppiche mit Sinnbildern aus der buddhistischen Metaphysik vermählen und eine Deutung noch zusätzlich erschweren, wenn er hingebungsvoll die Werkzeuge seiner Arbeit miteinflicht, den beinernen Kamm und den Holzstab.

Wie alte liturgische Formeln schaffen Farben die symbolische Tonart des Teppichs. Das Goldgelb, gewonnen aus der Sumachpflanze und dereinst Unterpfand für Größe und Glück – Gaben der Sonne an den Menschen – dient dem Inder zur Entspannung. Das Grün, das die Fahne des Propheten und den Turban des durch die Mekkareise geläuterten Gläubigen ziert, wird in der Türkei dem Gebetsteppich vorbehalten. Das dunkle Blau, in Persien aus der Indigowurzel gewonnen, steht für ein Nachsinnen über die Ewigkeit, das helle Blau dagegen für den Liebesschmerz. Das aggressive, aufpeitschende Schwarz, seit je Farbe für Rebellion und Männlichkeit, wählten die mongolischen Reiterhorden sich zum Emblem.

In diese poetische Grundstimmung flicht sich dann der Diskurs der Figuren: Die Eidechse steht für göttliche Schläue, der Pinienzapfen für geistige Wiedergeburt, die Fledermaus und ihr wirbelnder Flug für die launige Flatterhaftigkeit Fortunas. Geistiges Glück verheißt die chinesische Vase, einen sanften Tod die Orchidee, und der fünffüßige Drache erinnert an die ehrfurchtgebietende Größe des Kaisers, die einst Konfuzius in Angst und Schrecken versetzte. Das Symbol nähert sich immer mehr dem Absoluten: mit dem heiligen Kelch der Lotusblüte, dem Baum des Lebens, der einem flammenden Kandelaber gleicht und für die

Achse der Welt steht, dem senkrechten Band zwischen Mensch und Gottheit, mit dem unsterblichen Pfau, der auf frühchristlichen Sarkophagen unzählige Male sein ewiges Rad öffnet. In den christlichen Provinzen Asiens, in denen die Tierwelt von Teppichen, die Kirchen schmückten, ausgeschlossen war, konnten sich in der Gebetsnische auch die Pforte einer Kathedrale oder die Mitra eines Bischofs stilisieren. Die Kryptographien des orientalischen Teppichs wiederum gingen ein in den Schmuck der Kirchen. Sogar in den Ländereien der Medici, deren Verachtung für alles Exotische dazu führte, daß sie die Fracht ihrer Schiffe auf Gewürze und griechische Bücher beschränkten, hat man den Einfluß von Teppichen erkannt: auf der Fassade der Badia Fiesolana zum Beispiel. Die nüchternen Florentiner wollten zwar niemals die asketische Eleganz ihrer Cottoböden unter orientalischen Teppichen verstecken, ließen jedoch prächtige Exemplare derselben zu Füßen ihrer Madonnen malen.

Die stumme Erhabenheit der geometrischen Figuren, sowohl der schlichten – das chinesische Viereck zum Beispiel, dem eine Seite fehlt, um das dem Gaste offene Haus zu symbolisieren –, als auch der emblematischen – drei Kugeln, im Dreieck angeordnet, Sinnbilder für Wolken und Donner, Dschingis Khans Losung –, verkompliziert sich auf wunderbare Weise in den Arabesken der klassischen arabischen Schrift oder ihrer kantigen, kufischen Version, die sich so gern in schlichte Zierde schmiegt. »Ich habe, damit sie mich ihr zu Füßen wirft und über mich hinwegschreitet, hunderterlei Huldigungen in allen erdenklichen Sprachen auf meine Spule gerollt«, lautet die verschlüsselte Liebesbotschaft auf einem Perserteppich aus dem 16. Jahrhundert, den man in München aufbewahrt. Ein anderer, in Mailand, spricht eine andere Sprache: »Dies ist der Pfad, der zur Quelle des Lebens führt, wo selbst wilde Tiere Zuflucht finden.«

Ihrem Wesen gemäß fließt die Poesie von einer Form in die andere; ebenso verbergen sich die Motive des Teppichs zuweilen ineinander und hintereinander. Was auf den ersten Blick wie eine schlichte, rot-schwarze Randverzierung anmutet, läßt unversehens den Rachen eines unsichtbaren Tieres erkennen, dem ein Strauch entwächst, und der anmutige Flügelschlag des Stieglitz wird vom Laub des Astes verdeckt, von dem er sich losschnellt. Wie in der Dichtung gibt es jedoch nicht nur ein Ineinanderfließen von Formen, sondern auch von verschiedenen Gattungen: Die vor-nehme, geheimnisvolle, kleine ovale Palme, ein weit verbreitetes Motiv im Botehteppich, erscheint zuwei-len als Mandel, dann wieder als Flamme oder als Perle, und neigt sich – denn sie ist niemals symmetrisch –, den sanften, sublimen Biegungen der Natur gehor-chend, bald nach rechts, bald nach links, um in derlei anmutigen Unregelmäßigkeiten das Wesen aller drei Arten in sich zu einen. Selbst die Bordüren sind vielsa-gend: vor allem deren Anzahl, die sich, Saum in Saum, Diskurs in Diskurs, auf zwölf oder dreizehn belaufen kann. Die Anspielungen in den verschiedenen Einfas-sungen sind von innen nach außen einer hierarchischen Ordnung unterworfen.

Trotz dieser komplizierten Paläographien kann man auf einem Hochzeitsteppich aus Kiss Ghiordès (ein Ort, der für seine besondere Knüpftechnik bekannt ist) erkennen, wie sich auf zartem, rosenfarbenem Grund Gebetsnische und -Lampe verdoppeln, so daß sich zwei gegenüberliegende Paare bilden. Ringsum in süßlichen Fayence-Tönen glückverheißende Motive: die Tulpen des Reichtums und die Nelken der Weisheit innerhalb einer grün-rostfarbenen Zackenbordüre, die unversehens zwischen den ehrfurchtgebietenden Höhen des heiligen Berges in das Innere des Vierecks sägt. Auf einem kaukasischen Teppich wird das feierliche Motiv des männlichen Mutes erscheinen, mit äußerster Eleganz dargestellt: eine kantige, hypnotisierende Vielfalt von stilisierten Skorpionen, Bögen und surrenden Pfeilen, in berückendem Grünblau und grellem Rot, aufgereiht in geraden, krassen Gegensatzpaaren auf grobem, falbem Kamelhaar. Bei einem Teppich aus Kleinasien gebot gewiß der Zwang zur rituellen Reinheit das Entfernen der Lampe und sogar der Amphore aus der Gebetsnische, damit keine Gestalt das unbeschreibliche Wassergrün im Zentrum entweihe; der enggeknüpfte Lobpreis auf gewaltigen Randbordüren wurde dem Granatrot der Rose und den geistigen Blautönen des Fisches vorbehalten.

Weshalb aber fliegt der Teppich?

Im klassischen Arabisch verbindet eine gemeinsame Wurzel die Begriffe Teppich und Schmetterling, und dies gewiß nicht nur aufgrund ihrer faszinierenden Farben. Das Weben und das Knüpfen weisen von selbst auf die Geschichten, die unsichtbare Hände für uns Menschen ersannen. Und wir wissen, daß das griechische Wort *kairos* für den unwiederbringlichen Augenblick, den zu pflücken es gilt wie eine Wanderblume, noch etwas anderes, Undefinierbares bezeichnet: den flüchtig funkelnden Spalt zwischen Gewebe und Einschußfaden, in den die Spindel pfeilschnell eintaucht, wie die tödliche Klinge zwischen zwei Glieder einer Rüstung.

Weshalb aber fliegt der Teppich?

Ein weises Buch[1], das über fast alles berichtet, was das klassische – und vor allem das mystische – Persien

1. *Terre céleste et corps de résurrection* von Henry Corbin, Paris 1961.

91

von den Fäden lehrt, die zwischen Himmel und Erde gespannt sind, wirft uns, nachlässig vielleicht, den kleinen goldenen Schlüssel zu, der uns die Pforte zum letzten »Gemach des Teppichs«, jener kleinen, ironischen Fläche, die fliegen kann, erschließen wird. So ist in diesem Buch die Rede von einer spirituellen Wiedererschaffung des Paradiesgartens, ja, eines Vor-Eden, wo Stein und Stern, Rose und Kristall, Quelle und Dornbusch, wildes und zahmes Tier, sich in einer Dimension verbünden, die alle anderen in sich eint, so daß die vierte Dimension nicht die letzte wäre. Das Buch erzählt auch von smaragdenen Städten – »Jabalqua und Jabarsa mit den tausend Toren« –, in denen (wie auf einem Perserteppich) sämtliche »Urbilder verwirklicht sind, hierarchisch geordnet nach Zierlichkeit und Dichte«. Solche Städte bilden sozusagen die Krone des Berges Kaf, Erdmittelpunkt und Erdumfang zugleich, auf den es so viele Hinweise gibt in den *Nächten,* und das Herz dieser unentwirrbaren Kosmogonie ist die *Geschichte von Hasib el Karim oder der Schlangenkönigin.* Wie die Grundfläche des Teppichs bildet auch die solcher Städte ein Viereck, Sinnbild für Einheit und Vollendung.

Daß der orientalische Teppich die himmlische Frische einer Welt ohne Schuld widerspiegeln soll, bezeugen die vier paradiesischen Flüsse[1], die zuweilen der Gebetsnische entspringen. Genauso sprudeln sie in christlichen Mosaiken als die kristallklaren Quellen der Evangelien aus dem Felsen, auf dem das Lamm sich erhebt, oder fließen bedeutungsvoll über den kosmischen Mantel des byzantinischen Bischofs. Die christlichen Mystiker lasen im geheimnisvollen Garten des

1. Was die beunruhigende symbolische und poetische Verwandtschaft von Teppich, Schmetterling und Bischofsmantel anbelangt, siehe S. 174 und zugehörige Fußnote.

Hohenliedes ein Abbild des Gartens der Unschuld, wo die Seele nur eine einzige Pflicht hat, nämlich »im Frühling das Blühen der Blumen zu hüten. «[2]

Nähert der furchtlose Wanderer sich nicht diesen verklärten, visionären Gefilden, seien sie nun paradiesisch oder vorparadiesisch, wenn er sich auf seinem Teppich in frommer Andacht ins Gebet vertieft? »Dies ist der Pfad, der zur Quelle des Lebens führt ...«.
Es ist einleuchtend, daß die Meditationen solcher Männer manchmal in Erhebungen enden, in jenen Flügen, bei denen der Leib vom Bogen geschnellt zu werden scheint, den der verzückte Geist gespannt hat. Für derlei Zustände, die in der Kontemplationsgeschichte des Westens weit verbreitet sind, ist San Giuseppe di Copertino wohl das bedeutendste Beispiel. Anschaulicher noch ist der kontemplative Tanz des heiligen Dominikus, der sich von den Zehenspitzen aus in die Luft erhob, die Hände pfeilförmig über dem Haupt gefaltet.

Beide Rätsel würden sich heute gegenseitig und gleichzeitig lösen: Der Teppich fliegt, weil er eine geistige Welt ist, und die Darstellungen auf dem Teppich sind Vorboten jener Welt, die man im geistigen Flug erreicht. Nicht etwa *Die Säulenstadt Iram,* ein gefährlicher Versuch, das Unnachahmliche nachzuahmen, sondern ein bescheidener Verweis auf ihr Vorbild.

1. *La Vie Spirituelle et l'Oraison* von Madame Cécile Bruyère, Abbesse de Solesmes, Solesmes 1960.

III

DIE UNVERZEIHLICHEN

> Kommt, meine Lieder, laßt uns von
> Vollkommenheit singen: und sie wer-
> den uns dafür hassen.   EZRA POUND

Die Leidenschaft für die Vollkommenheit erfaßt uns
erst spät, besser gesagt, wir werden uns ihrer erst spät
bewußt. Sie offenbart sich uns meist in jenem schick-
salhaften Augenblick, da uns das »große Grauen«
packt vor der Welt, die um uns her zerfällt und vergeht: Und wilde Leidenschaft ist darauf die einzig
würdige Antwort.

In einer Zeit, die nur den waagerechten Fortschritt
kennt, und in der das Menschengeschlecht immer
mehr jener Schar von Chinesen gleicht, die man, wie
in den Chroniken über den Boxeraufstand[1] berichtet
wird, nacheinander zum Schafott führte, will nur ein
einziges Gebaren uns nicht sinnlos scheinen, nämlich
das des Chinesen, der in Erwartung seiner Hinrichtung ein Buch las. Staunend kann man sehen, wie
andere sich darum raufen, von dem Scharfrichter ihrer
Wahl geköpft zu werden, und muß die wenigen Helden bewundern, die noch imstande sind, beide Scharfrichter gleichermaßen herzhaft zu verfluchen. (Zumal
wir sehr gut wissen, daß es ohnehin nur einen Scharf-

---

1. Die Episode aus dem Boxeraufstand schildert Hofmannsthal in
seinem unverzeihlichen *Buch der Freunde.*

richter gibt, wenn er auch unterschiedliche Masken trägt). Der lesende Chinese beweist dem Leben zumindest Weisheit und Liebe.

Wir sollten besser vergessen, daß jener Mann den Berichten zufolge diesem Umstand sein Haupt verdankte: Der deutsche Offizier, der die Verurteilten bewachte, wollte sich der würdevollen Haltung des Lesenden nicht beugen und schenkte ihm daher sein Leben. Denken wir lieber daran, was der Chinese sagte, bevor er in der Menschenmenge verschwand: »Jede gelesene Zeile ist ein Gewinn.« Wir dürfen durchaus annehmen, daß das Buch, in dem er las, vollkommen war.

Was ist darunter zu verstehen? Nicht unbedingt ein heiliges Buch, zumindest nicht im kanonischen Sinne. Alles, was Vergnügen bereitet, ist auf irgendeine Weise heilig, sprach einst ein berühmter Dämonologe. Demnach wäre auch an eine brillante Abhandlung über das Wachstum der Pilze zu denken, an ein Buch über die kunstvollen Knoten des Perserteppichs, an die liebevolle, detaillierte Schilderung eines guten Degenkampfes, oder an eine Briefesammlung mit vielen wohlgesetzten Worten. Oder gar an den *Aufsatz über Messer,* der gerade im Entstehen ist. Ich erwarte ihn bereits mit größter Ungeduld, weil die, die ihn schreibt, vollkommen schreibt, und spricht sie darin über Messer, über Francis Bacon, über den zierlich gestreckten großen Zeh der Pawlowa in den wehmütigen Arabesken der *Giselle,* antwortet sie mit Würde auf das unser aller harrende Schafott, die armselige, biochemische Welt von morgen, in der es das Denken, wie man uns ehrfürchtig mitteilt, nur noch als Serum geben wird, das Bewußtsein nur noch als Hülle; und nicht einmal mehr Serum und Hülle wird ein Mensch bei der Geburt ererben, da bekanntlich ein elektrischer Impuls, ausgelöst von einem Unbekannten und sogar noch aus beträchtlicher Entfernung wirksam, ihn jederzeit beider Gaben berauben kann.

Detailliebend, trügerisch und unbeugsam wie alle echten Seher schreibt die Dichterin Marianne Moore einen Aufsatz über Messer und spricht darin von grünen Eidechsen, aldinischen Ligaturen, Tänzerinnen, Flamingos mit »Zehen wie Ahornblätter«, von einem Schuppentier und dessen »Harnisch, Schuppe / in Schuppe, regelmäßig wie ein geschlossener Pinienzapfen ... / Werk eines nächtlichen Miniaturenbauers, / einer Replik Leonardos«; schreibt über die »versiegten Brunnen von Versailles'«, von der »tonlosen Musik, die über der / Schlange schwebt, wenn sie zittert oder zustößt«, und sperrt all das Schöne, das sie noch zu erhaschen vermochte, aus Plato, aus dem Tiergarten, aus einem Katalog über alte höfische Gewänder oder dem naturkundlichen Teil der *Illustrated London News,* in zwei Halbverse, zwischen geschwinde, gierige Gänsefüßchen. Sie schreibt und zieht ihre moralischen Schlüsse wie flinke Arpeggi, von eifersüchtiger Hand sogleich wieder zum Verstummen gebracht. Eines aber läßt sich mit Gewißheit von ihr sagen, ist ihr Lobpreis, ihr Psalm: die glühende Vollkommenheit, jene göttliche Beleidigung, die es in der Natur anzubeten, in der Kunst anzustreben, im alltäglichen Gebaren glorreich zu erfinden gilt. Deshalb sind ihre Bücher die passenden Gefährten auf dem Wege zum Schaffott.

Eines aber hat sich verändert. Es scheint, als sei der Chinese, abgesehen von dem deutschen Offizier, von keinem seiner Leidensgenossen gefragt worden, welches Buch er da lese. Heute würde man ihm unentwegt Fragen stellen. Heute darf keiner mehr ein Buch zur Hand nehmen, ohne sich seiner Wahl zu rechtfertigen. Dabei wäre er besser beraten, es dem Chinesen gleichzutun und zu schweigen, denn wer seine Lektüre zu begründen sucht, darf sie nicht zu Ende führen.

Weshalb nicht? Vor allem, weil es schier an ein Wunder grenzt, daß dies Buch ihm überhaupt in die Hände fiel. Marianne Moore schreibt von einem bedeutenden Dichter unserer Tage: »Man schilt ihn wegen seiner allzu vollkommenen Kunst. Der Schriftsteller darf kein Werk mehr von herausragender Güte schreiben, denn sonst könnte es ihm ergehen wie dem Hund von Coriolan, den man hielt, damit er bellen sollte, ihn aber prügelte, wenn er es tat.«

2

Es ist schon wahr, sie fürchten sie
mehr als den Tod, fürchten die
Schönheit mehr noch als den Tod,
mehr, als sie den Tod fürchten.

WILLIAM CARLOS WILLIAMS

Vollkommenheit, Schönheit. Was ist darunter zu verstehen? Nur eine der vielen Erklärungen scheint mir plausibel: Es ist ein aristokratischer Zug, oder mehr noch, die Aristokratie selbst, in der Natur, in der Gattung, im Denken. In der Natur ist es die Kultur. Der aufrechte, anmutige Gang des Mädchens von der Goldküste ist das Ergebnis jahrhundertelangen Schwimmens, Tragens von Tonkrügen auf dem Haupt, von Einweihungstänzen und von Gesängen, die schwieriger sind als der reinste gregorianische Choral. Würde von den drei Elementen Frömmigkeit, freies Spiel und weibliche Künste auch nur eines fehlen, so läge nicht mehr der keusche, gebietende Schleier der Vollkommenheit über jenen Gliedern. Über die Jahrtausende hat der Baum der Erkenntnis, wenn man so sagen möchte, den Leierschwanz hervorgebracht, wurden betende Hände zu gotischen Spitzbögen.

Da heute all dies verfemt, verleugnet und vernichtet wird, gleicht es dem giftigen Dorn, der unter dem Nagel ins Fleisch drang und damit zwar unwiderruflich verloren, aber dennoch stets schmerzlich gegenwärtig ist: ein Gegenstand heiligen Grauens. Jede Erinnerung an die himmlische Zeit soll verdrängt, für alle Zeiten vergraben werden im Garten des Töpfers. Vor allem aber soll der Mensch der Vollkommenheit abschwören, weil diese bekanntlich das ist, was er verloren hat: Ausdauer, Ruhe, Reglosigkeit. Der Meditierende, die Frau auf den Stufen, der kniende Mönch, das lang währende Schweigen des Königs. Auch das geduldig lauernde oder unermüdlich emsige Tier. Der Mensch hat sie abgelegt, diese luftige, lähmende Bürde – Stille, Warten, Dauer. Und da lebt er nun in seiner krankhaften Furcht vor »Gefühl und Genauigkeit, Demut, Versenkung, Geschmack«[1]. Wie aber soll man ihn andererseits dazu bringen, lauthals zu schreien: »Schönheit, fort mit dir, mir graut vor dir, die Erinnerung an dich quält mich, sei verflucht!«? Wie der Schrei der verstoßenen Eva verlangt auch dieser nach Verhüllung, nach der Dunkelheit der Wälder. Daher all die versteckten Seitenhiebe gegen die Mägde des unwiederbringlich Verlorenen, gegen Anmut, Leichtigkeit, Ironie, Feinsinnigkeit, ein ruhiges, prüfendes Auge. Oder, will man es mit theologischen Begriffen sagen, gegen Klarheit, Vorsicht, Behendigkeit und Gleichmut.[2]

Da die Dinge nun einmal so stehen, ist vor allem der Dichter unverzeihlich. Eine enthobene, bescheidene Betagtheit schützt die bereits erwähnte Dich-

1. Marianne Moore, *Predilections*.
2. Die vier Eigenschaften verklärter Leiber.

terin; doch noch vor kurzem sprach man von ihr, machte recht artige Worte, als sei sie eine mittelalterliche Nonne, die bemerkenswerte Meßgewänder zu sticken vermag und dabei entzückter scheint von den Farben ihrer Seidenfäden als von den Heiligen, die sie mit ihnen darzustellen gedenkt –, als könne ein Bildnis Ehrfurcht gebieten, wenn nicht eine fast manische Aufmerksamkeit die Materialien auswählte, mit denen die Visionen umgesetzt werden sollen. Doch leider sind die großen Dichter entweder längst tot oder zumindest sehr alt.

Doch nicht einmal mehr der Tod ist eine Gewähr. Der verlegerische Selbstmord wird riskiert und erreicht, um die Essays Gottfried Benns, eine grandiose Klage über den Steinzeitmenschen, der Öffentlichkeit mit der scheinbar angemessenen Zaghaftigkeit präsentieren zu können: Man möge ihn doch um Himmels willen nicht beim Wort nehmen, er sei doch nur ein *Phänomen,* eine *Zeiterscheinung.* Ich muß wohl nicht noch erwähnen, daß kein einziger Kritiker gelacht hat.

Benn gehört zu den Unverzeihlichen, wenn auch nicht im aschgrauen Büßerrock des politischen Sünders, (man sollte vielleicht nicht daran erinnern, wieviel schlechte Politik im Namen der schlechten Literatur schon entschuldigt wurde), so doch im Purpurmantel des Verfechters formaler Vollkommenheit, als Verfasser einiger Gedichte, deren virtuoser Stil ihm nur nach vielen Jahren eingehenden Studiums der deutschen Sprache gelingen konnte, worum es ja zu guter Letzt auch geht. Benn ist unverzeihlich, wenn er fordert, daß der Dichter nicht Zeuge seiner Zeit sein darf, sondern ihr um tausend Jahre hinterher- oder voraneilen soll, um von den fernsten Zyklen der Zukunft prophezeien zu können. Bezeugen darf er nur, was statisch bleibt: einen Krieger, einen Stern, einen Tod, einen Speierlingstrauch.

Gleichsam ohne es zu wollen bringt er den Beweis dafür in einem Gedicht, »zwischen dessen beiden Strophen fast zwanzig Jahre liegen.« Beide beginnen mit den gleichen Worten, wenden sich dann in verschiedene Richtungen, und kehren am Ende, den Ring schließend, zu ihrem Ursprung zurück. Solch eine Bewegung ist nur der Ganzheitlichkeit und Beständigkeit eines statischen und zugleich dynamischen Geistes möglich. Es ist das kurze, bittersüße Gedicht »Welle der Nacht« aus der Sammlung *Statische Gedichte:*

> *Welle der Nacht –, Meerwidder und Delphine*
> *mit Hyacinthos leichtbewegter Last,*
> *die Lorbeerrosen und die Travertine*
> *wehn um den leeren istrischen Palast,*
>
> *Welle der Nacht –, zwei Muscheln miterkoren,*
> *die Fluten strömen sie, die Felsen her,*
> *dann Diadem und Purpur mitverloren,*
> *die weiße Perle rollt zurück ins Meer.*

Auch wir hatten vor geraumer Zeit einen Dichter, der das Erlesene liebte und sich damit an der Majestät der Masse verging, den Principe di Lampedusa. Er ist nicht mehr zeitgemäß und könnte doch nicht aktueller sein mit seiner gewaltigen Ironie, seiner erhabenen Gleichgültigkeit gegenüber falschen Sorgen, seiner selbstgefälligen Zufriedenheit mit dem eigenen Rhythmus, der an die berühmten, gleichmütigen Weisen erinnert, die einst Edelmänner auf dem Wege zum Duell zu pfeifen pflegten: Und nichts anderes ist das Werk des Principe di Lampedusa, als ein blutiges Duell zwischen der Schönheit und dem Tod, *seinem* Tod im übrigen. Unverzeihlicher Lampedusa, der lächelnd den großen Ball verläßt, kurz vor dem Erstrahlen der Lüster und dem Beginn der Pavane, der alle bereits

sehnsüchtig entgegenfiebern. Unverzeihlicher Lampedusa, der höhnisch gegen all die ideologische Dumpfheit wettert, die rührselige Biederkeit und das unerträgliche, rückständige, nationale Gehabe derer, die
»sich selbst zu ernst nehmen«. Er ist von einer geradezu beleidigenden Belesenheit. Mit stetem, uner-
schrockenem Auge blickt er auf die einzigen Wirklichkeiten, die für einen Dichter von Belang sein dürfen:
auf Blüte und Verfall des vollkommenen Wesens, auf
des Staubes endgültige Ironie. Ein Tanz, ein Stern, ein
Tod, ein Speierlingstrauch.

3

> Nur solches mag für würdig gelten,
> bei dem alles Können angestrengt
> wird.
>
> DANTE

Doch die Masse, beleidigt oder nicht, liest den Principe
di Lampedusa. Ganze Knabenklöster lesen Gottfried
Benn, lesen Marianne Moore. Die Unverzeihlichen
haben ihre Jünger.

Wer ist es also, der die Vollkommenheit verabscheut? Man ist versucht, die zu verdächtigen, die sie
kennen, die wissen, wieviel es kostet, sie zu erlangen:
durchwachte Nächte, harte Frühmessen, Gelübde von
Keuschheit, Gehorsam und Armut. Ich spreche von
denen, die sich alledem nicht beugen wollten. Bringt
man es auf seine natürliche Achse – das größere oder
geringere Vermögen des Künstlers –, so entgleist das
Reden über die Kunst sofort auf unterschiedliche,
nicht sehr klare Schienen: der Einsatz, die Aufmerksamkeit. Es spricht für sich, daß das Wort Vermögen,
bescheidener ausgedrückt, die Technik, längst aus dem

Wortschatz der Kritiker gefallen ist, und ebenso die schlichte, unanfechtbare Klassifizierung schön und häßlich. Jetzt beherrschen diese Wörter die Welt des Fußballs und der Boxer, über deren Technik man Untersuchungen anstellt, die den dichterischen Wettkämpfen am Hofe Fujiwaras würdig wären.

Wer denkt heute noch daran, daß das endgültige Ziel jener Versuche einer Theorie über die Kindheit[1], jener pianistischen Vorbereitung auf den Tod, Chopins vierundzwanzig *Etüden,* die tadellose Disziplin der beiden Hände war? Ewige, durchscheinende Kinder laufen zwischen Sonnenstrahlen und grünen Pfeilen durch einen ewigen, durchscheinenden Garten; Tote erheben sich zärtlich und zürnend, die Liebe mißt ihren eigenen Abgrund, ein Volk hüllt sich in Kampf. Und das ganze Wunder ruht auf der unschuldigsten aller Absichten: sechshundertmaliges Beugen des Pulses, Stärkung des Ringfingers.

Wo sollen wir den Schriftsteller suchen, da die Zeit kein Thema ist für ihn, zugleich aber das, was man ihm abverlangt, Thema der Zeit zu sein scheint?

Der letzte Kritiker in Italien war, wie mir scheint, Leopardi, denn bei De Sanctis wurde die reine Anlage eines betrachtenden Geistes durch dessen Geschichtswahn empfindlich gestört und verzerrt. Leopardi war der letzte, der eine Buchseite, wie ein Paläograph, auf fünf oder sechs Ebenen zugleich prüfte: vom Gefühl für Schicksale, bis hin zur Möglichkeit, wie man am besten das Zusammentreffen von Vokalen verhindert. Kurzum, er prüfte sie wie ein Schriftsteller. Für Leopardi war ein Text absolute Gegenwärtigkeit, so daß er stets gleich verfuhr, wenn er eine Passage bei Dante, Bartoli, Homer oder Madame de Staël zerlegte. Alle Schriften, die sich nicht zum vielfältigen Lesen eig-

1. Vgl. »In medio coeli«.

neten, ließ er beiseite. Ich möchte lieber nicht daran
denken, wie sein Urteil über ein zeitgenössisches literarisches Werk lauten würde. Am schmerzlichsten
empfände er wohl das fast gänzliche Fehlen des *wie*
oder des absoluten Ablativs: diesen Mangel an analo-
gem, wenn schon nicht metaphorischem Denken, an
jenem wunderbar poetischen – prophetischen – Vermögen, der Wirklichkeit Gestalt, also Schicksal zu
verleihen.

4

Ein Dichter spricht die Sprache nicht,
er meditiert sie: Ebenso liegt die Kraft
des Löwen in seinen Pranken.

MARIANNE MOORE

Wo soll man ihn suchen, den Dichter? Eine Frage
gebiert die nächste, zum Beispiel: Was ist Stil?

Da bietet sich uns als erstes das Bild einer gegensätzlichen Tugend, die das Lebensgefühl sowohl verfeinert
als auch intensiviert: Dank gleichzeitiger, wider-
sprüchlicher Regungen an jenem Punkt, an dem der
Künstler seinen Gegenstand verdichtet, indem er ihn
wie die Maler T'ang auf jenes einzige Profil, jene reine,
senkrecht von oben nach unten verlaufende Linie
reduziert, in der gleichsam die Seele sich äußert, spürt
der Leser, wie der Gegenstand sich in ihm vervielfältigt, in unzähligen Harmonien in ihm schwingt. Ein
Beispiel für tragischen Stil und erhabenes Grauen gibt
uns Plinius der Jüngere, wenn er die Strafe der Großen
Vestalin beschreibt: Als sie in die Gruft hinabsteigt, wo
sie lebend begraben werden soll, wendet sie sich noch
einmal um, die Falten ihres Umhangs zu ordnen, und
weist dabei »mit einer letzten anmutigen Geste, als

wolle sie ihren reinen, keuschen Leib nicht besudeln lassen«, die Hand des Soldaten zurück.

Von ähnlicher Art war der folgende Einfall Morettis, des großen italienischen Mimen, in *Harlekin, Diener zweier Herren,* in der berühmten Szene, in der er zwei Mahlzeiten zugleich servieren muß: Nach immer hastiger werdenden Sprüngen und Verrenkungen beschränkte er mit einem Male seine Gebärden auf eine Folge abgehackter Reglosigkeiten, Schenkel über Kreuz, Arme gespreizt, Arme über Kreuz, Schenkel gespreizt, bis er unvorhergesehnerweise auf die Nase fiel; und während er am Boden lag, führten Arme und Beine weiterhin, im Zeitlupentempo, ihre Scherenbewegungen aus. Im Publikum tat das Bild fieberhafter Hast die gewünschte Wirkung, schuf den Eindruck einer *Unmöglichkeit,* und verdeutlichte das Sprichwort: »Nichts ist regloser als ein fliegender Pfeil.« Sir Lawrence Olivier steigerte das unselige Gefühl der bevorstehenden Schlacht, der möglichen Verwundungen und künftigen Erinnerungen, indem er in *Heinrich V.* seinen Ärmel einen Zentimeter weit zurückschob.

Nur wenigen, das heißt, allen bedeutenden Schriftstellern gelang es, eine ähnlich geballte Spannung zu erzeugen. Die minder bedeutenden schöpfen daraus von Zeit zu Zeit erhabene, hehre Momente. Es ist mittlerweile leichter, solche überraschenden Glücksmomente aus einem gleichsam anonymen Text zu ziehen, wenn dieser von unbezähmbarer Leidenschaft durchdrungen ist. Marianne Moore gesteht, wie sie in Verzückung geriet, als sie den »herausfordernd genauen« Artikel las, den ein Spezialist des amerikanischen Thesaurus über bestimmte in Umlauf gebrachte Irrtümer verfaßt hatte. Beim Durchblättern eines Führers des Herzogspalastes von Urbino durchfuhr mich plötzlich ein freudiger Schauder, als lauschte ich Musik aus dem 17. Jahrhundert. Ich hatte nämlich entdeckt, daß der Professor[1], der ihn geschrieben hatte, in seinem liebevollen Eifer das gänzlich ungebräuchliche Wort *così,* ›so‹, anstelle des geläufigeren *molto,* ›sehr‹, verwendet hatte: »*Tutte le porte del palazzo dovevano essere originariamente coså preziose ... Dal capitello si dipartono gli elegantissimi archi che vanno a scaricarsi su peducci così decorativi*« (Die Pforten des Palastes mußten ursprünglich allesamt so kostbar sein ... Vom Kapitell spannen sich ungemein elegante Bögen zu so schmükkenden Konsolen). Auch die unschuldige Achtlosigkeit, mit der er gewisse Adjektive wiederholte: »*Da questa finestra altissima si comprende bene che siamo su un'alta torre*« (Wer durch dies überaus hohe Fenster blickt, begreift wohl, daß er sich auf einem hohen Turm befindet), trug, wie er sich wohl ausgedrückt hätte, zur »kühnen Schönheit« des beschriebenen Gegenstandes bei. Und weil er noch zu staunen wußte, gelang diesem Mann eine großartige Beschreibung der *trompe-l'oeil* im Studierzimmer von Herzog Guidobaldo, ein echtes Kunstwerk.

Derlei Vergnügen werden wir nun in Wörterbüchern und wissenschaftlichen Abhandlungen suchen. Ohne Anspruch erheben zu wollen auf die glänzende Sprache eines Buffon, finden wir nicht selten in einem zoologischen Artikel, und sei er noch so modern, selbst im Katalog einer Baumschule, durchaus vollendete Formulierungen, mit denen uns nur wenige Schriftsteller verzücken könnten. (Beschreibung verschiedener Eulenarten[2]: »Ein eindringliches aber kurzes zweisilbiges Heulen, wobei die zweite Silbe sanft verklingt und zuweilen übergeht in ein leises, kehliges

1. Professor Pasquale Rotondi
2. Vgl. Peterson, Mountfort und Hollom, *A field guide to the birds of Britain and Europe,* Einführung von Sir Julian Huxley, London 1959.

Kichern ... Ein helles, niesendes Kläffen ... Ein klares, bellendes Girren, etc.« Beschreibung einer Rose[1]: »Trichterförmige Knospe von schlanker Vollkommenheit, bildet stets nur eine Blüte, deren samtige Blätter sich am Rande nach außen biegen. Farbe lachsrosé und gelb, beim Übergang in den Stiel ledriges Rostrot. Aufrechte Haltung, bräunliches Blattwerk ...«).[2]

1. Aus einem Katalog der Sgaravatti-Pflanzungen in Rom.
2. Guido Ceronetti hat die außerordentliche Sprachgewandtheit eines Weinkenners hervorgehoben, der einen Qualitätswein folgendermaßen »zerlegt«. »Farbe rubinrot, tief und offen, ins Orange spielend. Intensives, an Veilchen (wenn sehr alt, an Teer) erinnerndes Bukett. Geschmack trocken, üppig und kraftvoll; streng, aber nicht im Übermaß; sofortige Entfaltung des Marks und ausladender Stoff; harmonisch«. Diese Charakterisierung eines Barbera erinnert an gewisse rötlichbraune Porträts von Feldwebeln aus dem 17. Jahrhundert und wird von Ceronetti folgendermaßen kommentiert:
»Ich möchte dem Weinkenner Veronelli ein großes Lob aussprechen ... denn alles, was er schreibt, ist von außergewöhnlicher, geradezu aristokratischer Erlesenheit. Die Auswahl, der Stil, die Beschreibungen, die Empfehlungen, die Klassifizierungen, die Benennungen, der bei der Weinprobe festgesetzte Preis: all dies ist eine Absage an das Gemeine, ist stolzer Rückzug. Ein Wein läßt sich ebensowenig demokratisieren wie die Dichtung. Deshalb ist er nur schwer zu finden. Der Feudalismus innerhalb kleiner, privilegierter Bereiche ist eine zarte Entschädigung für jahrhundertelange gelebte und akzeptierte Boden- und Denkreformen. Der Vitigno ist ein verächtlicher Aristokrat, der von Desmoulins am Laternenpfahl erhängt worden wäre. Hätte die engelschöne Charlotte de Corday den Namen des weißen Mersault-Santenots oder des roten Château de Chamirey in Marats Ohr geflüstert, dann hätte der lüsterne Wilde für beide sofort die scharf schneidende Hand der Witwe gefordert und so zweifach den Girondistendolch verdient.« (Rezension des *Catalogo Bolaffi dei Vini d'Italia* und des *Catalogo Bolaffi dei Vini del Mondo*, herausgegeben von Luigi Veronelli, Turin 1970, in *L'Espresso*, 15. Februar 1970.

Sich für das Existierende zu entflammen, ist an sich bereits Stil, wie dies die herrliche, heute leider im Aussterben begriffene Sprache der Gärtner zeigt. Würde heute ein Dichter jedem einzelnen Ding aus der sichtbaren oder der unsichtbaren Welt das gleiche Maß an Aufmerksamkeit schenken, ganz so wie der Entomologe sich müht, so präzise wie möglich das unbeschreibliche Blau eines Libellenflügels zu beschreiben, er wäre der König der Dichter. Einen einzigen vermag ich zu nennen, Dante. Andere erreichten immerhin zuweilen diese Formen vollendeter Aufmerksamkeit. Andere stets mindere Formen der Aufmerksamkeit. Dies ist vielleicht der einzige bleibende Unterschied zwischen den Dichtern, Erzählern oder Philosophen. (Der Mystiker, der uns die technische Bestätigung jedes einzelnen Augenblicks geistigen Lebens gab, dessen geschliffene Formulierungen durchaus den präzisesten wissenschaftlichen Traktaten ebenbürtig sind, ohne daß die Schwingen seiner Worte ihren purpurnen Schimmer eingebüßt hätten, ist der heilige Johannes vom Kreuz.)

Nur eine verzehrende Liebe zur Wahrheit füllt diese Augenblicke vervielfältigten Lebens, und die Beredtheit kann, wie bereits gesagt, auf nur einer Silbe gründen. Der letzte (italienische) Brief Mozarts ist ein nahezu erschreckendes Beispiel für den Stil, der ganz und gar Natur geworden ist. Man wird sich an jenen bedeutsamen Satz erinnern, jene stets wiederkehrende Klage über den nahenden Tod im schwarzen Mantel des Unbekannten aus dem Requiem. »... Das Leben war doch so schön ...«. Versuchten wir, nur eines dieser sechs kurzen Wörter fortzunehmen, so läsen wir die verhängnisvolle Formel »Das Leben war schön« oder ein bedauerndes »Das Leben war doch schön« oder ein heiteres »Das Leben war so schön«. Doch nur »Das Leben war doch so schön ...« ist der Dolch, der

sich tief in unser Herz bohrt, geführt von nur zwei
Silben, die so schlicht und unergründlich aufeinander-
folgen.

5

Allein bist du mit deinen Worten:
Das nenne ich wahrhaft einsam.

GOTTFRIED BENN

Dies Wunder eines vervielfältigten Lebens – worunter
im Grunde das Glück zu verstehen ist, nach dem der
Leser sich sehnt, gleich einem Kind, das unwillkürlich
nach dem rosigen Pfirsich, nach der Muschel greift –
scheint dann umso vollkommener, je größer die Einsamkeit des Dichters war, je höher er wie der gegen
den Strom schwimmende Lachs aus dem Wasser
sprang, und je länger er, wenn nötig, »auf dem Trok-
kenen blieb, im Schein des vollen Mondes«[1], ohne
Hoffnung, ohne Verzweiflung. Man denke nur einmal
an die heiligen Einsiedeleien: an Ravenna, Recanati,
den Turm am Neckar, an Amherst oder das Zimmer
mit den Korkwänden am Boulevard Haussmann.
Doch die großen Dichter sind allesamt tot oder stein-
alt.
  Von den wenigen, die noch am Leben sind, ist es
wohl Djuna Barnes, der am besten dieser Trappismus
der Vollkommenheit gelang. Niemand weiß, wo sie
lebt, und doch erscheint alle zwanzig Jahre ein Buch
von ihr, sogar ihr Name findet immer wieder einen
Weg, herauszufallen aus den einschlägigen Sammlun-
gen; und so könnte sie, zumal man so wenig von ihr

1. Ein Bild Montales.

III

weiß, die Unbekannte aus dem 17. Jahrhundert sein, eine Art Inez de la Cruz oder Contessa di Winchilsea. Und das Geheimnis ihres äußerst anspruchsvollen Rückzugs finden wir in den majestätisch kühnen Strophen, die lange Zeit von ihrer großen Tragödie *The Antiphon* unterschieden wurden:

As the goldsmith hammers out his savage metal
so is the infant axial to the dance.
Wrapped in metric, hugged in discipline,
rehearsed in familiarity reproved;
grappled in the mortise of ritual,
turning on the spirit of the play,
equilibrium else would be a fall
paid for in estrangement, each from each.
....
Hands off, you too near thing!
Would you that I leap into myself,
there dismiss me of my occupation
to set me in the slum of their regard?
Would get me clapped between the palms of their approval?

Get me rated
in the general horror of the common mouth
and to the verdict of the vulgar stand me down
crying: »I am a fool!« to ease a fool?

Im allgemeinen Grauen gibt es also solch einen Psalm, der verherrlicht und verklingt. Ähnliche Texte beschützen den Knaben, der sich, so Benn, »an der Wand sitzend durch die Bücher Hiob und Jeremias kämpft«.

Leider gibt es allzu wenige solcher Festungen, die sich eher von Sand und Wind auslöschen lassen als zu Herbergen und Karawansereien zu zerbröckeln. Zuweilen blätterten wir in einer Zeitschrift, die gespickt war wie ein Stachelschwein mit untadelig flüchtigen Versen, von denen einer den anderen zu überbieten suchte in wilder Vergänglichkeit und inniger die eigene Todesstunde küßte. Doch wurde es still, dann riß die Seite auf wie der blasse Himmel über dem Meer, und eine Girlande, aus Versen gewunden, legte sich darüber, strahlend wie der Große Bär. Das war dann ein Dichter. Gleichmütig und trunken, auf ein Morgen verweisend wie die Freude und gleich dem Grabstein des Gestern gedenkend. Wir schnitten sie heraus, die Verse, die wir bereits auswendig kannten; dann begann das lange Warten auf das Erscheinen des stets dünnen Büchleins, das diese Verse enthalten sollte: zur Fastenzeit oder an Pfingsten, Oden an das Meer, violetter Staub, im Frühlingsregen wirbelnd und wie Blut so heiß.

Doch sollte der Dichter nur einen Augenblick lang schwanken – denn es ist nicht schwer, seine aufrechte Seele mit der zweifachen Lüge zu versuchen, er müsse »die Mittel erneuern« und habe schließlich »Pflichten gegenüber der Gesellschaft« (als wandelte das richtige Wachstum der geistigen Kräfte nicht unaufhörlich sein Wesen von innen her; als gelange der zurückgezogene Mensch nicht höher als der gesellige, weil das Vorbild ewig ist[1] und sein Einfluß unendliche Kreise zieht) –, nur einen Augenblick lang aufhören, an der Wand gelehnt Hiob und Jeremias zu lesen; welch eine Strafe wird ihn treffen, sobald er sich wie seine kurzlebigen Mitbrüder auf dem Gebiet umgangssprachlicher Ideologie und weltlicher Zwanglosigkeit zu bewegen versucht. Vom gemeinen Maul gepackt, vermag er nichts mehr. Er ist jetzt ein *Mensch, ein solidarischer Tröster.* Kurzum, er ist einfach nicht mehr denkwürdig. Mehr

1. Aus einem Brief von Lawrence von Arabien an Lionel Curtis.

als einmal haben wir solch einen Albatros aus Zartgefühl in das Lattenkistchen der Grille schreiten sehen.

Welch ein erfreuliches Schauspiel bietet der Dichter, der auf sämtlichen Meeren, sämtlichen Eilanden heimisch war, und sich mit den Jahren immer mehr auf unzugängliche, reine Formen verlegte. So Boris Pasternak; so auch William Carlos Williams, der am Ende seines Lebens als literarischer Pionier nur noch in Terzinen schrieb. Letzterer ist unverzeihlich – ersterer nicht – für alle, die mit den Augen des Leibes lesen.

6

In Erlesenheit brennend . . .

(Oden des Tschu-Tempels)

Was also ist Stil? Ich sprach zunächst von Kultur, natürlicher oder geistiger Art. Von gesteigertem Lebensgefühl; von Einsamkeit, Honig und Heuschrecken. Und noch immer ist nichts gesagt, und so wissen wir nur, daß eigentlich »niemand sagen kann, was genau es ist / höchstens, was es nicht ist.«[1] Stil ist die toskanische Villa, liliengleich, ganz Licht, Stolz und Entsagung. Stil ist auch jene andere Lilie, schwarz-weiß, die uns den *Polittico Portinari* schenkte, eine junge Dame, halb Nonne, halb Fee, die ihren Gott mit dem schönsten Florentiner Lächeln anbetet. Stil war gewiß auch der heilige Tanz der großen Watussi aus Ruanda, die so sehr den weißen Priestern von Dura Europos ähnelten und längst von Menschen mittlerer Statur vernichtet sind. Oder der andere Tanz

1. Es ist die Beschreibung der Gotteserfahrung *via negationis* bei Jacopone da Todi.

114

(»Fäuste geballt, Handgelenke eingeknickt«[1]), den ein
Dichter in den Fäusten eines sterbenden Kindes sah,
die sich langsam öffneten und schlossen wie Blüten-
korollen. All dies sind Formen, denen das Auge ein
zweites Leben schenkte, die rettende Analogie: Lilie,
Korolle, Tanz, Tod, Stern, wo Frieden und Furcht sich
zu gleichen, unschuldigen, geometrischen Gebilden
formen.

Zuweilen blickt man in einem Zug oder einem Wartesaal in ein menschliches Gesicht. Was ist anders an
ihm? Wieder wüßte man zu sagen, was das Gesicht
nicht ausdrückt, was seine Züge einem nicht verraten.
Die Augen wirken weder argwöhnisch noch vertrau-
ensvoll, weder versonnen noch forsch. Solche Augen
sind niemals ganz entrückt, doch auch nie ganz anwe-
send. In alten Gemälden sind derlei Züge nichts Selte-
nes, sieht man sie aber heutzutage, so scheinen sie von
unüberwindbarer Schwermut geprägt. Und doch lassen sie im Zugabteil oder im Wartesaal unser Herz vor
Freude höher schlagen, steigern sie unser Lebensgefühl. Obwohl kein Wort gesprochen wird, trägt das
reine, unwillkürliche Lächeln uns an einen stillen Ort,
ist so empfindlich, daß es den Blick zu scheuen
scheint. Man sagt sofort: »Das sind wissende Augen.«
In Wahrheit aber sind es heroische Augen. Sie haben
die Schönheit geschaut und sind nicht geflüchtet,
haben ihr Scheitern auf Erden erkannt und sie dadurch
dem Geiste bewahrt. Nicht einmal die Photographie
kann solche Gesichter, die zugegebenermaßen immer
seltener werden, gänzlich zerstören. Da die menschliche Rasse im Wandel begriffen ist, werden auch solche
Gesichter schon bald nicht mehr wahrgenommen wer-

1. Aus einer Novelle von William Carlos Williams. Stil aller Stile
die Liturgien. Dies aber würde zu einer anderen Seite des Wortes
führen.

den, und nimmt man sie dennoch wahr, so empfindet man sie als unverzeihlich, weil sie ihrem Zusammenhang, dem sie umgebenden System, so fremd geworden sind. Sie sind schon im Begriffe, sich aufzulösen, wie der Gral und Longins Schwert, von dem die Legende sagt, eine Hand habe sie in den Himmel getragen, als die Menschen es nicht mehr wert waren, bewacht zu werden; wie der lesende Chinese, der sogleich in der wogenden Menge verschwand. Dennoch weicht für sie die verjagte Schönheit nicht von ihrem unbemerkten Weg, ähneln einander weiterhin Blume, Stern, Tod und Tanz, um mit dieser Ähnlichkeit das Grauen zu verwirren. Klarheit, Zartheit, Behendigkeit, Gleichmut. Setze dich an die Wand, lies Hiob und Jeremias. Warte, bis du an der Reihe bist, jede Zeile ist ein Gewinn. Jede Zeile des unverzeihlichen Buches.

EIN EXKURS:
ÜBER DIE SPRACHE

Es hat einmal jemand gesagt, und es scheint nicht leicht, ihn zu widerlegen, daß in wenigen Jahren die zarten sprachlichen Nuancen von Prousts Romanfiguren nicht minder rätselhaft anmuten werden als das ägyptische Totenbuch oder die etruskischen Grabstätten. Wir gehen gar so weit zu fragen, wie Proust denn schon heute gelesen wird. Wer lacht denn zum Beispiel noch über den Doktor Cottard, den Madame Verdurin mit folgenden höflichen Worten in ihrer Loge empfängt: »*Vous êtes aimable d'être venu, Docteur, d'autant plus que je suis sûre que vous avez vu Sarah Bernhardt, et puis nous sommes peut-être trop près de la scène.*«, und der ihr darauf brav zur Antwort gibt: »*En effet, on est beaucoup trop près, et on commence à être fatigués de Sarah Bernhardt. Mais vous m'avez exprimé le désir que je vienne. Pour moi vos désirs sont des ordres. Je suis trop heureux de vous rendre ce petit service*«, und so weiter?

Man wird sich entsinnen, daß an dieser Stelle Madame Verdurin beschließt, den Doktor Cottard für einen Gelehrten zu halten, dem die Gepflogenheiten des praktischen Lebens nicht geläufig sind, so daß es bei ihm die Mühe nicht lohnt, was man ihm schenkt aus Bescheidenheit herabzumindern. Monsieur Verdurin hat dies gleichfalls bemerkt, es nur noch nicht zu äußern gewagt, und beschließt seinerseits, ihm zum Jahresende anstelle des kostbaren Rubins, den er ihm mit ergebenen Worten zu überreichen gedachte, einen geschmacklosen Stein für 300 Francs zu senden und ihm anzudeuten, daß nur wenige diesem an Schönheit gleichen. Aber Prousts Kunst muß wahrhaft magisch sein, da der Dialog noch immer ein Lächeln hervorruft: Denn heutzutage sind ja derlei unschuldige Händel und Gespräche bereits an der Tagesordnung, ja fast zum Zwang geworden.

Es hieß bereits von Frédéric Chopin, der makellos vornehme Umgangsformen pflegte, nichts hätte ihn mehr »enerviert, als wenn jemand seine höchst ansprechende slawische Höflichkeit allzu wörtlich nahm«: Ach, wer aus gutem Hause stammt, der muß doch diese neumodischen Sitten beklagen, die aus dieser barbarischen Welt all die ernsten Hintergedanken weltmännischen Handelns verscheucht haben, sowie die ungangbare Verschämtheit der Anmut: Welch fürchterlicher Alptraum, wenn alles für bare Münze genommen wird, *alles gilt, was es scheint*.

Unsere Zeit wird mehr und mehr geprägt von Dickhäutern, die verständlicherweise nichts anzufangen wissen mit dem zerbrechlichen Porzellan des *understatement* oder der höflichen Litotes, auch nicht mit deren erhabenem Gegenstück, der Shakespeare so teuren Übertreibung. Diese war häufig eine umgedrehte Hyperbel, ein *inverted overstatement*. Gäbe es heute noch einen chinesischen Mandarin mit einem Porzellanpalast, darin er den teuren Gast mit den Worten willkommen hieße, dieser möge doch seine ärmliche Hütte mit seiner Anwesenheit beehren, so erhielte er, wie ich befürchte, als Antwort nur noch den ernst gemeinten, gönnerhaften, leicht erstaunten Ausruf: »Aber mein Freund, so übel ist er nun auch wieder nicht!«

Von den noch lebenden Mandarinen aus der Literaturwelt kenne ich nur Borges. Schlagen wir eines seiner Bücher auf, so stoßen wir auf die ungemein bescheidene Erklärung, die er uns von der eigenen Dichtung gibt: »das unverantwortliche Spiel eines scheuen Menschen, der sich nicht dazu entschließen kann, Geschichten zu schreiben, und der Zerstreuung fand, indem er (manchmal ohne jede Rechtfertigung) Geschichten von anderen verfälschte.« Und sogleich schreit triumphierend der unfehlbare Kritiker: »Da haben wir es! Borges gesteht hier offen, daß es ihm an schöpferischer Phantasie mangelt.«

Es scheint uns keineswegs seltsam, daß Borges zuweilen behauptet, es habe ihm ein *anthropomorpher Herr* Fragen gestellt. Seltsam wäre, wenn niemand sich dafür interessierte, ob besagter Herr nicht zufällig ein Affe in Kleidern war.

Schweift man vom Thema ab, so gehen einem merkwürdige Gedanken durch den Sinn: Wie enttäuscht und entrüstet wäre wohl ein Zeitgenosse, träfe er zum ersten Mal auf Dantes erhabene Untertreibung, sein göttliches Werk mit dem schlichten Titel *Commedia* versehen zu haben, nur weil es nach vielen Schrecknissen ein heiteres Ende nimmt. Wie seltsam mag auch Alessandro Manzoni ihm erscheinen, dessen Werk nichts anderes ist als ein Gewebe aus dichtgedrängten Litoten, hie und da von flammenden Hyperbeln durchwirkt. Aus hundertjähriger Distanz betrachtet erscheint zum Beispiel die Diskretion, mit der er auf die Seelenverwandtschaft zwischen einigen seiner Figuren anspielte, höchst überflüssig: Vor allem Kardinal Borromeo und der Innominat, der Unbenannte, sind auf sehr augenscheinliche Weise ein und dieselbe Person; ebenso Don Abbondio und Don Rodrigo, die beide einzig und allein von Kraft getrieben sind; dabei ist nicht weiter von Belang, wer an der Spitze des Schwertes ist und wer an seinem Schaft.

Die treffliche Schilderung der Begegnung zwischen dem Kardinal und dem »wilden Mann« bestrickt vor allem durch Manzonis Geschick, sein historisches Interesse hinter einem Netz von wortreichen Litoten zu verbergen, die die beiden Gesichter der Herme einander unauffällig näherbringen. (»All diese Heiligen sind stur«, denkt sich der Kaplan Seiner Eminenz, »er [der Kardinal] tut doch grundsätzlich, was er will ...« Doch zwei Seiten weiter ist es der »ungestüme Wille, die beharrliche Sturheit«, was Borromeo am Innominaten bemerkt). Gleichzeitig werden die beiden edlen Profile in eine kurze und hitzige Abfolge hyperbolischer Ausrufe zerlegt. Manzoni verweist, indem er die beiden Leben mit jener unbeirrbaren, schon beinahe theatralisch anmutenden Resignation nebeneinanderstellt, die ihm selbst die allergrößte Verschwiegenheit gestattet, auf die radikale Einsamkeit dieser Figuren, in der sie die gegensätzlichen Meisterwerke ihrer Existenzen vollendet haben. Vom Innominaten wird behauptet, die »Welt« existiere nicht für ihn, so daß Don Rodrigo sich nicht mit ihm verbinden wollte, weil er auf zu viele Dinge hätte verzichten müssen: auf die Fürsprache des gräflichen Onkels, auf Vergnügungen und Ehrungen des öffentlichen Lebens.

Nur wer sich der strengsten Enthaltsamkeit unterzieht und alles schlechte Tun meidet, kann zuweilen, wie man weiß, Richtung und Wesen seines Daseins vollständig verändern: Wie ein Ruderschlag die Bedeutung sämtlicher Sternbilder über dem Haupt des Navigators verändern kann. (»Große Sünder«, warnte

einmal ein berühmter alter Teufel[1], »sind nur scheinbar leichter zu fassen. In Wahrheit sind sie unberechen-
bar. Sobald die Dinge sich zum Schlechten wenden,
trotzen sie dem gesellschaftlichen Druck zugunsten
des Feindes, genauso wie sie vorher bereit waren, ihm
um unseretwillen zu trotzen«).

So gut weiß dies der Kardinal, so schnell wittert er
im Unbenannten den Mann seines Schlages, daß er die
Unterredung mit einer Umkehr der Rollen beginnt,
wie dies nur bei hohen Gleichgestellten üblich ist: Er
behauptet, der Besuch des Unbenannten bereite ihm
Gewissensbisse, da er jenen längst selber hätte aufsu-
chen wollen, und beteuert am Ende mit der herrlichen
Unbefangenheit von Engeln und Königen: »Die Liebe
zu Euch verzehrt mich!« Worauf der andere es ihm
prompt mit Gleichem vergilt: »Ob ich wiederkomme?
Wonn Ihr mich auch abwieset, so bliebe ich doch
beharrlich wie ein Bettler vor Eurer Pforte stehen. Ich
muß mit Euch sprechen! Muß Euch hören, muß Euch
sehen! Ich brauche Euch!«

Dann öffnet sich die Türe zum überfüllten und staunenden Vorzimmer. »*Und das herrliche Paar erschien.*«
Der Rest der Geschichte, wie das Volk (das noch eine
Gesellschaft war) sich dem Unbenannten gegenüber
gebärdete, als dieser allein war und wehrlos, und dennoch »nicht minder unangefochten blieb als an dem
Tag, an dem er zahllose bewaffnete Männer hinter sich
hatte und selbst Waffen trug«, wie die Leute »noch
immer verzückt die Köpfe nach ihm wandten, als er

1. Der Pädagogenteufel in der kurzen Abhandlung über die
Dämonologie, *The Screwtape Letters,* von C. S. Lewis. Folgende
Aussage schließt sich an oben zitierten Satz: »Es mag zwar weit
schwieriger scheinen, eine unstete Wespe zu erschlagen, als aus
nächster Nähe einen Elefanten zu erlegen. Schießt man aber
daneben, ist der Elefant doch zweifellos gefährlicher.«

längst seiner Wege gegangen war«, etc., ist nur eine ausführliche Anmerkung zu diesem majestätisch schlichten Satz.

Hinter dem herrlichen Paar kommt Don Abbondio, *dem niemand Beachtung zollt;* so wie niemand mehr auf Don Rodrigo achten wird, sobald die Pest ihm sein Schwert aus der Hand schlägt. Welch zarter Vergleich paßt auf Don Abbondio, welch edle Hyperbel, welch schöne, warme, rhetorische Figur? Die göttliche, seelsorgerische Rüge, die der Kardinal Borromeo an seinen Priester richtet, ist von Anfang an von Verzweiflung geprägt, von einer unerbittlichen, genauen, öden Ausdrücklichkeit. Bei jenem genügte eine Nuance der Stimme, als sprühe man Funken auf ein trockenes Bündel Reisig. Bei diesem hingegen wirft der Kardinal immer wieder ein Scheit Holz in den Kamin, obwohl er bereits weiß, daß dort kein Feuer es entzünden wird. Der arme Pfarrer *begreift nicht.* Er ist »wie ein Küken in den Fängen des Falken ..., der es in unbekannte Höhen emporträgt, in Lüfte, die es noch nie geatmet hat«, und es herrscht in ihm jene Art bleierne Dumpfheit, die gewisse weniger empfindsame Tiere so an sich haben: Hühner eben, oder Doktor Cottard, oder Don Rodrigo, oder auch die Kommentatoren von Borges. Der Kardinal drangsaliert ihn, auch ohne die Anwesenheit einer räuberischen Gefolgschaft, ebenso wie der Unbenannte, wodurch das unsichtbare Band zwischen diesen beiden nur noch enger wird (»dieser Satansbraten, ich könnte ihn erwürgen ...«). In seinem Kopf hegt er am Ende nur noch einen kleinen, hartnäckigen, blinden Gedanken, doch ausgerechnet in diesen kleinen Gedanken läßt Manzoni (für den, der noch keinen anderen gefunden hat) den letzten Schlüssel zum Geheimnis seiner Herme gleiten: »Man sagt zurecht, daß weder die Heiligen noch die Schurken jemals stillstehen können. Doch anstatt sich mit der eigenen Bewegung zufriedenzugeben, zögen sie am liebsten das gesamte Menschengeschlecht in ihren Tanz hinein.«

Dies ist nur eines von vielen Beispielen. Auf solch elegante Weise wußte Manzoni die geheimen symbolischen Bezüge der *Verlobten* zu tarnen, ihre gesamte schräge, wankende Konstruktion, dies Spiel von Spiegeln, Echos, Schweigen, Bekräftigungen, Widersprüchen und Verneinungen, daß er damit die Welt wahrhaft hundert Jahre lang glauben machte, er habe den realistischen, moralistischen, apologetischen Roman, eine mikroskopisch genaue Studie des wohlbekannten »Durcheinander« und Gott weiß was noch alles erfunden. Sollte jemand ihn anders gelesen haben, so hat er wohl geschwiegen. Außerdem müßte, wer heute dieses oder jenes Buch – diesen oder jenen Vorfall – anders lesen wollte, sich einem bestimmten Schicksal verschreiben: einem Höhlenleben etwa, anders gesagt, zumal solche Entscheidungen viel Fröhliches haben, einem ähnliches Leben wie das des thebanischen Malers, der mit leidenschaftlicher Hingabe auf Granit und Ton, bestimmt für die Dunkelheit des Grabes, sein leuchtendstes Ockergelb, sein frischestes Blau legte.

IV

MIT LEICHTEN HÄNDEN

Für die italienische Vokabel *sprezzatura*[1] finden wir in den Wörterbüchern ganz unterschiedliche Erklärungen, die zwar allesamt sehr schön sind, das edle Wort jedoch nicht ausreichend bestimmen, weil es weder Synonym noch Äquivalent kennt. Fanfani versucht es mit *franchezza, scioltezza*[2], *il contrario di ricercatezza o affettazione, il che talvolta aiuta la bellezza*[3]. Zingarelli möchte zudem die intellektuelle Prägung des Wortes herausstellen und erweitert daher die Definition *maniera negletta di fare o di dire*[4] noch um folgenden Zusatz: *propria di maestro sicuro di sé*[5]. Petrocchi beschränkt den Begriff offenbar auf die mondäne Welt der Aristokratie: *sprezzatura signorile*[6], bindet sie bewundernd an gewollte Gebärden, *maniera piena di trascuratezza maestra*[7], und zieht den denkbaren Schluß:

1. *la sprezzatura:* zu deutsch etwa ›vornehme Geringschätzung‹
2. *la franchezza, la scioltezza:* ›Unbefangenheit‹, ›Gelöstheit‹
3. ›das Gegenteil von Künstelei und Geziertheit, mehrt zuweilen die Schönheit‹
4. ›Nachlässigkeit in Gestik und Sprache‹
5. ›den auszeichnend, der sich seiner Kunst gewiß ist‹
6. ›herrschaftliche Geringschätzung‹
7. ›überlegene Nachlässigkeit im Gebaren‹

La sprezzatura è arte (Geringschätzung ist eine Kunst). Keines dieser prachtvollen Kompendien stilistischen Scharfblicks vergißt (wie sollte es auch?) die *sprezzatura* in der Kleidung, wo sie, wie bereits erwähnt, eine verschönende Wirkung tut, was sich natürlich auch auf Werke der Kunst und des Geistes anwenden läßt.

Es kann hier also keine Rede sein von Brummells Krawatte, die er im Dunkeln band, damit der Zufall seine unberechenbare Hand an sie lege; ebensowenig dürfte jene japanische Regel gemeint sein, nach der ein Garten erst dann den Ansprüchen genügen kann, wenn ihn ein beliebiges Muster aus roten Blättern vollendet, von einem Baum auf säuberlich gefegte Wege geschüttelt. Das nah verwandte Wort ›Eleganz‹ scheint die *sprezzatura* um ihren schöpferischen Rang zu bringen, um ihr frisches, ansteckendes Feuer; der Begriff *piglio* (überlegene Miene) fesselt sie in die Erwägung, *disinvoltura* (Ungezwungenheit) löst sie auf in der Geste. *Noncuranza* (Gleichgültigkeit) kommt ihr am nächsten, füllt jedoch nur ihre hohle, negative, und daher flüchtige Gestalt.

Die *sprezzatura* bezeichnet in Wahrheit eine tiefere und umfänglichere Haltung, die, wie das Wort selbst, eines in der heutigen Zeit so gut wie verlorenen Zusammenhangs bedarf, mit dem sie, wie das Wort, unterzugehen droht, oder – zumal eigentlich nichts Existierendes wirklich untergehen kann – sie bleibt in jenen finsteren Kerkern, wo man in grausamen, gesetzestreuen Zeiten den Prinzipien Ketten anlegte, die die Gemüter des Volkes erhitzt hatten, und die man mitsamt ihren Namen wohlweislich vergaß.

Auf einigen Porträts – aus den Augen verlorene Gesichter, unkenntlich schon bald, und falls noch zu erkennen, unverzeihlich, weil sie der Mitwelt so fremd geworden sind – auf jenen Bildern also, die noch in verborgenen Winkeln alter Häuser hängen, finden wir etwas Geheimnisvolles, Leichtes, das meines Erachtens eng verbunden ist mit Stil. Auf einer berühmten Photographie, die Rußlands letzten Herrscher im Gewand des Zaren Alexander I. zeigt, seines heiligen Vorgängers, wiederholt sich die edle Symmetrie der bauschigen Ärmel von purpurrotem Samt geheimnisvoll in den goldenen Flügeln des Doppeladlers auf der Brust und wetteifert mit dem exakten, klösterlichen, kriegerischen Rund des Kragens. All dies wird unerwartet belebt von einer kecken, schräg sitzenden Mütze aus glänzend schwarzem Marderfell und verrät mehr als tausend Schriften über die mystische Kühnheit dieses glücklosen Herrschers, des letzten rein moskowitischen Zaren, der versuchte – ohne geistige Waffen, ohne politisches Genie, ohne die Hilfe auch nur eines Menschen – die aufgeklärte Autokratie der Romanows von Petersburg zu ihrem russischen Archetypus rein religiöser Bestimmung zurückzuführen. Wäre es ihm gelungen, mit der unvergleichlichen Eleganz des Gewands seines Vorgängers auch dessen zärtliche, unerbittliche *sprezzatura* anzulegen, so hätte er die Gemüter nicht erst mit seinem Leiden und Sterben bewegt. Die Herrscherhäuser fallen, sobald die Erziehung der Fürsten bürgerlicher Lethargie weicht und deren starrsinniger, abergläubischer Unwissenheit um den geistigen Ursprung eines jeden Reichs. Rings um den russischen Zaren, umgeben von sublimen Ikonen und gesalbt mit dem heiligen Myron[1], fiel das

1. Der Zar wurde bei den Krönungsfeierlichkeiten mit dem heiligen Myron gesalbt (Stirn, Augenlider, Nasenflügel, Lippen, Ohren, Brust, Handflächen). In diesem Chrisam, bestehend aus Öl, Salben und Wein, sieden in der Karwoche, während drei Tagen und drei Nächten, fünfundvierzig verschiedene Sorten kostbarer Kräuter und wohlriechender Essenzen über einem Feuer, das sich vom Holz alter Ikonen nährt. Dazu werden fortwährend Psalmen gesungen. Das Myron kann nur vom Patriarchen geweiht werden

Reich nieder auf einen Haufen englischer Romanzen, auf Törtchen, serviert von englischen Tantchen, auf Ponies, Malteser und benzolhaltige Bäder; und die heiligen Diademe waren gefallen, als die herrlichen Geschöpfe, die sich noch mit ihnen zierten, nicht mehr imstande waren, das haarsträubende Nebeneinander von tragischem Epos und niedlichen Pudelnamen wahrzunehmen, die uns in ihren Briefen entsetzen. Der beste Historiker des Zaren Nikolaus[2] erklärt, daß der überaus fromme Kaiser, gefangen in einem Hof, der seit mindestens zweihundert Jahren keinerlei einfache, große Konzeption von Macht mehr zugelassen hatte, nicht einmal mehr jene vornehme Kunst beherrschte, wie man mit Geringschätzung den Un-

und wird ausschließlich bei der Konfirmation, bei der Segnung von Kirchen und *antimensia* verwendet; früher auch bei der Salbung des Zaren. Diese galt als Sakrament und als Mysterium und versah den Monarchen (noch über die ihm vom Volksglauben verliehenen charismatischen und wunderwirkenden Eigenschaften hinaus) mit priesterlichen und sogar bischöflichen Rechten: So durfte er ohne Vermittlung der Geistlichkeit mit der Heiligen Kirche in Verbindung treten und am Dreikönigsfest die Wasser der Newa segnen. Was man auch halten mag von diesen Dingen, eines ist auf jeden Fall gewiß: Für den Zaren war die Verbindung von Myron und Duma ebenso verfehlt wie für Andrej Sinjawskij die der Ikonen Rublevs mit einem Radarschirm (in einem Gedicht Jewtuschenkos). Um den »Gesalbten«, zugleich Abbild des Göttlichen und Opferfigur (von Bakunin als »eine Art russischer Christus« bezeichnet), bildete sich in Rußland nicht nur der Volksglaube, sondern eine gesamte Theologie (oder Paratheologie). Von alledem gewinnt man ein zwar verzerrtes, aber dennoch erschöpfendes Bild aus den Tagebüchern eines aufklärerischen Botschafters, Maurice Paléologue: *La Russie des Tsars pendant la Grande Guerre.*

2. Nach der bewundernswerten Julie Danzas ist das Robert K. Massie, der Autor von *Nicholas and Alexandra,* New York 1967.

tertanen wirkungsvoll seine Überlegenheit kundtut. Und dennoch beugte das Volk, wenn er vorüberkam, bis zum letzten Jahr seiner Herrschaft die Knie, um seinen Schatten zu küssen, wie in Szenen aus der apostolischen Ära: So echt fühlte es in jenem sanften Menschen die Ehrfurcht vor dem eigenen Schicksal.

(Mit einiger Willkür ließe sich behaupten, daß, wer niemals über sich einen Herrscher hatte – oder unter sich ein Volk –, imstande, ihm aus einer Laune heraus das Haupt abzuschlagen, wohl kaum echter *sprezzatura* fähig sein kann: Denn da diese Eigenschaft mit der Gefahr im Bunde steht, mit Kühnheit und Ironie, ist sie eng verwandt mit dem stolzen, gleichmütigen Augenspiel zwischen dem Dompteur und dem zum Sprunge geduckten Raubtier: *saggezza temeraria, prudenza ardimentosa* (verwegene Weisheit, kühne Klugkeit).

Die *sprezzatura* ist ein seelischer Rhythmus, die Melodie einer inneren Anmut, die *Zeitspanne,* in der ein Schicksal sich die Freiheit erringt, bemessen an einer verdeckten Askese. Zwei Verse schließen sie ein wie das Etui den Ring: *Mit leichtem Herz und leichten Händen / halten und nehmen, halten und lassen ...*[1] Die *sprezzatura* ist – oder vielmehr, war – vermählt mit der Rasse, aber auch mit dem Dichter und dessen angeborener Abscheu gegen Gefälligkeit, Kasteiung, Beschönigung, Promiskuität, Plumpheit und ungebührlicher Hast. Weder der Vornehme – sollte es überhaupt noch einen geben – noch der Dichter von Geblüt werden das verkehrte statt des rechten Wortes wählen, auf dem Mißton beharren, das Unerläßliche gröblich beschneiden. Sie ähneln, einer wie der andere, jenen Edelleuten bei Balzac, die nichts Neues und nichts Altes hatten, in

---

1. Das sind, ich muß es wohl nicht erst erwähnen, Zeilen aus Hofmannsthals *Rosenkavalier.*

denen nichts glänzte, und die doch aller Blicke auf sich zogen, deren Vornehmheit von heute die von gestern war, und die von morgen sein würde.

Vor allem aber ist die *sprezzatura* eine lebhafte, höfliche Unerschütterlichkeit ob eines anderen gemeiner Niedertracht, ein gleichmütiges Sichfügen ins Unabänderliche – dem ungeübten Auge mag dies als Stumpfheit erscheinen –, das schlicht als »nicht existent« abgetan und so auf erhabene Weise verändert wird. Doch Vorsicht: Man sollte die *sprezzatura* weder bewahren noch weitergeben, wenn sie nicht, wie der Eintritt in das klösterliche Leben, auf einer vollkommenen Ablösung von allen irdischen Gütern beruht, einer steten Bereitschaft, sich ihrer gegebenenfalls zu entäußern, auf einer unverhohlenen Todesverachtung, auf einer tiefen Ehrfurcht vor höheren Dingen, vor den hauchzarten, kühnen, unsäglich kostbaren Formen, deren Erscheinungsbilder wir hier auf Erden finden: Die Schönheit vor allem, die innere mehr noch als die äußere, bedingt durch eine große Seele und ein heiteres Gemüt.

Sprezzatura bedeutet unter anderem die Fähigkeit, der Kritik schwungvollen Schrittes und lächelnd entgegenzutreten, mit dem anmutigen Pathos der Selbstvergessenheit: Ein Zug, den wir in den Vorschriften der Mystiker ebenso finden wie in denen weltlicher Wissenschaft. So muß der gläubige Trappist, sobald ein hierfür auserwählter Mitbruder seinen Namen ausgesprochen hat, sich im Kapitelsaal mit dem Gesicht nach unten auf den Boden legen, noch bevor er weiß, wessen man ihn bezichtigt. Fiele es ihm ein – so will es die Regel –, mit einem beliebigen äußeren Zeichen eine Unschuld zu beteuern, so müßten sich, selbst wenn er wahrhaftig unschuldig wäre, »beim ersten Schimmer von Rechtfertigung alle Brüder für ihn zu Boden werfen, um den schweren Verstoß zu sühnen« – gegen die Demut oder den guten Geschmack.

Als Cosimo de' Medici, Meister der aristokratischen und volkstümlichen *sprezzatura,* zu Ohren kam, daß die Gesandten in Hermelin und Diamanten – er hatte sie warten lassen, weil einer seiner Enkelsöhne *(un putino so nepote)* mit Hölzern und einem Messerchen zu ihm gekommen war, damit er ihm eine Flöte schnitze *(cum certe canuze e un cortelino, che gli facesse una piva)* – sich beleidigt fühlten, hob er die Augen und sprach mit einem, wie wir wohl annehmen dürfen, bezaubernden Lächeln: »*Oh frategli e mazuri miei!* ... *Vi datti maraveglia ch'io abbia fatta la piva; ben fo che non disse ch'io sonassi, che averia anche sonato!*« (Aber meine Freunde! ... Ihr wundert euch, daß ich eine Flöte schnitzen mußte; aber glaubt mir, hätte er mich gebeten, darauf zu blasen, so hätte ich auch dies getan!«)

Das große Florentiner Epos fließt das gesamte 16. Jahrhundert entlang dieser liebevoll uneinnehmbaren Windungen. Jenen stolzen Kaufleuten »mit dem melancholischen Blick und den angenehmen, drolligen Zügen« bietet Frankreichs König das unermeßliche Privileg, sich mit den goldenen Lilien des Hauses Valois zu schmücken. Doch deshalb teilen die *très chers et aimes cousyns* das Wappen nicht in vier Teile. Sie beschränken sich darauf, jene Lilien des Takts wegen über einer ihrer sechs Kugeln anzubringen und ändern dabei deren rote Farbe zu blau. Höflich verzichten sie bei Cosimos Begräbnis auf das Angebot Ludwigs XI., seine Fahnen zu tragen, »da der Vater bescheiden bestattet zu werden gewünscht«. Die gesamte Lebensmelodie von Lorenz dem Prächtigen spielt um diesen Grundton, bis hin zu jenem Punkt äußerster Eleganz, reinster Menschlichkeit: Das letzte Lächeln für Pico und Poliziano, während – und wer hätte dies wohl besser wissen können? – der Zeiger der Waage Europas

133

am Bersten war: »Ich wollte, der Tod hätte freundlicherweise gewartet, bis ich eure Bibliotheken fertiggestellt habe.« (Es antworteten ihm aus Urbino die üblichen Grobheiten des überfrommen Federico. Ein großer Schmeichler, Galeazzo Visconti, raunte ihm zu, mit ihm die Klingen kreuzen zu wollen, gewiß, ihm niemals zu unterliegen. Da wandte der Herzog von Urbino sich ihm zu und sprach: »Diese Dinge hat mich Seine Exzellenz Herzog Francesco gelehrt, Euer Herr Vater.«)

Sprüche dieser Art, unbesiegbar und scheinbar nicht einmal heroisch – die *sprezzatura* würde darob wohl leicht erröten – finden wir hie und da im Fluß der Zeit: Im Italien des 15. Jahrhunderts, in China, im Tempel, in der antiken Hauptstadt Montezumas, als der Herrscher mit einem sanften Lächeln Cortés die entblößte Brust sehen läßt: »Sie haben dir gesagt, ich sei ein Gott, oder hielte mich für einen solchen. Doch wie du siehst, bin ich aus Fleisch und Blut wie du und sterblich und fühle die Berührung.« Sein Wappenzeichen könnte in Rußland die helle Traube sein, mit der der köstliche Potemkin mitten im Winter Katharina II. dankte für das Geschenk einer Provinz, oder vielleicht auch Potemkins Pelzmantel, den er auf den Schnee gebreitet hatte, um während einer Reise in Ruhe zu sterben, ohne Wirtsleute zu behelligen. *Mit leichtem Herz und leichten Händen*... Das Lächeln hat eine mystische, widerborstige Note in der Antwort des Arabers auf seines Freundes mitleidige Worte, weil man seine Familie hingemetzelt hat: »Nur bei Tage leisten sie mir Gesellschaft...«.

Die Literatur ist eigenartigerweise nicht gerade reich an solchen Beispielen, und die ergreifenden Verse Villons kommen uns dabei zuerst in den Sinn; bei Shakespeare kreuzen sich königliche Gesten »wie blendende Blitze« von äußerster Tragik, und welcher Zug der *sprezzatura* seine Werke gleichwohl beschwingt wie beschwichtigt, auch in der gelegentlichen, tödlichen *flamboyance,* wurde bereits gesagt. Dazu gehört zweifellos Cordelias »Salz«, und vor allem der liebenswerte Wunsch des Gärtners in *Richard II.,* dessen Pflanzen die gramvolle Königin mit einem Fluch belegte. »Unglückliche Königin! Wenn es dir Erleichterung verschaffte, so möchte ich fürwahr meine Kunst deinen Flüchen überlassen. Hier, genau auf diese Stelle, fiel eine ihrer Tränen. Ich will eine Raute darauf pflanzen, dies bittere Gnadenkraut ...« Stil, Figur, Musik und Lebensgeschichte sind hin und wieder von jener einen Eigenschaft durchdrungen: Marcabru, Bertrand de Born, Charles d'Orléans; und jener Mann vom selben Schlag, auch er am Urquell, am Morgentau einer Sprache: Puschkin.

In seiner großen Abhandlung, der *théologie de la noblesse,* scheint uns auch Proust auf der Suche nach der *sprezzatura,* obwohl er sich dessen wohl weniger bewußt war, als man meinen könnte, da ihn der schaurige, grausame Snobismus von Oriane und Basin de Guermantes noch immer begeistern kann. Mit Robert de Saint-Loup hat er uns immerhin ein fesselndes, nahezu vollkommenes Exemplar geschenkt. Nahezu vollkommen: Denn Lepraflecken besudeln den herrlichen Fries, der harmonisch und lebhaft an der Mauer des Restaurants entlangläuft: der Verlust des Gefühls bei einem Geschlecht von Intellektuellen.

Als Humanitarier und *avancé* glaubte Saint-Loup unschuldig an die Überlegenheit jener Dichter, die die rührende, hellsichtige Madame de Villeparisis nicht ohne Grund hätte mit der Dienerschaft speisen lassen. Die Verletzung des ästhetischen Sinns muß auf lange Sicht auch der Moral tiefe Wunden schlagen. Das Kriegskreuz von Saint-Loup hinterließ seine Silhouette auf der schmutzigsten Fliese und verlor in der wunderbaren Gestalt eines goldenen Vogels die herrlichen, einsamen Konturen. »Der Stil«, sagte einst D'Annunzio, und vermochte nicht, die Ethik der *sprezzatura* in sechs Worte zu fassen, »ist eine isolierende Macht.«

Sollen wir die *sprezzatura* mit der zarten, strengen geometrischen Ordnung vergleichen, die den Tanz der Libelle bestimmt? Oder mit dem unbestechlichen Metronom, das stets den Takt schlug bei Chopins Lektionen, an dem sich schwungvoll Zärtlichkeit und Aufruhr maßen, Sanftheit und Spannung, selbst die Verzückung und die quälende Vorahnung? »Die Linke sei der Kapellmeister und halte stets den Takt«, pflegte jener Racine des Pianoforte zu predigen, jener erklärte Gegner von Pedalen, Glissandi, Rallentandi, Leidenschaften, Rebellionen und Rachegefühlen.[1] »Nichts darf sichtbar werden von dem, was wir empfinden, nur unser Lächeln.« Er war ein Guermantes der Musik, mit intaktem Gefieder, geflügeltem Fuß und »ungemein träumerischen, geistreichen und sanften Augen, bar jeder Bitterkeit« – doch nicht jeder Ironie. So nannte er trocken den Blick, den er einmal in Beinhäuser und Gräber geworfen hatte, *Scherzi*. »Facilement, facilement«, war sein Motto, während er, im Zimmer auf und ab schreitend, ein parfumgetränktes Taschentuch auf die Lippen pressend oder Wasser schlürfend, um besser sprechen zu können, seinen Schülern das *Wohltemperierte Klavier,* jenes Traktat

[1] Was Chopins mißtrauische Haltung gegenüber der Politik anbelangt, sogar gegenüber dem polnischen Nationalismus, vgl. Camille Bourniquel, *Chopin,* Mailand 1960. Vgl. außerdem die Biographien von Edouard Ganche und von Franz Liszt und vor allem die wütenden Briefe derer, die man nur widerwillig mit Chopin in Verbindung bringen mag (*Myron und Duma,* Rublev und Radar): George Sand.

der Askese, einzutrichten suchte. »Facilement, facilement«, mußte die Hand sich auf die Tasten senken, fast so, als falle sie im Scherz, durfte sich nie mit banger Beharrlichkeit dort festklammern wie ein Sklave an der Reling. Dieser Zisterzienser im Dautremont-Frack weigerte sich entschieden, die weiße Orchidee seiner Träume dem tödlichen Odem der Masse auszusetzen, ohne vorher seine Kräfte zu läutern, sich vor Beginn eines jeden Konzerts der strengsten Enthaltsamkeit zu unterziehen: indem er sich in Präludien und Fugen von Bach versenkte, ihm zufolge der »wirkungsvollste Exorzismus jeglicher Inspiration lyrischer Art, *dieser Macht der Finsternis«.*

Abscheu und Ehrfurcht vor der Lüge, Woge heiterer Gesinnung, unschuldige Keckheit des Knaben, der auf seinem Pony die Welt erobern will (eine hübsche kleine Polka, komponiert mit zwölf Jahren!), im Sonnenlicht schillernde Springbrunnen, wehende Vorhänge im geliebten Haus. Anmut und Glückseligkeit ohne Sünde, rein von Psychologie. Und hin und wieder Hörnerblasen im Waldesgrund, das unwiderrufliche Schlagen der Stunden, *o du mein Polen,* all dies und die Toten, all dies und mein baldiger Tod, dein Wille geschehe, *nichts soll sichtbar sein,* ein parfumgetränktes Taschentuch auf der zum Raunen gedämpften Stimme: »Facilement, facilement.«

Nur der asketische Argwohn gegen die eigene Person ermöglichte den erhabenen Stolz, das mitreißende, luftige *Staccato* der *Polonaisen,* elegant wie der Gang des Lippizzaners. Es hieß, jene meisterhafte Tanzparade, geboren in den Ballsälen des Polenreiches, gleiche einem männlichen Gedicht, das vor allem die kantige, grausame Schönheit der Männer zu preisen bestimmt war und deren höfische Haltung, ein Tribut an die edlen Polen von einst. (In der *Mazurka* hingegen, jenem Tanz im 3/4-Takt aus den Ebenen Masowiens, das Gebiet des berühmten »*tempo turbato*«, den man irrtümlicherweise Chopin zuschrieb, sollte die Frau Triumphe feiern, »in rhythmischem, prosodischen Wiegen«, akzentuiert von aufstampfenden Absätzen: wild und sanft, zärtlich und herausfordernd).

Jenen Tanz katholischer Edelleute, ewiger Kreuzritter – der sich nicht von selbst entwickelte, sondern aus ihrem Rang und ihren Träumen – führte der reine, schreckliche Frédéric Chopin sanft, unbemerkt, ohne dabei dessen berauschende Drehungen zu lösen, hinaus aus den Gemächern des Palastes, und hin zu seinem Ursprungsort, dem Feld von Duell und Schlacht, von Niederlage und Totenwache. Indem er seine Rhythmen in eine glühende Rüstung sperrte, erhob er sie zum Paradigma einer seelischen *sprezzatura,* jener extrem stilisierten Sekunden, in denen ein Mensch der Eingebung seiner Herkunft gehorcht: der Fehdehandschuh, hingeworfen mit lächelnden Lippen, dem Schicksal zum Trotz, der Sprung durch die Flammen, der tollkühne Einsatz unwiederbringlicher Minuten. Ringsum herrscht, wie in einer Erzählung Puschkins, die Kühle des frühen Morgens, trällert ein Rotkehlchen auf einer Ulme, wandelt die tödliche Herausforderung sich in einen eleganten Wettstreit um jugendliche Schönheit, der in all seiner Wildheit und Hast sogar zärtlich ist. (Nur die Linke erinnert noch daran – sehr, sehr leise – daß es sich um einen Kampf auf Leben und Tod handelt).

Typischerweise wählt die *sprezzatura* sich gerade die bescheidenste Form, um in ihr das Unsagbare, Schreckliche zu übermitteln, nämlich den Tanz, den Volkstanz noch dazu, abgetreten von den Stiefeln dreier Generationen, und wählt sich dickköpfig stets dieselbe Verkleidung: Auf einer Seite das kurze Aufflammen eines einzigen Instruments, auf der anderen der Vorwand technischen Meditierens oder leichter Unterhaltung: Domäne verminderter Septakkorde oder gebundener Sextakkorde; Album der Herzogin, Geburtstag von Delphine Potocka. »Facilement, facilement«.

Die verborgene Aristokratie der Folklore, die innige Verbundenheit des Volkstanzes mit den Gepflogenheiten der Sippe einerseits, und mit dem verborgenen Rhythmus des religiösen Gesangs andererseits (zweifellos hat das *Rubato* seine Wurzeln im gregorianischen Gesang), war der Reichtum einstiger Musiker. Tanz läßt sich in einer *Passacaglia* von Bach oder einer *Pavane* von Bull nur schwer von Liturgie unterscheiden. Höfischer Tanz und Volkstanz ähneln einander jedenfalls in der *sprezzatura,* und Glanzlichter davon überlebten bis vor dreißig Jahren im bäuerlichen Volk, das, wie gesagt, im Tanz, im Liebeswerben, auf der Jagd, in der Sprache vor allem, und sogar im Verbrechen Züge flüchtiger Raffinesse besaß, die aber keinesfalls geziert war oder oberflächlich. Der Samtrock eines Jägers wurde noch einmal so elegant, wenn ein Räuber ihn trug, weil in dessen herausfordernder Dreistigkeit zuweilen etwas Erhabenes lag: Aus der Poesie seiner *sprezzatura,* viel mehr noch als aus seinen gerechten Taten, entstand die Legende des berühmten *Passatore* aus der Romagna, den unsere Großväter noch kannten: Lachend hatte er sein Leben gewagt für eine Rose, sie springend im Fluge ergriffen, eine unbesonnene, blutige Wette. Selbst die Geschichte des Raubüberfalls in Forlimpopoli, wo die Räuber auf dem Proszenium eines Theaters voll herrlicher Frauen standen, die sie, artig Hälsen und Handgelenken den Vorzug gebend, all ihrer Juwelen beraubten, trug eine sinnliche Note, funkelte in den leuchtenden Farben der Verführung.

Die *sprezzatura* im eher weltlichen Sinne ist gewiß einer der Züge des Abenteurers, eine Eigenschaft des Merkur, doppeldeutig, unwägbar, und dennoch nicht ohne Reiz. Das Volk mit seiner altüberlieferten Abscheu vor der Eigenreflexion erkennt im heiteren Wagemut solcher Gestalten das Gesetz des Lebens. Es folgte Jahrtausende lang den abenteuerlichen Wegen des Märchens und der Legende, wo die *sprezzatura* uneingeschränkt herrscht, besonders im Umgang mit der Sprache. In jenem verwegenen, reinen Helden, dem Befreier von Prinzessinnen, dem Schmäher von Menschenfressern und Riesen, listenreich und voll unbefangener Gerissenheit, stets jedoch seiner Fee kindlichen Gehorsam entbietend, las es unbewußt eine Gestalt der Seele – Taube am Himmel, Schlange auf Erden – die sich beherzt und heiter in göttliche Begegnungen stürzt.

Zu jeder Zeit ist die *sprezzatura* ein Geschenk der Jugend, und so sollte man sie nicht von dem Lächeln scheiden, in das sich die mächtige Neigung der Jugend hin zur Enthaltsamkeit kleidet, ihr zerstreuter, wilder Heroismus. Das Märchen beachtet getreu diesen Kanon, und noch gestern versuchte eine Jugend, die bereits als Märchenwaise aufwuchs, mit aller ihr zu Gebote stehenden Phantasie, sich im letzten modernen Bewohner des Elfenreiches zu spiegeln, jenem glänzenden, zärtlichen Schauspieler Gérard Philipe, der über die Bühne schwebte und lächelnd anhub zu sprechen, die Augen leicht flimmernd, »als sei er von plötzlicher Eingebung erfaßt«[1].

Der kalte Schauder, oder gar die Abscheu davor, die Ziffer mit der eigenen Schmetterlingszartheit herauszufordern, hat die Jugend um diesen schillernden Arielsumhang gebracht: Das Vermächtnis, selbst dort,

---

1. Julien Green, *Vers l'invisible*.

wo es ihr an Kraft oder Anmut gebrach, von Unschuld und Ursprünglichkeit, die ganz plötzlich in der Knospe echter Ehrerbietung erblühen kann. Das Kreuz der Prahlerei, an welches heute die jammervolle, schwerfällige Jugend genagelt ist, hat nicht mehr Ähnlichkeit mit der *sprezzatura,* als die Verdrießlichkeit, die ihre nachdenkliche Gesinnung vergiftet und auslöscht. Die finstere, frostige »Nächstenliebe« mancher jugendlicher Verfechter des Christentums würde sämtliche Cherubim in die Flucht schlagen, und sie ihre vielen Augen mit vielen Flügeln bedecken lassen. »Facilement, facilement . . .«

Gute Manieren sind am Beginn aller Heiligkeit, versicherte Franz von Sales, und die *sprezzatura* – jene Haltung, die so häufig am hohen Stamm klassischer Tugend gedeiht – ist vielleicht nur einen Schritt entfernt von der reinen Frömmigkeit, deren schönstes menschliches Äquivalent sie bleibt.

In jenem kleinen Handbuch über die Erziehung von Fürsten und Heiligen, den Regeln der Trappisten[1], enthält das den »Konferenzen« (mönchische Erquikkungen) gewidmete Kapitel, eine herrliche Liste von Vorschriften, die eigentlich ein kleines dichterisches Meisterwerk geistlicher *sprezzatura* ist. Mit gleicher Mißbilligung betrachtet werden darin Rührseligkeit und Pflichtverstoß, Selbstbeobachtung (»im Guten wie im Schlechten«), Geschwätzigkeit, Streitsucht und Maßregelei, doch kein Vergehen – in jener absoluten Monarchie des Schweigens – wiegt so schwer wie die starrköpfige, programmatische Stummheit, Siegel der überaus geschwätzigen Christen dieses Jahrhunderts. »Junge Leute täten gut daran, weniger zu sprechen als andere, doch sollen sie sich hierin in aller Freiheit

---

1. Dem Abt de Rancé zugeschrieben; ins Italienische übersetzt von Lorenzo Magalotti.

mäßigen und nicht im Zwang. Niemand sollte das Sprechen mit der Entschuldigung meiden, er habe nichts zu sagen. Ist die Reihe an ihm, so sollte er zumindest wenige Worte äußern, und seien diese auch nicht immer treffend«. (»Sag, was immer dir beliebt, meine Tochter«, riet eine russische Großherzogin der überaus schüchternen Tochter, »aber sprich mit den übrigen Gästen! Was könnte es wohl Abstoßenderes und Lächerlicheres geben, als eine schweigsame Prinzessin!«).

»Eine Art stoische Dumpfheit, rohe Strenge«, erklärt Kardinal Bona, ein Meister stilistischer und religiöser *sprezzature,* nicht umsonst Trappist, und entwirft das weltliche Profil des Heiligen: »Er sollte Gott huldigen, Anfechtungen schweigend ertragen, schamhaft die ihm entbotene Ehrerbietung entgegennehmen, nur selten die Fassung verlieren, dafür liebenswürdig und umgänglich sein, fröhlich, von maßvoller Heiterkeit, leutselig ohne Herablassung, dankbar, wohltuend und anziehend«.

Man könnte meinen, die Anmut sei der Rohstoff göttlicher Gnade, und zweifellos waren die heiligen Abenteurer, die strahlenden Märchenhelden, die leichten Herzens und leichter Hand das Leben dem Unwandelbaren überließen, aus solchem Holz geschnitzt. *Joy, largüeza, poeza* – die Verhaltensregeln provenzalischer Ritterlichkeit beeinflussen die gesamte Jugendzeit des Franz von Assisi. Seine Gefährten entsannen sich seiner als »großzügig, stolz und freigebig, leichtsinnig und waghalsig, von erhabener Gesinnung und freiheitlichem Geist.« In seinem Bekehrungstraum sah er einzig und allein ritterliche Symbole. Nachdem er sich bekehrt und der Vater seine gesamte Habe eingefordert hatte, ließ der Bischof ihn zu sich rufen. Und dort, inmitten des Episkopats, bot er ein glänzendes Schauspiel von sprezzatura: Er entledigte sich seiner

Kleider und schleuderte sie zu Boden. (Der Bischof bezeugte huldvoll seine Zustimmung, indem er ihn in seinen Mantel hüllte).

Gewiß war jener Mann, der in Assisi mit heiligem Zorn die Schindel vom Dach eines Hauses warf, um die verblendeten Mönche wieder vom luftigen, beiläufigen Dach zu überzeugen, von den Mauern aus leichten Binsen, die man, kaum daß sie stünden, wieder abreißen konnte; der in einer Zelle in Greccio ein Kissen auf den Nacken des Mitbruders schleuderte, in dem der böse Feind sich eingenistet hatte; der im Konvent der Klarissen, zur Fastenzeit, inmitten des Kapitelsaals mit Asche einen Kreis zog, sich darin niederlegte, um dann wortlos fortzugehen, Franz von Assisi: »Er besaß nicht von Natur aus ein kindliches Gemüt, es wurde ihm vielmehr zuteil dank der göttlichen Gnade« – auch dies eine mögliche Definition der *sprezzatura,* allerdings auf einer transparenteren Ebene. Und die Freundlichkeit, mit der er sich in seinem Jahrhundert »um jedermanns Belange kümmerte«, machte ihn zum leuchtenden Seelenfänger, als ihm längst nichts mehr daran lag, diese zu besitzen.

Ich könnte sämtliche Märtyrer nennen, auch die bescheideneren, scheueren Namen. In allen ertönt der kristallklare Klang der *sprezzatura,* angefangen bei dem sanftmütigen Bischof aus dem 1. Jahrhundert, Polykarp von Smyrna, bis hin zur kleinen Karmeliterin aus dem 20. Jahrhundert, Elisabeth von der heiligsten Dreifaltigkeit, und es ist nicht einzusehen, warum es anders sein sollte, zumal Leben und Sterben jener funkelnden Schar nur der Quelle des Lichtes galt, dessen Abglanz sie war. Über die *sprezzatura* von Jesus wird, wie mir scheinen möchte, nicht viel gesagt, aber welchen Namen gäbe es wohl für das, was uns auf Schritt und Tritt im Evangelium begegnet – vor allem auf den letzten Seiten, wo die menschliche Todesangst die Botschaft eindringlicher werden läßt –, oder für das, was sich durch unser Leben zieht, in seinen herrlichen, unsagbaren Lösungen, Kompensationen, Sanktionen, Harmonien, Ironien: eine Geheimschrift unseres Gottes, ein sichtbarer Spiegel göttlicher Gnade. Man hat behauptet, kein Lächeln sei jemals über des Heilands eindrucksvolle Lippen gehuscht, aber mit welcher Miene hätte er wohl sonst bestimmte Worte äußern, bestimmte Anreden machen, gewisse Fragen an Feinde, an Freunde stellen sollen?

»Auch ihr wollt mich verlassen?« (Joh., 6, 68); »Das erzürnt euch?« (Joh., 6, 62); »Für welches meiner Werke wollt ihr mich steinigen?« (Joh., 10, 32); und jene schreckliche Frage: »Mein Freund, was ist nur aus dir geworden?« (Matt., 26, 50). »Waren es nicht zehn Oliven? Wo sind also die übrigen?« (Luk., 17, 10). Und als er gedankenverloren Zeichen in den Sand schrieb, um schließlich den Blick zu heben und mit sanfter Ironie fragte: »Wo sind deine Ankläger, Weib? Hat keiner dich verurteilt?« (Joh., 8, 11). Und zarter, vertraulicher: »Martha, Martha, du denkst und sorgst dich um so viele Dinge ...« (Luk., 10, 41), oder: »Wenn einer dir aber den Umhang stehlen will, so laß ihm auch den Mantel; und wenn einer dich bedrängt, eine Meile mit ihm zu gehen, so geh zwei mit ihm ...« (Matt., 6, 41). Die typischste geistliche Weisung *(Nichts darf sichtbar werden ...)* liegt in einer ästhetischen Belehrung: »Um so zu tun, als fasteten sie, beschmierten die elenden Heuchler sich das Antlitz. Du jedoch salbe dein Haar und wasche dein Gesicht, so daß du nicht aussiehst wie einer der fastet ...« (Matt., 6, 16)

Liegt hierin nicht die ungeheure, unaufhörliche Aufforderung zur inneren Befreiung, zum absoluten Vergessen eines Ich, das die verkehrten Spiegel der Psychologie und des Sozialen magnetisch anziehen, zur Befreiung von allem, was den Geist hemmt und täuscht, um stattdessen leichten, beschwingten Fußes die Glückseligkeit der Heiligen zu erfahren? Fort mit den Kleidern, auf die Erde damit, auf den Boden des Episkopats, vollkommene Liebe will vollkommene Befreiung aus den Schlingen des Berechenbaren, Scheinbaren, des Eifernden und Schicklichen: Nur dies verbirgt sich letztendlich hinter dem Verschenken des Eigentums an die Armen, der Selbstverleugnung, dem Tragen des Kreuzes, dem Hinhalten der anderen Wange und dem Vergeben der Schuld. Besagte Litanei der Demut[1], komponiert vor einem halben Jahrhundert von einem hohen Würdenträger der katholischen Kirche (»Von dem Wunsch, geachtet, ... gepriesen, ... geehrt, ... um Rat gefragt, ... gebilligt zu werden, befreie mich o Herr, von der Angst, verachtet, ... verstoßen, ... vergessen, ... verhöhnt, ... verdächtigt zu werden, befreie mich o Herr«), müßte in Wahrheit Litanei der Erneuerung, der frohen Befreiung, jener heiligen Gleichgültigkeit heißen, deren Bedingung und Konsequenz, Keim und Frucht die Demut ist. Die *sprezzatura* mancher Bettler, aus deren Augen erhabene Freiheit leuchtet, ist von so niederschmetternder Größe, daß sie uns eine Gnade gewähren, wenn wir ihnen auch nur die kleinste Gabe überreichen dürfen.

»Mit leichtem Herz und leichten Händen ...«. Der Rhythmus eines unverfälschten Lebens wird bestimmt von dieser leichten, eindringlichen Melodie, ganz Vergessenheit und Fürsorge, ganz Lächeln und Mitleid. Einst waren die Liturgien, die Riten der fest umrissene, gemeinsame Ort solch unsagbarer Rhythmen. Selbst in der schlichtesten aller alten Zeremonien lag die *grande allure* der Vision: jene sprühende Eleganz,

---

1. Die Litanei der Demut stammt von Kardinal Raffaele Merry del Val (1865–1930).

jene verhaltenen, verzückten Zwiegespräche zwischen den Kräften der Seele und dem Unsichtbaren, jenes Fallen interstellarer Pausen – eine weitere, noch eindrucksvollere Schrift des Gottes, der im blinden Weltenklotz tausend Fluchtpunkte öffnete, durch die wir ins Reich überirdischer Schönheit gelangen können: dem Reich der umgewendeten Spiegel und der gesprengten Ketten, wo Nehmen und Lassen in einer Ekstase sich einen. Der Zauber ist das Leben.

FLÖTE UND TEPPICH

1

Sich selbst entfremdet, irren die
Sünder ziellos umher, seit sie dem
Mutterleib entstiegen sind ... ihre
Verstocktheit gleicht der der tauben
Schlange, die sich die Ohren ver-
schließt, um nicht die Stimme des
Zauberers zu hören, die Stimme des-
sen, der weise Beschwörungen kennt.

PSALM 57

Der Klang der Flöte brennt wie Feuer
... Die ihn nicht hören, den feurigen
Klang der Flöte, sind wie die Toten.

JELLALEDDIN RUMI

Beschränken wir eine Untersuchung der Bedingungen
des Menschseins nicht mittlerweile auf ein gleichmütiges oder erschüttertes Aneinanderreihen von Verlu-
sten? Die Liste umfaßt die Stille, den Sauerstoff, die
Zeit, das seelische Gleichgewicht, das Wasser, die
Scham, die Kultur und sogar das Reich Gottes. Und so
ergibt sich das Bild einer Zivilisation der Verluste,
wenn nicht gar einer Zivilisation des Überlebens, da
sich ja nicht leugnen läßt, daß selbst in dieser nachsint-
flutlichen Bedingung aufgebauschter, allumfassender
Bedürftigkeit noch immer wenige Inseln des Geistes
überleben, um die Kartenwerke der noch nicht ver-
sunkenen Kontinente vor uns auszubreiten.

Dabei ist der wirklich maßgebliche Verlust, Saat
und Same aller anderen, wie immer ohne Benennung.
Und es stellt sich die Frage, ob Geschöpfe, die man

147

jener Sinne beraubt hat, mit denen sie das Mysterium zu schauen fähig wären – Pasternak spräche von den Augen der Seele –, überhaupt erkennen können, daß sie ihr *eigenes Schicksal* verloren haben?

Das antike Denken scheint um nichts anderes zu kreisen als um die unwiderlegbare Vorstellung eines Fatums: die Antwort der Sibylle, der Dämon des Homer, der Stern des Cäsar, Syrius, der die Meere aufwühlt, der fixe Polarstern oder jener Geist – für ihn steht Leonardo –, der die Sterne beherrscht, so wie diese die menschlichen Leidenschaften beherrschen, oder das, was die Christen stets treffend als Bestimmung bezeichneten.

Noch früher gab es im übrigen ein Buch: einen gewaltigen Monolog, ein äußerst persönliches Regelwerk, das alle Menschen lehrt, wie sie ihr Geschick auf Erden wieder seinem Ursprung und Ziel entgegenführen können: das alttestamentliche Buch der Psalmen. In hundertundfünfzig Gesängen erfleht der Psalmist rufend, seufzend, lachend, flüsternd, auf dem Erdboden liegend oder in Verzückung tanzend immer nur das eine: daß es ihm vergönnt sein möge, das zu erkennen oder wiederzuerkennen, »was seit Ewigkeiten, also seiner Bestimmung gemäß, nur ihm gehört«[1]; und nur dafür, es hin und wieder erkannt oder wiedererkannt zu haben, scheint er Gott zu danken; und nur, es zu erkennen oder wiederzuerkennen, ist das höchste Ziel seiner Seele und seines Geistes. *»Laß mich mein Ziel erkennen, o Herr ...« »Laß mich meinen Weg erkennen, o Herr ...« »Laß dein Antlitz über uns leuchten und erbarme dich unser, auf daß wir hienieden deinen Willen erkennen ...« »Er möge mir Verstand geben, damit ich leben kann ...«* Endlich fordert er von Gott das einzige, worauf der menschliche Geist selbst vor Ihm ein unan-

---

1. Simone Weil, *Cahiers.*

fechtbares Anrecht hat: das absolute Gehör, damit er den Klang der eignen Berufung vernehmen und in ihre wohlklingende Weise einstimmen kann.

In Psalm 57 kleidet sich dieses Mysterium in ein musikalisches Gleichnis. Der Sünder wird mit der Schlange verglichen, die sich taub stellt, um den betörenden Klängen zu entgehen, die der zauberkundige Fakir der Flöte entlockt.

Gemäß den Kommentatoren lautet der Text wörtlich: *Jener, der magische Knoten knüpft.* Da der Begriff ›Sünder‹ die Eigenschaften des Betrügers, des Hoffärtigen und des Gotteslästerers umschließt, konnte die Vulgata ihn zum »Prediger von Pestilenz« erweitern, ein zeitgenössischer Übersetzer ihn dagegen auf den »Ketzer« verdichten. Bezeichnet dies alles nicht anmutig und höchst feinsinnig den, der die göttliche Stimme flieht und seine Augen bedeckt hält vor dem Unsichtbaren? Der im Gegensatz zum Heiligen sich weigert, geduldig und blind in jener Schrift, die von einem Gott im Himmel spricht, die geheimen Zeichen eines Schicksals einzubinden oder abzulesen?

Mit einem herrlich komplizierten Teppich, von dem der Knüpfer nur die umgewendete Seite mit ihrer verwirrenden Knotenfülle sehen läßt, haben viele Dichter und weise Männer das Schicksal verglichen. Nur auf der anderen Seite des Lebens – oder in kurzen visionsartigen Geistesblitzen – ist der Mensch überhaupt imstande, die andere Seite zu erahnen, jene unvorstellbare Zeichnung, von der man Faden war und Knoten, braun oder grün, abgestimmt auf anderes Braun oder Grün, Figurenfragment, Pars pro toto. Die von heiligen Schlangen gehorsam geschlungenen Schleifen und Ranken fügen sich wie von selbst in diese von schlichter Schönheit strahlende Allegorie: Die Flöte des Fakirs windet und schlingt Schlangen, wie die Hand des Knüpfers wollene Knoten. Doch es gibt keine

Allegorie, die sich nicht an der Wirklichkeit nährte. Virtuose »Meister des Teppichs«, Mystiker und Barden der Webkunst, zogen einst von Dorf zu Dorf, hüteten im Geist hunderterlei symbolische Muster, die sie den ortsansässigen Knüpfern mittels langsamer, betörender Psalmodien zu »diktieren« pflegten. Und weil jene komplizierten, rosenfarbenen Miniaturen, die Senneh-Teppiche, von Kindern geknüpft werden mußten, da nur deren zierliche Finger imstande waren, diese unvorstellbare Fülle winziger Knoten zu bilden, begleitete die Arbeit der Kleinen, um ihre Gemüter zu verzaubern, der eindringliche Klang der Flöte.

Die fürstliche Vollkommenheit des Teppichs machte ihn schon immer zu einem Gegenstand des Glaubens. Jener kostbare Boden, jene verklärte Erde symbolisiert, beziehungsweise ersetzt im Orient als kleine tragbare Moschee bekanntlich den Ort des Gebetes. Ein wenig bescheidener erinnert auch so manch ein alter italienischer Druck – ein schlichtes ABC der Symbole – auf seine Weise an die peinliche Exaktheit und die lebhafte, umfassende Bildhaftigkeit des Teppichs, und an die erlesene, unvorhersehbare Einzigkeit sämtlicher Fäden und Knoten. Der Kutsche auf der kleinen, stummen Piazza entsteigt eine Dame, und das Schwarz ihres Kleides, das Seidentuch und das silberne Kreuzlein weisen sie als Witwe aus. Im Hintergrund reitet ein Berufssoldat hoch zu Roß, und ein Söldner schreitet ihm zu Fuß entgegen; der mit Gemüse beladene Bauer ähnelt in keiner Weise dem blauen Forellenfischer; der Bischof auf dem Kirchhof ist an seinen bischöflichen Symbolen zu erkennen, die Mönche an ihrer Tonsur und den drei emblematischen Farben ihrer Gelübde; den Ritter verrät das Kreuz; und der Krüppel kauert geduldig in einem Winkel, die Krücke an seiner Seite, und steht mit seinen Lumpen für alle anderen Krüppel. Der Anblick seiner Kleider läßt unweigerlich an das Gewand einer Bruderschaft denken, von der Gesellschaft mit Ehrfurcht betrachtet, wie etwa Stab und Glocke des Aussätzigen.

Schicksal und Symbol sind eins, wen will es also wundern, daß wir das eine verloren, sobald wir das andere verleugneten? Früher war das Gewand Symbol, symbolischer Ausdruck, und ein kurzer Blick auf einen Menschen genügte, um das Schicksal zu erkennen, das er zu tragen hatte, oder das ihn trug. Die vielen geheimen Bruderschaften, die auf alten Drucken abgebildet sind, versahen ihre Mitglieder in höchster Weisheit mit heiligen Masken: Flötenklänge, denen zu folgen es dem Handwerker frei stand, indem er seiner Hände Arbeit oder die Barmherzigkeit seiner Nächte einem Heiligen oder einem Mysterium weihte. Gleiches galt für den Fürsten, den Schutzherren der Künste und Stifter von Bauwerken. Doch vor dem Altar des Heiligen oder des Mysteriums fand ein jeder, sobald die Kapuze fiel, auf wundersame Weise sein Antlitz wieder und verwob es zart mit dem anderen, das sich ganz und gar von dem seinen unterschied. Von solchen Bruderschaften scheint es bis zum Kulturmord Napoleons allein in Rom mehr als fünfhundert gegeben zu haben. So hatte also die gesamte Bevölkerung an jenem so geistvollen, abenteuerlichen Leben teil, berauschte sich an den erregenden Symbolen. Noch heute sprechen ihre Kirchen, mit die schönsten der Stadt, ihre Bücher, Gemälde und Insignien die Sprache der Verzückung.[1]

1. Was Blütezeit und Niedergang der geheimen Bruderschaften anbelangt, vgl. M. Maroni Lumbroso und A. Martini, *Le Confraternite romane e le loro chiese*, Rom 1963. Bis zu den Kirchenreformen der 60er Jahre fand man im römischen Leben der alten Viertel noch so manches Echo jener erhabenen Welt.

Hätte der Mensch, als jene Spiegel zerbrochen waren, nicht auch gesichtslos weiterleben können? Da sollten wir nur einmal bedenken, wie erschreckend eine moderne Menschenmenge sein kann, weil sich in der Vielzahl der Gesichter das einzelne menschliche Antlitz mitsamt den reinen, quälenden Gestalten, die es mit anderen zusammen zuweilen bilden kann, vollkommen auslöscht. Das kollektive Gesicht ist eine Unmöglichkeit, und die Schicksale erstarren in den eisigen, erfundenen Typologien, die uns bereits verseuchen, wenn wir uns ihrer erinnern: der Mensch, dem es von allen Mauern der Millionenstadt entgegenschreit, welche Musik er hören, welches Haus er bauen, welche Frau er lieben soll; ohne Unterlaß wird ihm eine babylonische Menge an Ersatzschicksalen aufgeschwatzt: die Schauspielerin, die sich vergiftete, der Sportler, der bei einem Unfall ums Leben kam. Es gibt natürlich, das muß man nicht erst betonen, keinerlei Bezug zwischen dem Schicksal und dem Unglück dieser Personen, weil ein kollektiver Strudel sie als erste der Gefahr, ihre Berufung finden zu müssen, entrissen hat. Und die Kette ist unauflösbar, all diese Schicksale kreisen vergebens, eines vom anderen angezogen. *Die Gottlosen gehen im Kreis,* wie der Psalmist uns warnt. Mensch werden ist eine Kunst.

2

Ein bestimmter Klang des göttlichen
Instrumentes berührt die Seele ...

SANT' ANTONIO MARIA ZACCHARIA

In solchen Menschenmassen, würde ein Mann aus dem Volke feststellen, könnte kein Körnchen Hirse zu Boden fallen. Und ein Körnchen Schicksal? Das

Element, das das Schicksal zu etwas Heiligem erhebt, zeichnet im Grunde auch das Heilige und die Dichtung aus: die einsame Abgeschiedenheit, die ekstatische Leere, in der es sich erfüllt. Bereits vor einem halben Jahrhundert schuf Eliot einen kühnen Querschnitt durch die Häuser des Nicht-Lebens und ließ uns in ihre Gemächer blicken, wo ein entsetzlicher Haufen Zeitungen, das Grammophon, Gesten von geradezu bestürzender Beiläufigkeit dem Schicksal jeden Raum entzogen hatten; selbst Eros war nichts mehr als ein kopfloses Gespenst: *unreproved, undesired.*

Die Bühne des Schicksals ist ein konkaver, stiller, hallender Raum, wie der Koffer für ein kostbares Instrument, Poes Laute zum Beispiel. Einst gab es Orte, wohin die Menschen sich zurückzogen, »um Klarheit über sich zu gewinnen«, was meines Ermessens nichts anderes bedeutet, als daß sie ihr Gehör für das leise Flüstern der Flöte, für die dumpfe Warnung des Weberschiffchens schärfen wollten. Alte Sprechräume, die das Schicksal vorbereiteten und hüteten wie die Muschel das Meer vorbereitet und hütet! Langsam und lautlos schwang dort das Pendel einer Wanduhr hin und her, benetzte auf einem Bildnis ein Stifter seine Lippen mit dem Honig des Schweigens, lag ein Buch geschlossen und einsam auf einem großen, leeren Tisch. Was sprach in solchen Räumen, deren Fenster das Laub einer Eiche berührte, zugleich von Vertrautheit und Gleichmut, von dem unvermeidlichen Stoff, der Tröpfchen für Tröpfchen in den Bienenstöcken einer tetragonalen, sanften Geduld gerann? Jahrhundertelang wurden hier die Hände gefaltet zu jener edelsten aller Gebärden, inständiges Bitten bekundend; jahrhundertelang die Lider gesenkt, bevor der Mund den Schiedspruch wagte, der eine Ewigkeit verspielte. Unvorstellbar zarte Gebärden – ein Kuß auf den Schleier, ein Bekreuzigen der Brust, der Stirn –

hatten dem Schweigen Worte verliehen während der immerwährenden Begegnungen und Abschiede, gebunden an den bewegungslosen Tanz der Stunden, Verbote und Riten *(vielleicht können Sie ihn nach der Vesper sehen, er wird den gesamten Advent in spiritueller Abgeschiedenheit verbringen, Frauen haben keinen Zutritt zu diesem Teil der Abtei),* so wie die berauschendste Eingebung oft gnadenlos in die grausame Enge des Reims gezwungen ist.

»Wir müssen uns dem Spiel der Gegebenheiten entziehen, damit uns nur noch das Unabwendbare erreicht«[1], sprach mahnend ein Dichter, und was ist unabwendbar außer der »Ewigkeit«? *»Hast du sie etwa dorthin getan?«* fragte ein Einsiedlermönch seinen Schüler, der ihn auf einer Wanderung bat, eine Distel pflücken zu dürfen, die am Wegesrande wuchs. *»Und mit welchem Recht willst du sie dann pflücken?«* Es steht fürwahr geschrieben (Joh., 3, 27), daß der Mensch nichts erlangen kann, was ihm nicht von oben zugedacht ist.

Wie das Manna des heiligen Andreas im Bauch der Flasche[2] bildet das Schicksal sich im Leeren aufgrund der gleichen einander ergänzenden Regeln, die für die Entstehung von Dichtung gelten: Verzicht und Anhäufung. Das Wort, das in jener Höhlung Gestalt annehmen soll, gehört uns nicht. Wir können nichts weiter tun als in der langmütigen Wüste seiner zu harren, uns von Honig und Heuschrecken zu ernähren, bis es unendlich langsam und jäh über uns kommt in einem kurzen, unwiederbringlichen Augenblick. Die

---

1. Aus einer Erzählung von Hans Carossa.
2. In der Kathedrale von Amalfi werden die sterblichen Überreste des Apostels Andreas in einem Schrein aufbewahrt. Darin bildet sich – und füllt auf geheimnisvolle Weise ein Gefäß – eine ölartige, aber farblose Substanz, leicht wie Quecksilber, die heilende Eigenschaften besitzt.

Rede des Herrn ist einfach. Wieder ist es der Psalmist, der uns dies zu bedenken gibt, und zwar mit der Geschichte des Propheten Elias, der das Wort seines Schicksals nicht im Sturmgebraus vernahm, auch nicht im Donnerhall, sondern in einem zarten Stimmchen, einem Säuseln gleich, so daß er vor Entsetzen sein Antlitz verhüllte. Eine Visionärin, Margery Kempe, deren bezaubernde Prosa man vergeblich in den mystischen Traktaten oder den englischen Literatursammlungen suchen wird, hörte am Ende ihres Lebens die Worte des Heiligen Geistes. Sie klangen, als zwitschere ihr »*jener kleine Vogel mit Namen Rotkehlchen sein fröhliches Liedchen ins rechte Ohr. Nachdem sie diesen Klang vernommen hatte, war sie stets bereit, große Gnade zu empfangen*«.

Schlangen berauschen sich am zartesten aller Instrumente, und die Spindel, die leuchtende Fäden in das Gewebe einschießt, ist auch nicht lauter. Eine Leere, bis zum Rand gefüllt mit Schweigen, in welche das Schicksal nach physikalischem Gesetz hineinfallen muß, ganz so, wie die Energie in den luftleeren Raum, so beschreibt es uns der heilige Johannes vom Kreuz – und wovon raunt das Märchen, dessen Figuren er so meisterhaft benutzt? Den verlorenen Prinzen aus dem *Cantico spirituale* findet man wieder, wenn man zum Pilger und Bettler wird, zum Menschen mit leerem Herzen, von grausamer Liebe getötet: Im Orient nennt man ihn einen *Derwisch* oder *Fakir* (und hier, wo eine solch geheimnisvolle Vermählung stattfindet, ist es nur sinnvoll, den Beschwörer mit demselben Namen zu bezeichnen wie den Beschworenen).

Einmal erzählte ein Mann von Welt den wohl bedeutsamsten Augenblick seines Lebens: Eines Winterabends hatte man ihn versehentlich in der Kapelle eines Trappistenklosters eingeschlossen. Er hätte eher die Nacht dort verbracht, als das Wort an den Mönch zu richten, der durch die vergitterte Pforte der Klausur in die Kirche eingetreten war und im Halbdunkel schweigend auf ihn zugeschritten kam, ohne seine Anwesenheit zu bemerken. Die Wucht (wie er sich ausdrückte) dieses Schicksals, eingemauert in Gott, überwältigte, ja, entsetzte ihn. Er empfand es als ein absolutes Non licet, sein eigenes wankendes Schicksal, sei es auch nur für einen Augenblick, mit dem seinigen zu kreuzen – der Trappist hätte ihm ohnehin nicht antworten dürfen[1] –, ohne sich vorher gereinigt oder irgendein mächtiges Zeichen von seiten des Unsichtbaren empfangen zu haben. Verglichen mit seiner Welt – einer Welt von einherirrenden Wesen mit austauschbaren Gesichtern und Kleidern und unsäglich offenen Reden, wo Menschen nur mit Mühe sagen konnten, ob sie aus Casablanca oder Tokio angereist waren, ob sie einander in Washington oder Dakar kennengelernt hatten, in dieser Welt der allgemeinen Auflösung, des Rückfalls ins Chaos, in diesem Schmelztiegel von Schicksalen, in dem alles gleichermaßen möglich wie gleichgültig war, *unreproved, undesired,* erschien ihm der Trappistenmönch, der im Halbdunkel auf ihn zugeschritten kam, wie ein gewaltiger, heroischer Weltenschöpfer, täglich um eine Neuordnung des Kosmos bemüht, um ein Scheiden der Elemente und Arten ...

Woraus jedoch bestand die Wucht dieses Schicksals, wenn nicht aus Leeren? Zu Beginn ihres Tanzes – ein Drehen im Kreis, um die Bewegung der Sphären zu

1. Trappistenmönche verpflichtet bekanntlich ein Gelübde zum Schweigen, das sie nach dem Abendgebet unter gar keinen Umständen brechen durften. Heute mag das anders sein. Meine Aussagen – hier wie anderswo – zu katholischen Bräuchen beziehen sich natürlich stets auf den Zeitraum von 1 bis 1960 nach Christi Geburt.

versinnbildlichen – entledigen sich die mystischen Tänzer des Islam, die *tanzenden Derwische,* ihrer weiten schwarzen Mäntel, die die Welt symbolisieren sollen. Auf dieselbe Weise hatte jener Mann lautlos seine Kleider abgelegt, die Heimat, die Erinnerungen, die Sprache und das Wesentlichste, den Namen, in dem die Antike das Schicksal selbst vermutete; daher erhielt damals jeder Mensch zwei Namen, den sichtbaren, zugänglichen, und noch einen anderen, verborgenen, heiligen; ihn auszulöschen, hieß, den ganzen Menschen auszulöschen. Doch Gott gibt uns mit der Rechten wieder, was er uns mit der Linken nahm. In seinen armen, archaischen und bedeutungsvollen Gewändern nahm dieser Mönch sich nun herrlicher aus als ein Prinz, und aus seinem Munde, den die Sprache verlassen hatte, lösten sich die Spiralen eines Gesangs, der nichts Menschliches bedeuten wollte und daher wilde Tiere besänftigte. Seine Stärken – Erinnerung, Sehnsucht, Fertigkeit, Begierde – starben, um sich als Vermögen neu zu beleben: Wahrnehmung, Fürsprache, Gabe, Prophezeiung. Sein alter Name wurde in ein Altartuch gewickelt, und als Siegel für die Auferstehung erhielt er nun den neuen Namen. Es war wie das Aufsetzen einer heiligen Maske, wie die Übernahme eines himmlischen Doppelgängers, denn mit dem neuen Namen wurde ein toter Heiliger – fortan sein Dämonium, der Geist, in dessen Obhut er sich begab – zum Fixstern in den spirituellen Planetarien, zur unvergänglichen Korolle in den Gärten des Geistes: *stella stillans claritatem, rosa rorans bonitatem*[1]. Und am Ende erhielt er das Zeichen, das für immer besiegelte, welches besondere Geheimnis er am Himmel zu beschauen hatte: das Kreuz, den verklärten Christus,

---

1. Inschrift auf einem Wappen der heiligen Birgitta von Schweden in ihren Gemächern an der Piazza Farnese in Rom.

die Eucharistie, die Gemeinschaft der Heiligen. (Wie sollen wir Thérèse de Lisieux von den zwei heraldischen Mysterien trennen, die unentwirrbar ihren Weg der Vervollkommnung leiteten, das Jesuskind und das verzerrte Antlitz des leidenden Heilands?)

»*Ich werde den Siegern heimlich Manna und einen neuen Namen geben.*«[1] Bevor Zacharias nicht den von Gott bestimmten Namen für seinen Sohn Johannes empfangen und niedergeschrieben hatte, fand er keine Worte. Ist Gott der Täufer, und wie soll man wissen, ob der Name Josef für seine Gerechtigkeit steht oder diese für ihn, ob Lazarus – Eleazar, der von Gott wieder zum Leben erweckt wurde – nicht seinen Namen empfing, damit in ihm schweigend, von seiner Geburt an, der Ruhm des Allerhöchsten gepriesen werde?

Das Zurückweisen des Namens und des Religionsprädikates in den westlichen Orden[2] ist wohl der düsterste Verzicht auf den heiligen, kostbaren Auftrag, Schicksale zu besiegeln und zu hüten. Denn Religion ist nichts anderes als ein geheiligtes Schicksal, und der weitverbreitete Mord an den Symbolen, die nicht zu sühnende Kreuzigung der Schönheit, ist, wie ich bereits sagte, ein Ermorden und Kreuzigen von Schicksalen. Der Haß auf alles traditionelle Gepränge, das sich in Figuren darstellt, ist nur ein Aspekt jenes wilden Todestriebes, wenn auch der vielsagendste, und findet sich, bedeutenden Exorzisten zufolge, an der Wurzel jeglicher Besessenheit. Aberglaube aus Angst oder aus Logik.

1. *Vincenti dabo manna absconditum et nomen novum.* Antiphon vor den Lobgesängen am Fronleichnamsfest. (Apok., 2,17)

2. Der Name und der religiöse Namenszusatz werden in sämtlichen Orden immer mehr verdrängt. So hieß die heilige Theresia von Lisieux beispielsweise »vom Kinde Jesus und vom heiligen Antlitz«.

3

Achtet auf die Worte, bezeichnet die
Mysterien.

GREGOR DER GROSSE

... heimliche Hinweise und mysteriöse Aufrufe ...

LEO XIII

In einer berühmten Passage behauptet Proust, Stil
basiere auf dem gleichen Prinzip wie ein klassischer
Salon: auf Verzicht. Das Schicksal kleidet sich, wie der
Salon und die Dichtung in Verzichte und Verbote.
Sind die Zehn Gebote etwa keine lange Reihe von
Entsagungen (du sollst dies nicht tun, jenes nicht
sagen ...), ist das Totenbuch keine detaillierte Liste
von Verzichten (ich habe dies nicht getan, jenes nicht
gesagt ...)? Tugend ist etwas Negatives, und Dichtung ist nun einmal die Ausübung jener umfassenden
Tugend der geduldigen Anhäufung von Zeit und
Geheimnis, die sich dann jäh in jenes Wunder gewaltiger Energie verkehrt, den dichterischen Niederschlag.
Es scheint fast, als sei dem Mann des Wortes, und
auf besondere Weise dem Erzähler für sein Wirken als
formbarer Ton das Schicksal gegeben. So werden
Schicksale gesponnen, verwoben, erzählt, angefangen
bei den Minneliedern und Heldenepen bis hin zu den
traurigen, betörenden Rastern der Psychologien.
Dabei weist die Geschichte des Wortes eigentlich nur
wenige wirkliche Meister der Geheimnisse des Schicksals auf; und als deren Schutzheiliger darf wohl der
Evangelist Johannes in Patmos gelten: Denn diese
Dichter spürten mehr oder weniger auf Knien, nach
jahrelangen Visionen, Sehnsüchten und Ängsten einer
einzigen, für alle gültigen Geschichte nach, jener

Geschichte, die bereits »anderswo« zu lesen stand, bevor sie sie niederschrieben in ihr Buch, deren Gestalt sie aus den Konstellationen einer Stadt erahnten, deren goldenen Klang aus den Glocken der Geschichte. Weber und Teppich zugleich, spielen sie die Melodie der Flöte und gehorchen ihr, fast wie der byzantinische Geistliche, der in einigen Zeremonien das göttliche Wirken zugleich ankündigt und berichtet. Haben sie die Leidenschaft, von der sie erzählen, in Herz und Leib einmal besiegt, betrachten sie sie mit dem sanften Mitleid der Erlösten, gleich den Verstorbenen, die von oben gleichmütig auf ihren armseligen Körper hinunterschauen. Lawrence von Arabien beschrieb in dieser Weise die erschreckend vergänglichen Taten von Männern in der Wüste, so als betrachte das Auge der ungerührten Gottheit noch einmal das Feld Josuas oder die Ebene vor Troja; er sammelte die Seufzer der Gefährtinnen, die in ihren schmerzlichen Schlummer getaucht waren, gefangen in den Särgen ihrer Leiber, und hob sie auf höhere Sphären der Sprache. Diese senkrechte Bewegung, eine Verfeinerung des Blicks, wird noch beibehalten, als die Geschichte waagerecht wird. Die Suche des arabischen Feldherrn – jenes moderne *Märchen von den drei Emiren,* wie eine Mandel in den *Sieben Säulen der Weisheit* geborgen – gehorcht denselben umgekehrten Regeln, führt ihn von Oase zu Oase, von Emir zu Emir; und als er schließlich auf wundersamen Wegen den erreicht, mit dem sein Schicksal sich erfüllen soll, verlangsamt der Rhythmus der Prosa sich drastisch, und der müde, angestrengte Blick des Reisenden im dunklen, von vielen Menschen bevölkerten Zelt verharrt plötzlich auf einer Person und sieht wie durch ein extremes Vergrößerungsglas zwei gesenkte Lider und zwei feingliedrige Hände, die mit furchtbarer Entschlossenheit um den Schaft eines Schwertes gelegt sind, das ein Stück weit aus der Scheide ragt ...

Das *Märchen von den drei Emiren* erinnert mich an das der drei Äpfel. In dieser berühmten Geschichte, die Schahrazad in der 18. Nacht erzählt, barg die Sichtweise des Volkes eine gelungene, präzise, Ehrfurcht gebietende Schicksalsbeschreibung, und nicht zufällig versuchte Hofmannsthal dies einmalige Grauen in seiner schaurig-schönen Meditation mit dem Gold seines güldenen Apfels aufzuwiegen. Eigentlich möchte ich mich – noch mehr als mit den Werken, die auf erhabene Weise ein Schicksal beschreiben, wie *Der Totenaltar, Die 672. Nacht oder Die schöne Genoveserin* – mit anderen Geschichten beschäftigen, die, gleich kleinen mythologischen Bilderrätseln, unmittelbar auf das Wirken des Mysteriums verweisen. Welch erschreckende Verse schrieb Kavafis – dieser verzweifelte Alexandriner, der wegen seines absoluten Gehörs für glückliche Vorzeichen als ein geistiger Sohn von Plutarch und Shakespeare gelten darf, jener großen Archonten des Schicksals. Welch schreckliche Verse verfaßte Kavafis vom jungen Nero, dem das Orakel zu Delphi als schicksalhaft das Alter von 73 Jahren prophezeit hatte, und der, zumal noch keine dreißig, diese Weissagung belächelte, während im fernen Gallien *»Galba, ein Greis von 73 Jahren / heimlich seine Truppen rüstete / und stählte«;* oder von Thetis, die Achill beweint, und klagt, wo, während jener fiel, sein göttlicher Beschützer Apoll sich aufhielt, dabei hatte Apoll persönlich in die Schlacht eingegriffen und den Helden durch die Hand eines Trojaners niedergestreckt ... Die schwarzen Fäden, die bei Kavafis sich tödlich verstricken, weben im kristallklaren Borges andere Gestalten: Hier rechtfertigen Schicksale einander gegenseitig und tauschen insgeheim die Masken. Die beiden Theologen, deren Feindschaft sie bis zur gegenseitigen Bezichtigung führt und schließlich tödlich endet, erscheinen vor den Augen der gleichgültigen

Ewigkeit wie ein Mann, und ein einziger, langer Blick Dantes auf die heiligen Inschriften auf dem Leoparden rechtfertigt die schlichte Verzweiflung des armen, eingesperrten Tieres. Vielleicht haben Pasternaks Romane mit dem größten liturgischen Feingefühl Kampf und Sieg einer Bestimmung offenbart, weil dies nur jemand vermag, der in eine andere Welt eingegangen ist, einer der zitternd Worte vernommen, Geheimnisse und Zeichen, Schritte und Blicke zurückgeworfen hat, die dort das Siegel des Todes aufdrükken, wo das Leben explodierte – und erneut die Schrift Gottes in Pfeilen, Sternen und Kreisen, die der Frost auf eine Fensterscheibe zeichnet. Der exemplarische Kodex jedoch, die klassische Landkarte des Schicksals, wurde bereits von einem bedeutenden Prosaisten entdeckt, dem Bankier Alphonse Maria Ratisbonne, der aufgrund eines Gesetzes unerkannt blieb, das meines Wissens von Hello verkündet wurde und besagt, daß der Duft des Göttlichen das Weltliche in die Flucht treibt. In der kurzen Schilderung seiner Bekehrung breitet auch Ratisbonne vor den Augen der Lebenden eine blendende Umkehrung des Sichtbaren aus, doch tut er dies wie einer, der gleich Lazarus in die Welt der Lebenden zurückkehrt und mit staunenden Augen das Außergewöhnliche um sich her beschaut. Ratisbonnes dichterischer Unbefangenheit legt die hinreißende Unglaubwürdigkeit einer im Jenseitigen gründenden Geschichte den eleganten Stil der Prophezeiung nahe: All die kleinen Begebenheiten in seiner Erzählung, die den göttlichen Plan vereiteln könnten; die Seele, die bis zur Offenbarung[1] von widersprüchlichen Versuchungen hin- und hergerissen wird, als sei sie ein heiß

1. Diesem Mann erschien im Jahre 1842 in der Kirche S. Andrea delle Fratte in Rom die Jungfrau Maria. Die Schilderung der Begebenheit finden wir in *Conversion de Marie-Alphonse Ratisbonne,*

begehrter Gegenstand, um den zwei Wesen sich rauften; die sich verdichtenden Fäden, der sich steigernde Rhythmus der Melodie zum Höhepunkt des Abenteuers hin, während der Spürhund der Erinnerung deren Spuren nachjagt und nahezu frenetisch all die Knoten und Schlingen rekapituliert, die wie zufällig ins Gewebe geworfen scheinen: der Zug, der nicht abfährt, die Kutsche, die die Straße versperrt, der Freund, der unerwartet auftaucht, der merkwürdige Abend und die wunderliche, schlaue Wette; und all die »geheimen Botschaften und mysteriösen Aufforderungen«, die sich in Träume, Gegenstände, in zufällig gehörte Worte mengen; und der lästige Hund, der sich in den Weg stellt, und dessen Schatten sich als das Gespenst der Vergangenheit erweisen wird, und der unbekannte Tote, der im Morgengrauen in einer düsteren Kapelle aufgebahrt wird – die lichte Gestalt des Conte de la Ferronays, der sich im Gebet für Ratisbonne geopfert hatte, ohne ihn zu kennen – das lichte Sühneopfer.

Sind die Menschen erst einmal verwandelt, dann wandelt sich auch die Welt und bevölkert sich mit Gestalten und Wundern, deren stete Nähe man nicht einmal ahnte: Gestalten, die es *schon immer gab, aber erst heute wirklich gibt.* Überall erstehen, wie ihren irdischen Leibern wiedergegeben, Orte ungeahnter Schönheit, prachtvolle Geschöpfe, deren Leben ein geheimnisvolles Fest ist im Rythmus der Gestirne, von

---

relation authentique par M. le Baron Th. de Bussière, suivie de la lettre de M. Alphonse Ratisbonne »a M. Dufriche-Desgenettes, Fondateur et Directeur de l'Archiconfrérie de N. D. des Victoires, Paris 1930.
Der Conte de la Ferronays, der tags zuvor überraschend verschieden war, wurde an jenem Tag in der leeren Kirche aufgebahrt. Wie das fließende Wasser in den klassischen Visionen lag sein Leichnam zwischen Ratisbonne und der Erscheinung.

unsichtbaren Chören besungen, und gesegnet mit ausdrucksvollen Gebärden. Der Aufruf der Flöte läßt andere Welten verstummen. Sogar ein Schriftsteller von weniger scharfer Wahrnehmung, Thomas Merton, vermochte einmal in seinem Leben (während seiner ersten Reise ins Trappistenkloster) das Gesetz der einander durchdringenden, einander vertauschenden Welten heraufzubeschwören. Er schildert, wie er einmal das berauschende Gefühl empfunden habe, die ganze Welt läge ihm zu Füßen, *nicht etwa aufgrund dessen, was er sah, sondern aufgrund des Ortes, an den er sich begeben hatte,* den archimedischen Punkt jenseits der Welt. Eine Berauschtheit angesichts der Dinge, die man nicht besitzt und nicht begehrt, die – wie reine Spiegel und Echos – auf andere Dinge verweisen, weil das Schicksal nicht im Acker liegt, den man besitzt, sondern in der Perle, für die man den Acker eintauscht. Und wenn die Seele sich mit ihrem Schicksal vermählt, vernimmt man den Beifall des Leibes: In einem Leben von unermeßlicher Härte entwickelt der Mensch, da die Welt ihn mit tausen Übeln anficht, eine enorme Zähigkeit. Der Leib, ein kluger Diener, verweigert jedem den Gehorsam, der nicht weiß, wohin er geht, und so ist die ironische Zunahme an roten Blutkörperchen bei dem anämischen Mädchen, das endlich mit Hingabe in einem Karmelitinnenkloster fasten darf, bereits ein klassisches Beispiel.

Es war der bescheidene, überragende Meister der italienischen Sprache, der jenes apostolische Schicksalsbuch hinterließ, jenes große italienische Werk, dessen Bildersprache einen fast wissenschaftlichen Begriff der Vorsehung vermittelt, in der Antike meines Wissens mit dem Begriff *economia* umschrieben. Nicht die Psychologie, nicht die Leidenschaften, nicht die Charaktere begründen ein klassisches Werk – dies Gut, das eher dem Volk als der Kultur zuzuordnen ist –, sondern das überschäumende Gefühl, einem Schicksal zu begegnen, und in den *Verlobten* gibt es keinen anderen Helden. Unentwegt kreuzen sich darin erst- und zweitrangige Schicksale: auf der einen Seite Borromeo und der Unbenannte, Stirnen derselben Herme, der Mensch, gebunden an seinen Dämon; auf der anderen Abbondio und Rodrigo, die blind ihren Leidenschaften ausgeliefert sind, Furcht oder Fleischeslust, die ihr Denken in einem fort vom *Pfade* des Psalmisten abzubringen suchen. In dieser glühenden, bitteren Glosse zum Buch der Psalmen – denn als solche ist die Ermahnung Don Abbondios zu deuten (wenn wir nicht den gesamten Roman so benennen wollen) – verkündet der Kardinal das schlichte und großartige Gesetz spiritueller Logik: Wer sich seiner Bestimmung entzieht, begibt sich automatisch in große Gefahr; den einzig sicheren Weg geht dagegen, wer einer heiligen Maske die Treue hält: Don Abbondio wäre einiges erspart geblieben, wenn er eine solche getragen hätte; da er sie aber von sich wies, mußte er nach den unbarmherzigen Gesetzen der Welt bestraft werden. Sie verkörpert der Unbenannte, dieser asketische Kondor, dies umgekehrte Werkzeug eines ebenbürtigen Gleichgewichts: seine höllischen Beziehungen, seine »düsteren Bande mit entsetzlichen Ratgebern und unseligen Dingen«. »Satanismus und Heiligkeit sind die einzig realen Dinge, beide können berauschen und dem Leben Sinn verleihen. Wahrhaft große Menschen lassen die unvollkommenen Abbilder hinter sich, um nach deren vollkommenen Originalen zu streben, und ein durch und durch triebhafter Mensch könnte als Sünder nicht größer sein, als er als Heiliger wäre« ...[1]

In den *Verlobten* gibt es noch eine weitere Figur, die den Psalmisten zitiert, und nicht aus Zufall ist ihr

[1]. Aus einer Erzählung von Arthur Machen.

Faden zart und keusch mit demjenigen Borromeos
verknüpft. Ich spreche von Lucia, deren wohlklingende Weise – sie besingt *falsche oder rechte Wege,
günstige oder ungünstige* Entscheidungen für einen Staat
oder ein Schicksal – aus den Noten von Davids Laute
besteht. Die leidenschaftliche Aufrichtigkeit Lucias ist
ohne jede Rührseligkeit und verbindet die Sichtweise
der Heiligen mit dem feinen Spürsinn des Volkes:
jener Chor, der in den *Verlobten* all denen huldigt, die
ihrem Schicksal folgen. Dies allein unterscheidet die
Gestalten Pater Cristoforos, Borromeos, Lucias und
des Unbenannten von der Masse, und ihr Schicksal
»erhitzt sich nicht an den anderen«, denn die anderen
»bekümmern es nicht«. Und weil dies Volk noch eine
Gesellschaft ist, kann es sich an dem überwältigenden
Schauspiel erfreuen, das der Ritus für alle nicht Verlorenen bietet, das es in unruhigen Zeiten an einer Predigt findet wie die von Bruder Fedele: eine geistliche
Belehrung über das Schicksal und zugleich ein kleiner
Roman im Roman, einer jener tragischen Hohlspiegel,
in denen Velázquez und van Eyck gewaltige, unsichtbare Räume einfingen.
Übrigens besaß das Volk damals ein natürliches
Gespür für die Melodie des Schicksals, und seine Sprache bezeugte dies: *Der Stern gehört ihm nicht, so soll er
das Schicksal weder verkaufen noch kaufen.* Oder: *Wer das
Land wechselt, wechselt auch sein Schicksal.* Dem Bauer
geboten sowohl Klugheit wie auch Notwendigkeit,
sich an die mehrdeutige Regel zu halten: »*Wer nicht
wirklich Hunger leidet, der soll nicht essen, und wen nicht
wirklich dürstet, der soll nicht trinken.*«[1] Das rituelle
Einerlei seiner Tage, die heilige Geordnetheit seiner

1. Sittliche Regel des orthodoxen Theologen Platon (Peter Lew-
schin), Metropolit von Moskau, 1737–1812 (P. Tyszkiewicz,
Moralistes de Russie, Rom 1951).

Felder und seine Abhängigkeit vom Rhythmus der Gestirne verbannten aus dem Leben eines Bauern jede Willkür, waren für ihn nicht weniger zwingend wie die Metrik für den Dichter oder das Brevier für den Mönch. Er lebte in einer Welt wundersamer Verwobenheiten, in einer Welt feinster Unterschiede: Die Seidenraupenzucht mußte zu Ehren des Heiligen Markus begonnen werden; die Schoten wurden gesät, wenn Venus einen leuchtenden Schönheitsfleck neben den Mund des Mondes setzte; die Speisen wurden in der Nacht der Toten großzügig auf dem Tisch belassen; man durfte dem Nachbarn für das geborgte Brot nicht danken, da Gott selbst es gegeben hatte; dasselbe galt für Hefe und Feuer; der Gottheit durfte keine Blume geweiht werden, an der bereits gerochen worden war; während der Nachtwache in der Fastenzeit durften keine unterhaltsamen Geschichten erzählt werden, nur Heiligenlegenden und Märchen ...[1]

4

> All dies hat Bedeutung, will uns etwas sagen.
>
> HL. AUGUSTINUS

Weil es Schicksale liebte, griff das Volk immer wieder auf das Märchen zurück, jenes Magnetfeld von Visionen, jenes herrliche Zusammenspiel von Symbolen.

[1]. Was das Leben der italienischen Landbevölkerung vor Napoleon anbelangt (mein Vater hat mir im übrigen versichert, daß noch in seiner Kindheit viele der alten Bräuche gelebt wurden), vgl. die anrührenden Erzählungen von M. Placucci und L. de Nardis in *Romagna tradizionale,* hrsg. von P. Toschi, Bologna 1963.

Was ist der Mythos anderes als ein versinnbildlichtes Schicksal, an dem die Natur selbst teilhat, und das aus diesem Grunde immer dort verschmäht wird, wo man die Landschaft verschmäht? Die Natur stellt Bilder.

Aus seinen Ringen lösen sich Träume und Erscheinungen, die der Abgrund, die Höhlen, die Wasser, das Wehen des Windes und die Strahlen des Vollmonds um jene Geheimnisse und Zaubereien weben, die der Geist einer Sprache aus alten Symbolen von Gläubigkeit und Grauen zieht.

Ein Sinnbild des Schicksals ist der tiefe Wald: aufgrund der Angst, die uns befällt, sobald wir ihn betreten, aufgrund seiner unüberschaubaren Weite, der zahllosen Pfade (In alten nordischen Sagen kann es zum Beispiel geschehen, daß der Held jahrhundertelang durch einen Wald reitet, ohne sich vom Fleck zu bewegen) und des schummrigen, undurchdringlichen Dämmerlichts, das weder Tag ist noch Nacht. Und in jenes trübe Licht tauchen dann die Spindeln der Begegnungen: die Kapelle des Eremiten, das Mädchen, das weinend am Bachesufer oder an einer entlegenen Lichtung sitzt, der Ritter, der sich uns im tiefen Blätterwald mit geschlossenem Visier in den Weg stellt und sowohl unser Pferd als auch unseren Atem zum Stehen bringt. Und all die Schlösser, die auftauchen und wieder verschwinden, und die Seen aus blankem Silber ohne einen Kahn zur Überfahrt, in deren Mitte ein Schwert steckt.

Das Märchen ist ein Schicksal, das sich langsam gestaltet, eine Auferstehung von Wasser und Geist, und der Held des Märchens muß mehr als jeder andere die Wendigkeit einer Schlange besitzen, die sich zum Klang der Flöte windet. Diese ertönt mehr als zuvor von allen Seiten und von keiner: in unerklärlichen Formeln, quälenden Verwandlungen, auf den Lippen der Spinnerin Moira, die nicht einmal ihren Namen verhehlt, *Fatum,* sogar im unheilvollen, erbaulichen Schweigen der Geschöpfe und Örtlichkeiten, gebannt in den klaren Bernstein der Verzauberung. Mitunter – wie in einem Vers, bekannt in Frankreich und der Romagna, in Deutschland und der Toskana – ist es die Flöte selbst, geschnitzt aus den Knochen eines Ermordeten, deren unschuldige Stimme den Toten überlebt und sein Schicksal beklagt:

O Hirte, der du mich in Händen hältst,
dein leises Flöten bewegt mein Herz!
Ich wurde getötet im Val di Sisa,
wegen einer Nichtigkeit getötet,
wegen einer Feder des Vogels Greif.
Hätten die Brüder mich darum gebeten,
ich hätte sie ihnen gerne geschenkt ...[1]

Die absolute Hingabe an eine negative Tugend, wie man sie dem Märchenhelden abverlangt, unterscheidet sich nicht von der eines Mönchs. Nach sieben Jahren, sieben Monaten und sieben Tagen des Schweigens, in der die Prinzessin aus Brennesseln hat Hemden nähen müssen, hat sie die Prüfungen von Schönheit und Angst bestanden und erlangt daher die Kraft, Versteinerte zu erlösen, Zauberschätze wieder herbeizuschaffen und aus Lebewesen anmutige Mosaike zusammenzufügen.

Die Reise des Ritters zwischen Träumen und Duellen ist, wie wir wissen, eine Reise des Geistes in Gott. Doch was überschatten die Szenen im Innern der Schlösser, die Nächte der Waffenwache, wenn nicht die liturgischen Augenblicke des Lebens: jene heiligen

---

1. In *Fiabe e leggende romagnole,* hrsg. von P. Toschi, Bologna 1963. Der Text des Märchens – *La penna dl'usell granflon* – ist in der weichen Mundart von Castelbolognese.

Räume in und außerhalb der Zeit, in denen die Menschen sich versammeln, um in einer stilisierten Mimesis ihren Bund mit Gott zu erneuern? Die einleitenden Verse der Artussage – darin wird beschrieben, wie in der Burg Monsalvasch der Heilige Gral, bedeckt mit weißem Brokat, durch den atemlosen Saal getragen wird (eine Szene, die Schicksale weckt, weil bald darauf die Ritter erklären, sie wollen sich auf die Suche danach begeben) – haben einen Ursprung, der zugleich ihr Ziel ist: das in strengstem Schweigen zu vollziehende Umbetten des Heiligen Kelches in den byzantinischen Fastenriten, *den man nicht einmal betrachten darf,* und den zuletzt ein Geistlicher mit einem purpurnen Schleier verhüllt.

5

Man kann das Andenken an die
Begegnung nicht wahren,
wenn man nicht in die Dunkelheit
der Symbole eintaucht.

LOUIS MASSIGNON

Immer wenn ein Mensch angerührt wird von jener zarten, zerstörerischen Musik, und er den rechten Ton finden will, um in sie einzustimmen, dann ist er nicht etwa aufgefordert, »Worte zu äußern, sondern etwas zu tun, den Körper zu bewegen«[1]. So wurde Abraham befohlen, auf schnellstem Wege das Land zu verlassen, Moses, sich barfüßig auf den glühenden Boden des Dornbusches zu stellen, den Jüngern, das Brot zu brechen, und den Angehörigen der Auferweckten, diese mit Speisen zu stärken. Um sich diese beängstigende

1. Hélène Lubienska de Lanval, *La liturgie du geste,* Paris 1958.

Vertraulichkeit mit dem Schicksal zu erhalten, wiederholt der Mensch die eine Geste, gibt sie weiter an seine Nachkommen. Tägliche Auferstehung, dank der sublimen Stilisierung bedeutsamer Worte und tragischer Gewänder und all jener Momente, die das Rad der menschlichen Zeit jäh zum Stillstand brachten. Nichts anderes scheint sie für den Menschen zu sein, die Geburt des Ritus.

Und doch ist der Ritus mehr als dies, weil in ihm das Schicksal aller Schicksale, das Märchen aller Märchen aus der Erinnerung herübergeholt wird in die Gegenwart; ihm kann das unbefleckte Ohr nicht widerstehen, und alle Märchen dieser Welt führen darauf hin, nehmen insgeheim darauf Bezug, auf die Erlebnisse eines Gottes auf Erden. Wie der Fakir, der sich all seiner Güter entledigt hat, richtet der Erlöser-Gott in Gestalt des gehorsamen Sklaven sein seliges Tun nach der Stimme des anderen Fakirs, des Schöpfer-Gottes. Beschwörer und Beschworener werden eins in einer tödlichen Opferung, und das Johannesevangelium ist nichts anderes als die Niederschrift, die irdische Partitur des Tanzes der göttlichen Schlange, der Schatten, den ihr himmlisches Ebenbild auf die Erde malt. *»Ich selbst kann gar nichts tun, ich urteile nach dem Willen des Vaters ...«* (Joh., 5, 30); *»Der Sohn ohne den Vater vermag nichts, er kann nur tun, was er den Vater tun sieht; was immer dieser tut, tut auch der Sohn ...«* (Joh., 5, 19).

Altes und Neues Testament scheinen das Wort Schicksal nicht zu kennen, doch wovon sonst sollte die Rede sein, wenn nicht von diesem unveräußerlichen Gut, wenn es heißt *pars mea, hereditas mea in aeternum?* Und wieder ist es Christus, der als erster jene Saite anschlägt und zum Klingen bringt, und ihr leidenschaftlicher, tiefer Ton wird sein gesamtes irdisches Dasein begleiten:

»Was kümmert uns beide dies, Weib? Meine Stunde ist noch nicht gekommen« (Joh. 10, 4); *»Ich werde nicht gehen ... denn meine Zeit ist noch nicht erfüllt«* (Joh. 7, 8); *»Es kommt die Stunde, da der Menschensohn verherrlicht werden wird«* (Joh. 12, 23); *»Meine Seele ist zutiefst bestürzt. Was soll ich sagen? Vater, laß' diesen Kelch an mir vorübergehen«* (Joh. 12, 27); *»Jesus, der wußte, daß seine Stunde gekommen war, in der er von dieser Welt zum Vater gehen würde ...«* (Joh. 13, 1); *»Und die Augen gen Himmel erhoben, sagte er: Vater, die Stunde naht«* (Joh. 17, 1). In dem Augenblick, in dem man ihn an den Ort führen möchte, an den viele Menschen streben, fallen die Worte von seinen Lippen (Joh. 7, 6), die für alle Zeiten die Grenze ziehen zwischen stellvertretendem und königlichem Schicksal: *»Meine Zeit ist noch nicht erfüllt, die eure ist immer bereit«.*

Kann das Schicksal des Universums nicht in dem des Gottes angedeutet sein, den ein bedeutender barocker Dichter[1] als Zenith und Antipode sah, mit Armen, die sich von einem Pol zum anderen breiteten und die Sphären drehten, bei dem Zeit und Ewigkeit sich kreuzten, der die Welt in Viertelkreise unterteilte und damit Jahreszeiten und Feste geometrisch ordnete? Rituelle Bücher – Bücher über den Tierkreis und den Kosmos – umlaufen reglos den Jahreskreis, wobei jede kanonische Stunde einen Schritt des Lichtes feiert, einen Augenblick der Schöpfung, oder den allmählichen Übergang vom Dunkel der Nacht zum Licht der Morgenröte, vom Chaos des Geistes zu dessen Erleuchtung. In der himmlischen Umlaufbahn des Sanktuariums, entlang der klangvollen Ellipse von acht Tonarten und unzähligen Tonnuancen *(Winterton, Sommerton..., österlicher, weihnachtlicher, fastenzeitlicher Ton...,*

---

1. John Donne in der Dichtung »Goodfriday, 1613, Riding Westward« *(Divine Poems).*

Ton der Bischöfe, der Gelehrten, der Bekenner ...) verbindet der Mensch das majestätisch langsame Fortschreiten der Stunden mit der Leichtigkeit des Tanzes. Die unterschiedlichen Farben der feierlichen Gewänder bringen dem Auge die Bedeutung von Tod, Läuterung und purpurner Einkehr nah. Um die unbewegliche Sonne – Christus – kreist Christus selbst, in der ernsten Maske des Priesters, mit dem Sternenkreis. Als erster Lichtkeim funkelt er im finsteren Bauch der Wintersonnwende, leidet im grausamen April, bricht aus dem Felsen hervor wie der knorrige Flieder aus seiner winterlichen Wurzel, steigt hoch hinauf gen Mittag und regnet wieder auf die Erde herab als Feuer und Regen zugleich, um zu wärmen, was erfroren war und mit sanfter Kälte die sommerliche Glut zu mäßigen.

In dieser Zeit-in-der-Zeit der Zeremonie verbündet sich das irdische Schicksal des Geopferten Opferers, »der hingibt und hingegeben wird, der darbringt und dargebracht wird«[1], mit dem Schicksal des Menschen, der ihn in jener Speisenaufnahme nachzuahmen sucht, von der die Theologie nie mehr wird sagen können, als nun die Sprache sagt, die es am meisten zu fürchten gilt: die geistvolle Schönheit der Gebärde.

Eine wunderbare Schicksalsdarstellung ist im byzantinischen Pontifikalamt die Einkleidung des Bischofs. Auch er muß sich zuerst seines Umhangs entledigen, der ein Abbild des Kosmos mit seinen vier Unterteilungen aufweist und von jener berückenden Eleganz ist, die Gott nur wenigen schillernd bunten Schmetterlingen zugesteht[2] oder dem menschlichen Geist nach

---

1. Aus der langen Anrufung Gottes während des Offertoriums in der byzantinischen Messe.

2. In den Traktaten heißt es, ein Schmetterling – das wehrloseste aller Tiere – kann sich nur durch Fortfliegen verteidigen, durch Schutzanpassung oder durch die sogenannte »Blitzfär-

tausend Jahren der Versenkung; dann beraubt man ihn nach und nach seiner Mönchsgewänder, bis er nur noch sein schwarzes Büßerhemd trägt. Diese Gestalt der Bedürftigkeit und Buße wird dann langsam, begleitet von lieblichen Gesängen und Weihrauchdüften, neu gewandet in sämtliche Vermögen und Tugenden seines göttlichen Vorbildes: in das Scharlachrot des Monarchen und Märtyrers, in die Stola des Opferers, das kurze Schwert, das auf Patmos dem Munde des Wortes entsprang: das Wort, das beschließt und richtet. Auf der goldenen Krone mit den vier Lappen prangt das Antlitz des himmlischen Königs selbst, das verirrte Lamm schläft im Pallium, auf kleinen, runden Fächern umflattern ihn die vieläugigen, vielflügeligen Cherubim, die am Thron des Lammes das Dreimal-Heilig singen. Seine Füße ruhen auf einem Teppich mit dem Bildnis eines Adlers, der seine Schwingen schützend über eine befestigte Stadt breitet: Er ist das bischöfliche Totem[3] für Hochherzigkeit und Stärke,

bung«: Wenn zum Beispiel ein Rotes Ordensband plötzlich die unscheinbaren Vorderflügel lüftet und sein herrliches, karmesinrotes »Unterkleid« zur Schau stellt, verwirrt es den Angreifer dergestalt, daß ihm genügend Zeit zur Flucht bleibt. Vergleichbare Wirkung hat der *mandyas,* der byzantinische Bischofsmantel – violettgrundig, mit breiten rot-weißen Streifen, die die »Flüsse« aus der Genesis versinnbildlichen, und mit Silberfäden durchwirkten Ecken für die vier kosmischen Quadranten –, sobald er von den Diakonen ausgebreitet wird. Der Schmetterling ist überall und zu jeder Zeit ein Sinnbild für die zarte Seele. Er kann auch für die ganz und gar wehrlose Liturgie ein Sinnbild sein.

3. Während der Weihezeremonie führt man den byzantinischen Bischof über das Bild des Adlers, von Schwanz zu Brust zu Kopf. Diese drei Phasen der Identifikation mit dem Adler sind gekennzeichnet durch drei immer eingängigere Darlegungen des Glaubensbekenntnisses. Der armenische Bischof dagegen muß drei symbolische Flüsse überschreiten: drei Wiedergeburten, die ihn schließlich dem Adler ebenbürtig werden lassen.

174

dessen Augen in die Sonne des orthodoxen Glaubens blicken können und sich daher trefflich eignen, Gottes Festung zu bewachen. Am Hirtenstab blicken die zwei Schlangen Umsicht und Klugheit einander in die Augen und formen den güldenen Griff. Ein zwei-armiger und ein dreiarmiger Kandelaber versinnbildli-chen die beiden Mysterien des Glaubens, vereint in der Person des Bischofs, die fortan die zentrale, maßgebli-che Replik der Ikone des Pantokrators sein wird, und die der Chor zurecht mit der Anrede *Despot* begrüßt. Später wird der wohlriechenden Wolke, die ihn vor Blicken schützt, seine Stimme entströmen, einen Ton tiefer als die anderen Stimmen: Der Allmächtige äußert sich in einem Flüstern ...

Doch siehe da: Kaum ist die Feier der Mysterien beendet, werden die glänzenden Hüllen wieder von ihm genommen – als müsse das göttliche Erbe wieder in den Himmel aufsteigen, wie der Gral und Longins Schwert. Die Geistlichkeit, die ihm stundenlang den Tanz der Gestirne um die Sonne beschrieben hat, gelei-tet ihn zur Schwelle der dunklen Kirche, wo er, wieder ganz in Schwarz, als ein einsamer Mönch, der sich all seiner Güter entäußert hat, zurückbleibt, um zu beten: *»Herr, unser Gott, die menschliche Natur kann das Wesen der Gottheit nicht fassen, und du hast dir ebenbürtige Despo-ten auf deinen Thron gesetzt, die unsere Leidenschaften haben ...«*[2].

Die Liturgie webt Schicksale in konzentrischen Kreisen. So verbinden vor der Weihe Fasten und innere Einkehr eng Bischof und Levithen, und der Geistliche wird an allen Tagen seines Lebens auf jenen Bischof verweisen, sei der nun unter den Lebenden oder unter den Toten, indem er ihm ein Stück Hostie

1. Gebet der byzantinischen Geistlichen bei der Weihe des Bischofs.

opfert. Als Bote und Begleiter der Seelen Verstorbener, wobei die lange Stola als der Brief zwischen Himmel und Erde erklärt wird, leitet der Diakon den Tanz der heiligen Schlangen, vermittelt zwischen den Schicksalen des Sanktuariums und denen des Kirchenschiffs. Er überbringt Botschaften: »Der Meister ruft dich«, singt er am Gründonnerstag, während er die zwölf Priester vor den Bischof geleitet, damit dieser ihnen die Füße wasche. Denn die Liturgie ist traditionellerweise nur der Schatten, den jene andere Liturgie auf Erden wirft, die oben im Himmel unablässig gefeiert wird. Die Diakone sind in diesem Schatten Engel und Erzengel und der Chor die mystischen Cherubim, die den himmlischen Herrschern huldigen, »die nun unsichtbar unter uns feiern«.

Und im äußersten Kreis ist das Volk und verknüpft sein eigenes Schicksal mit dem vollkommenen Gottes und dem vertikalen der Glaubensdiener, mit dem der Lebenden und der Toten und dem der liebenswerten Geister, die vom großen Planetarium des Tempels aus darüber wachen: Geister, auf Ikonen gemalt, auf Altäre erhoben, auf Säulen gestellt, auf Glasfenstern leuchtend, auf Sarkophagen schimmernd und sogar in dunklen, feinen Lettern auf die marmornen Fliesen geschrieben.[1] Jeder dieser Geister hat sein spirituelles Wappen, Schwert, Rad, Palme, mystisches Tier, das sein flüchtiges, frisch erblühendes Schicksal bezeugt, einzig und allgemein wie eine Rose oder ein Stern: *Stella stillans, rosa rorans*. Derlei Konzerte jenseitiger und irdischer Schicksale erreichen alle fünf Sinne, die sie in sich einsaugen, in einer Art verzückten Grauens, sozusagen als Rubati aus Stimmen, Gebärden, Flam-

1. Hier werden liturgische Elemente aus Ost- und Westkirche aufgezählt. Im Ansatz ist der Vollzug der heiligen Handlung in beiden Kirchen gleich; Statuen, Sarkophage usw. gibt es natürlich im Westen, nicht im Osten.

men und Düften, die die Kirche zur wirbelnden Glut werden lassen, zum lebendigen Webstuhl, an dessen Fäden wie Plektren die Spindeln zupfen. (In solchen Augenblicken führt die äthiopische Liturgie kosmische Instrumente ein: das Tamburin, die Zimbel ...)

Man versteht in solchen Augenblicken, wie eine Zeit der Verdammnis, in der ein jedes Schicksal verabscheut wird, das sich zart und erhaben von den anderen scheidet, jene lange Nacht ist, in der der Ritus hingemetzelt wird und die Liturgie in einem Sack verschwindet.

Was soll die »Gemeinschaft der Heiligen« anderes sein als ein fest umrissener Ort auf einem Stern, wo Schicksale sich ein Stelldichein geben, mysteriöse Speisen tauschen und in flüssiger Währung handeln? Die fürstliche Frau aus dem Volke bei Molise, die dem Fremden noch den Schatz einer dauerhaften Liebe schenken kann – ihre neun »ersten Freitage«[1] –, kennt ganz offensichtlich das Gesetz der vielsagenden, ineinander einfließenden Schicksale, von dem sämtliche Schriften singen. Dies Gesetz, nach dem die müden Seelen nur dann Ruhe finden, wenn ein Bauer auf dem Feld gebetet hat, nach dem der heilige Franz von Sales und Johanna von Chantal sich bereits vier Jahre, bevor sie einander begegnet waren, in einer Vision gesehen hatten – der Bischof von Genf kniete gerade betend in seiner Kapelle, die junge Witwe mit dem hellbraunen Haar[2] schritt über eine Lichtung – und als gehorsame

1. Die ersten Freitage von neun aufeinanderfolgenden Monaten, die traditionellerweise der Herz-Jesu-Verehrung geweiht waren.

2. Der Satz, mit dem Franz von Sales Johanna von Chantal beschrieb, als er sie während seiner Fastenpredigt zum ersten Mal sah, lautet folgendermaßen: »Quelle est cette jeune dame claire-brune, vêtue en veuve, qui se met opposite au sermon et qui écoute la parole de verit;e si attentivement?« (Abbé Bougaud, *Histoire des origines de la Visitation*, Paris 1886).

Schlangen ihre ganze Existenz fortan auf die unerklärliche Zusammenkunft richteten.

6

Der Meister ruft dich ... er ruft
deinen Namen.
JOH. 2, 28. 10, 3

Ein jeder versuche, seines wahren
Namens habhaft zu werden.
HEILIGER ANTONIUS

Der Klang der Flöte mag in weiter Ferne liegen. Fast
immer ist er nahezu lautlos, zerreißt auf schreckliche
Weise die tausend Stimmen der Zeit, das vielstimmige
Konzert der Welt, das mit mißtönenden Weisen betört.
Ihre Klage ist wie ein im Traume vernommener Ton,
wie die Stimme der süßen kleinen Nachtigall, deren
diamanthelles Singen alle Geräusche des Waldes verstummen läßt.

Wer auffährt bei diesem zarten Stich, dessen Gehör
ist geübt in kontemplativer Versenkung. Man braucht
hierzu die geschärfte Aufmerksamkeit der Askese,
weil der Klang beständig zerrissen, zerstückelt und
zerstreut wird vom Brausen der äußeren Welt, und
man ihn leicht für ein Ohrengeräusch hält. Andere
Stimmen, andere Flöten heucheln unaufhörlich dieses
Feuer, das erloschen ist, wenn man es nicht hört, und
ihre falschen Konzerte waren wohl selten überzeugen-
der als heutzutage.

Überall werden gefälschte Schicksale, eine erdrük-
kende Vielzahl an Möglichkeiten feilgeboten, ange-
priesen, eine Anregung um die andere, ein Zublinzeln
um das andere: Wer hat behauptet, man könne nicht

Dichterin sein und zugleich Dame von Welt, nicht Mutter und zugleich Circe, nicht Priester und zugleich Abenteurer? Warum sollen sie nicht dein werden, jene unbekannten Länder, jene Gewänder mit dem fremden Duft, jene Sprache, jene Quelle, jenes Abenteuer: auf der Stelle, blindlings, käuflich? Warum Shanghai und nicht Borneo oder die Antillen? Warum ein Totem, ein Dämon, ein Name? Eine Bestimmung für alle Zeit? Pasternak trieb diesen Teufel mit vier Zeilen aus:

> Laß Leeren in deinem Leben ...
> und zögere nie, ganze Abschnitte,
> ganze Kapitel aus deinem Dasein
> zu streichen und aus deinem Los. [1]

Die kleine Schlange zu lehren, ihre Schlingen nur für die Musik zu lösen, die zurecht Macht hat über sie, sie zu lehren, »nicht ohne Hunger zu essen, nicht ohne Durst zu trinken ...«, nur diese Art von Erziehung lohnt die Mühe, weitergegeben zu werden.

Für jeden Wanderer gibt es eine Weise, eine Melodie, die nur für ihn bestimmt ist, für ihn und niemand sonst, die ihn sucht, sobald er zur Welt kommt, und ihm über die Jahrhunderte folgt, *pars, hereditas mea.* Wie und wo soll er sie erkennen?

In den Stimmen der Toten vor allem, deren Gebeine er zuweilen, wie die Flöte des Ermordeten, leise singen zu hören glaubt. In den vier Schätzen, die die Toten uns vermachen, für die es sich durchaus lohnt, das eigene Leben hinzugeben, wenn außerhalb ihrer das Leben ein toter Stern ist: Die Landschaft, die Sprache, der Mythos, der Ritus. Beim feurigen Klang der Flöte

---

1. Aus dem Gedicht *Fama* (1956), das mit dem Vers beginnt: »Es ist ungebührlich, berühmt zu sein.«

heben die vier Sphinxenschwestern in unserem Blut erneut das Haupt, beginnen im Sand unserer Gedanken zu raunen wie das Wasser in den Tiefen einer Zisterne. Auch in den Zeichen und Mysterien, in den Mahnungen und Anregungen: das Gleichnis, das uns jahrelang wie ein lästiger Gast immer wieder heimsucht, die Kapuze tief über die Augen gezogen; Kinder, die immer wieder jenes einzige, einzigartige Märchen von den Großeltern verlangen, erregend und köstlich, es in Spielen darstellen, in Träumen suchen: das heraldische Märchen, dessen die Kindheit sich schmückt, weil sie im voraus darin ihr künftiges Wappen erkennt, so daß der Knabe, dem ein schwieriges Schicksal voller schmerzlicher Wandlungen beschieden ist, sich immer wieder das *Häßliche Entlein* erzählen lassen wird, das kleine Mädchen dagegen eine Geschichte mit verborgenen Diademen erwartet, mit stiller Pracht, und sich deshalb nicht mit der *Gänsemagd* bescheiden wird (»O Falada, da du hangest, o, Jungfer Königin, da du gangest ...«).

Warum dies blinde, beharrliche Wenden der eigenen Schritte hin zu einer bestimmten Straße, den Blick magnetisch auf den Plan einer schüchternen Stadt geheftet? Warum hüpft der kleinen Alacoque das Herz vor Freude, als sie den Namen *Paray-le-Monial* hört,

1. Als sie den Ort zum ersten Mal nennen hört, an dem ihr die Offenbarungen zuteil werden sollen, die ein jeder kennt, schrieb die heilige Marguerite-Marie Alacoque eine ihrer unergründlichen, unschuldigen Seiten. Darin finden sich folgende Aussagen: »On me proposa plusieurs monastères auquels je ne pouvais me resoudre: mais aussitôt qu'on me nomma Paray mon coeur se dilata de joie et j'y consentis ... Et quoique (on m'en put) dire, mon coeur était insensible et s'affermissait tant plus en sa résolution, disant toujours: ›Il faut mourir ou vaincre‹ ... Mais je laisse tous les autres combats que j'eus à soutenir pour venir au lieu de mon bonheur, le cher Paray, où d'abord que j'entrais au parloir, il

den sie doch gar nicht kennt?[1] Fühlte der letzte Zar Rußlands erbleichend den tödlichen Stich der Spindel, die sich zweimal an derselben Stelle in das Gewebe bohrt, als er die Schwelle zu seinem *martyrion* betrat, das Haus des sibirischen Kaufmanns Ipat'ew – er, der letzte Abkömmling einer Dynastie, die dreihundert Jahre zuvor in dem alten Kloster Ipat'ev in Kostroma gegründet worden war?

Der sanftmütige Bischof Polycarpus fühlte ihn gewiß, als er aus Liebe zu seiner Herde während einer Verfolgung floh; betend fiel er in einen Halbschlaf, und da sah er, wie das Kissen, auf dem er betete, von Flammen umzüngelt war, und er sprach: »Alles ist vergebens, ich werde auf dem Scheiterhaufen sterben«; und als die Seinen versuchten, ihn von diesem Glauben abzubringen, nannte er ihnen lächelnd den Zenturio, der unten bereits seiner harrte: Herodes. Und gewiß fühlte den Stich auch der christliche Katechumene, dem als Knabe das Herz stillstand, als man das Allerheiligste öffnete, und der eine unsägliche Enttäuschung verspürte, als man *lediglich* die Gesetzesrollen daraus hervornahm ... Plutarch, Shakespeare, Borges, Kavafis, Hofmannsthal und Pasternak sprachen ausschließlich von solchen unmittelbaren Äußerungen. Und vor allem sprachen jene erhabenen Bekenner des Schicksals davon, jene geistlichen Lehrer, die es nicht müde wurden, aus den Gegebeniten des Augenblicks die Schrift Gottes herauszusen.

me fut dit interieurement ces paroles: ›C'est ici que je te veux‹ ... Après quoi il me semblait que j'avais pris une nouvelle vie, tant je me sentais de contentement et de paix ... Il me fut montré que le Seigneur avait rompu mon sac de captivité et qu'il me revêtait de mon manteau de liesse, et la joie me transportait tellement que je criais: ›C'est ici où Dieu me veut‹ *(Vie et oeuvres de la Bienheureuse Marguerite-Marie Alacoque,* Band II, Paris 1956.

Damit diese Entschlüsselung nicht scheitern möge, damit aus dem Sehen ein Wahrnehmen werde (»vom Erkennen der Erleuchtungen«), hatte man noch einmal das kluge Spiel der Grenzen ersonnen, das magische Netz von Stunden, Verboten und Pflichten: Vesper und Klausur und Ton der Gelehrten, und daß nichts dich erreiche außer dem Unvermeidlichen, weil der Mensch das Seine nur vom Himmel erhalten kann.

Immer weniger Schicksale gibt es ringsum. Doch Gott weiß wahrhaft mehr davon, wenn an bereits erwähnten Orten des Grauens und der Einsamkeit ein Junge in einer Urnenhalle der Vorstadt noch die ganze Nacht über einem denkwürdigen Text grübeln kann, wenn ein Mädchen inmitten von zwanzigtausend Arbeiterinnen noch Visionen haben kann, wenn ein halb verhungerter Drogenabhängiger am Fuße des Athos landet. Nicht immer muß der, den keiner belehrte, gleich den Teufel zum Lehrmeister haben. Wir leben in einer Zeit des Ausgleichs, und wunderbare Entschädigungen werden uns noch zugestanden. Wie dem auch sei, das Erbe, das Vermächtnis des Psalmisten wird anderswo verteilt, nicht hier auf Erden.

Es ist so schön, daß meine Rolle, mein Schicksal
ein kostbares Geschenk von Dir ist...
Ich fühle Deine flammenden Hände,
die Hände, die mich halten und bergen
wie die Schatulle den Ring.[1]

1. Pasternak in dem Gedicht *Im Krankenhaus,* 1956.

MÄRCHEN UND MYSTERIUM

HIRSCHE IM GEHEGE

1

Wenn ich zuweilen schreibe, so deshalb, weil manche
Dinge sich nicht von mir trennen wollen, und auch ich
mich nur ungern von ihnen trenne. Schreibe ich sie
nieder, dringen sie über die Feder und die Hand – wie
durch Osmose – für immer in mich ein.

Im Zustand der Freude befinden wir uns in einem
Element, das sich Zeit und Wirklichkeit enthebt und
dennoch gegenwärtig ist und wirklich. Mit loderndem
Geist sind wir imstande, Mauern zu überwinden.

Da gibt es die wunderbare Geschichte über den Pharao
Mykerinos, den die Götter zu einem frühen Tod ver-
dammt hatten. Keine Gnade fand vor ihren Augen
seine sanftmütige Milde, die dem tragischen Schicksal
Ägyptens nicht gerecht werden konnte nach den
Tyrannen Cheops und Chephren. Und so ließ dieser
Herrscher seine Paläste und Gärten im Licht von tau-
send Lampen erstrahlen. Indem er also die Nacht zum
Tage machte, verblieben ihm statt der ihm zugebillig-
ten sechs Jahre noch ganze zwölf zu leben.

Dies muß ein Gleichnis sein für den Dichter, diesen
unfreiwilligen Feind des Gesetzes von Notwendigkeit.
Was kann der Dichter, der zu Unrecht bestraft wurde,

anderes tun, als die Nacht zum Tage machen, die Finsternis zum Licht? Er muß dem Leben das bewahren, was es uns vergebens versprach, wie Hofmannsthal sagen würde.

Die Liebe ist in ihrem Wesen tragisch, weil von ihr – und nur von ihr – der Pfeil unserer Gegenwart fortfliegt, um sich in die Zukunft zu bohren: und so mit einem Schlag den gesamten Raum überwindet, den wir langsam, Schritt für Schritt, gehen müßten, uns ein unbekanntes Ziel steckt, dem sich unsere Seele in keiner Weise entziehen kann.

»Ich setzte die Füße in jenen Teil des Lebens, über den man nicht hinausgehen konnte, vor lauter Verlangen nach Rückkehr.« (Dante, Vita Nuova)

»La grande énigme de la vie humaine ce n'est pas la souffrance, c'est le malheur.«[1] (Das große Rätsel des Lebens ist nicht das Leiden, sondern das Unglück.)

Nur wenige machen diese Entdeckung, obgleich sie vielleicht der einzige feste Boden ist, der sich dem Fuß bietet. Man könnte das Reich menschlichen Leids einteilen in Unglück der rechten Hand und Unglück der linken Hand. In der Antike waren diese heiligen Metaphern bekannt, außerhalb derer es keine Erklärung gibt. Das Unglück der rechten Hand verhält sich zu dem der linken wie eine Wunde, mit blankem Schwert geschlagen, zum Versinken im Treibsand oder zum Verdursten in der Wüste.

Armut, Abschied, Verfolgung, der eigene Tod gelten als Unglück der Rechten. Viele Gedichte, die schönsten von allen, singen davon. Das Unglück der linken Hand bleibt fast immer stumm. Wenige Menschen entkommen wie Jonas dem Bauch des Leviathan, um anschließend davon zu erzählen. Es ist das

1. Simone Weil, *Attente de Dieu.*

Wunder von *Philoktet und Richard III.,* das Wunder in *Monduntergang* und in den letzten Versen Hölderlins. In *Eine Liebe von Swann,* in *Zimmer Nummer 5* und in dem herrlichen Sonett Gasparas: »*Signor, io so che in me non son più viva.*« (»Herr, ich weiß, daß ich in mir nicht mehr lebe.«

Nur weniges, und im Abstand von Jahrhunderten. Wie bei Phoenix erstrahlt dort das Leben jenseits der eigenen Asche.

Der Kritiker ist ein Echo, sicherlich. Aber ist es nicht vielleicht auch die Stimme der Berge, der Natur, an die die Stimme des Dichters sich wendet? Steht der Kritiker seinem Dichter nicht in der Weise gegenüber wie der Dichter dem Ruf seines Herzens? Er muß ihn daher, um überhaupt von ihm sprechen zu können, auf innige Weise erlitten haben: Nur so kann er ihn abbilden, nicht wie sein Spiegel, sondern eben wie ein Echo: beladen und durchdrungen von dem gesamten Weg, den dieses in der Natur, von einer Stimme zur anderen, hat durchlaufen müssen.

Die Methode, die ein Dichter zur Verfügung hat, um aus getaner Arbeit neue Erleuchtungen für seine Sinne zu schöpfen, ähnelt der Art und Weise Münchhausens, mit der dieser an einem Seil zum Mond hinaufkletterte: das Seil über seinem Kopf mit dem Stück verlängernd, das er unter sich abgeschnitten hatte.

Reine Poesie ist hieroglyphisch: entschlüsselbar nur mit Hilfe des Schicksals. Jahrelang betrachtete man verzückt die Schönheit der Enten, der Bogenschützen, der hunde- oder vogelköpfigen Götter, und ahnte nichts von deren bedeutsamer Aneinanderreihung. Wieviele Male schon ließ ich mir immer und immer wieder gewisse Zeilen durch den Kopf gehen: »*O città*

io t'ho scritta nel palmo delle mie mani«[1] (Oh, Stadt,
du stehst mir in den Handflächen geschrieben), »*This
day I breathed first, time is come round…*«[1], »*L'essere morti
non ci dà riposo*«[2] (Tot zu sein gibt uns keine Ruhe).
Doch um ihren geheimen Zusammenhang kreise ich
blind, weil mein eigenes Los mir nicht den Schlüssel
bot, so als kreise ich um eine bebilderte Säule und
sähe zur Zeit immer nur eine Figur: den Schreiber, die
Schlange, das Auge.

Hieroglyphische Dichtung und Schönheit: untrennbar
und doch vollkommen unabhängig eins vom andern.
Die Richtigkeit eines Textes zu erahnen, lange bevor
seine Bedeutung einsichtig wird, dank des reinen
Klangs eines höchsten Stils, der seinerseits nur einem
richtigen Gedanken entspringen kann. »*La mente mia
trafitta e dirubata / da' ladri miei pensieri/ che m'han pro-
messo il tempo e non atteso …*«[3] (»Mein Geist durchsto-
chen und beraubt / von meinen diebischen Gedanken,
/die mir Zeit versprochen und nicht gewartet haben«).
   Wie in der Natur, die nur aus echter Notwendigkeit
heraus schön ist, ist auch in der Kunst die Schönheit
eine zusätzliche Gabe: die unvermeidliche Frucht ideel-
ler Notwendigkeit.

Tiefe Straßen, reißend zwischen lichtlosen Häusern,
die Straßen der Armen von Masaccio. Tag für Tag
gehe ich sie, die Straßen des Viertels San Frediano.
Doch im Fresko sind es beliebige Straßen der Armen:
in Florenz oder Jerusalem, Rom oder Palmyra. Und
doch wären sie das nicht, wenn sie nicht zuallererst

1. *Buch Isaias,* 49, 16.
2. Shakespeare, *Julius Caesar.*
3. Luzi, *Primizie del deserto.*
4. Fresconaldi, *Rimi.*

und bis in die kleinste Ritze die Straßen von San Frediano wären: wo noch heute an manch einem Wintermorgen der Schatten des Knaben die Treppe der Carmine-Kirche hinaufzuflüchten scheint, immer vier Stufen auf einmal nehmend.

Ich kenne keine universelle Poesie, die nicht irgendeinen präzisen Ursprung hätte: eine Treue, eine Wiederkehr.

Saveur maxima de chaque mot.[1] Als ich über den Sinn dieser Worte nachsann, schien es mir, als bräuchte es, um diesen intensiven Geschmack zu erzeugen, die vereinten Kräfte des Lebens und der Seele: Gewalt und Sanftmut, Langsamkeit und Schnelligkeit, das Unvorhersehbare und das Unvermeidliche, Verwurzelung und Leichtigkeit.

Dieser intensive Geschmack läßt sich niemals in ausgefallenen oder modischen Wörtern finden – in Wörtern, deren Ursprung nicht zu ermitteln ist, Wörtern, die Macchiavelli der Kuppelei bezichtigte – sondern in den reinen, ursprünglichen – wirklichen –, von unbändiger Lebenskraft zum Keimen angehalten und in der Klarheit des Geistes erblühend wie Blumen. Blüten-Wörter, von Vokalen und Konsonanten skandiert wie Blütenblätter und Adern. *»O mein Herz, wird untrügbarer Kristall / in dem das Licht sich prüfet ...«*[2]. Oder: *»Tearful city / whose stars / of matchless splendor / and in brightedged / clouds ...«*[3].

Oder auch: *»dans l'air liquide et glacial ... comme dans une coupe d'eau pure, les narcisses, les jonquilles, les jacynthes ...«*[4]. (Oder einfach: *»Je demandais à Albertine*

1. Simone Weil, *Cahiers.*
2. Hölderlin, *Vom Abgrund nämlich ...*
3. W. C. Williams, *Perpetuum mobile, the City.*
4. Proust, *Chroniques.*

189

si elle voulait boire. Il me semble que je vois là des oranges et de l'eau, me dit-elle, ce sera parfait«).[1]

Harun al Raschid: ewiges und betörendes Bild des Künstlers. Die ganze Nacht durchstreift er die Gassen in Kaufmannsgewändern, stellt sich auf die gleiche Stufe mit den Geringsten der Lastenträger, Matrosen und Diebe, setzt mit ihnen sein Leben aufs Spiel oder riskiert das Abhacken der Hand. Und bleibt doch immer der Kalif: Am Morgen wird er wieder auf dem goldenen Thron sitzen und die Verantwortung tragen für das Schicksal, den Sinn all jener Existenzen.

Die Kraft seines Zepters liegt darin, es gleich Prosperos Zauberstab Nacht für Nacht fortzuwerfen.

Die Wahrheit, die stets um ein weniges größer ist als das Wahre. Die Wahrheit, die in *exakten Hyperbeln* spricht. »Tragt meinen Leichnam fort« sagt Ödipus.

2

Die Dichtung bietet nur Essenz, wenn sie reine Schönheit ist, also Natur. Die frühen Chinesen geben Epigramme unserer Herzen: Ihr inneres Universum drückt sich im äußeren Bewegungsvorgang aus, die finstere Nacht in der Schneelast auf einem Bambuszweig, im überlangen Fasanenschwanz. Tao selbst leuchtet dort, »aus diesem Gebüsch«.

Prousts unausgefeilte Jugenddichtung regt uns an. *»Mein Herz hüllt sich in die Haut eines Pfirsichs / um der Farbe deiner Wangen zu gleichen«.* Mit sechzehn Jahren wird man zu ihr geführt, unbewußt wie zu den Chinesen. Verschlungen von der Scheu der Unschuld ver-

1. Proust, *Sodome et Gomorrhe.*

webt man die eigene Ewigkeit mit dem Regen, mit goldenen Khakifrüchten, die vom Baum fallen. Später müßte man imstande sein, dasselbe wissend zu tun. Die schwer zu erlangende Scheu des vollendeten Bewußtseins.

Proust: das lange Gedicht des ursprünglichen *Mana,* der zur Zauberkraft erhobenen Lebensenergie. Gedicht der Gezeiten: Personen, Orte, Worte, Melodien, zuerst erfüllt von jener Kraft, dann ihrer beraubt. Unter der funkelnden, fürchterlichen Woge des *Mana* sprechen die Felsen, wandelt Sand sich zu Gold, ist alles im Fluß, in Verbindung, im Wandel, hüllt den Menschen ein und beherrscht ihn, bestimmt über Leben und Tod. Alles strandet, wird Fossil, versandet, erstarrt in gleißender, knöcherner Weiße.

Prousts wunderbare Zeremonie ist Beschwörung und Wiederbelebung des *Mana* durch den Hexer, mit Hilfe heiliger Gegenstände: der Weißdorn, *la bille d'agathe, la petite phrase de Vinteuil.* Wie in polynesischen Ritualen der Splitter eines Knochens oder der Abdruck eines menschlichen Fußes im Lehm.

All das Unsagbare, all die unfaßbaren, subtilen Verästelungen in Prousts Analyse werden aus der Synthese geboren und kehren in die Synthese zurück. Ihr weiter Bogen spannt sich von Gegenstand zu Gegenstand – ein höchst passender Vergleich –, wie der riesige Geist aus der Flasche wieder in diese Flasche zurückkriechen muß, um dem Menschen dienlich zu sein. Nicht umsonst entsteht das gewaltige Buch aus einem Schluck Tee, aus einer Lethe in der Tasse.

Es ist dieser große, unaufhörliche Vorgang im Inneren der Figur, der uns eine Lektüre von Proust auf allen Daseinsebenen ermöglicht, wenngleich er selbst viele davon ausschließt. Dies stellt ihn mehr in die

Reihe der Dichter als in die der Erzähler: Proust ist eher Mittler und Seher als Zeuge.

Das Werk Prousts ist vor allem ein Unterfangen von höchstem Adel, die Heldentat eines fahrenden Ritters, der ausgezogen ist, einen sterbenden Glauben zu verteidigen, ein leuchtendes, leeres Grab. Damit ist nicht nur seine eigene untergehende Welt gemeint, sondern vor allem auch seine herrliche Sprache, eine Sprache reinster Vollendung, in der er unentwegt, mit der Leidenschaft des letzten Lebewohls, aristokratische und volkstümliche Stile vermengte (das Französische läßt sich nur von der Herzogin de Guermantes oder von der Bauersfrau Françoise erlernen). Eine Sprache, die gerade noch bewahrt werden konnte, und die dadurch all die anderen Dinge, selbst die unedelsten, zu retten vermochte, die von ihr bezeichnet wurden, weil sie sie mit ihrer Kraft und ihrer Reinheit auf eine Ebene hebt, auf der nichts sie mehr verunreinigen kann.

Oft gestaltet sich dies Lebewohl wie eine lange, wehmütige Prozession von Symbolen: »*Tous les beaux noms éteints et d'autant plus ardemment rallumés ... de sorte que ce fut devant la porte comme une récitation criée de l'histoire de France*«.

Des Dichters Aufgabe war es einst, die Dinge zu benennen, die Welt zu Bildern zu ordnen: wie beim ersten Mal, wie am Tage der Schöpfung. Heute scheint es seine Aufgabe, den Dingen Lebewohl zu sagen, sie den Menschen ins Gedächtnis zu rufen, zärtlich, wehmütig, bevor sie dann für immer erlöschen. Er muß ihre Namen auf das Wasser schreiben, auf die Woge womöglich, die sie schon bald mit sich fortspülen wird.

Ein schattiger Park, der grüne Spiegel eines Sees, auf dem schöne Enten aus goldbraunem Samt schwimmen, mitten im Herzen der Stadt, des Sturms in asphaltierter Rüstung. Wer dächte wohl bei diesem Anblick nicht: der letzte See, der letzte schattige Park.

Wer sich dieser Tage dessen nicht bewußt ist, ist kein Dichter dieser Tage.

In der Poesie, wie im Verhältnis der Menschen zueinander, stirbt alles, sobald die Technik in Erscheinung tritt. Echte Bildung des Geistes hatte seit Anbeginn der Welt kein andres Ziel als den Untergang der Technik, jener traurigen Lebenstüchtigkeit, die das Kind, dem alles von Natur aus gelingt, eines Tages von den Erwachsenen erlernen wird. Hat der Mensch die Schwelle der Unschuld überschritten, so wird er dieser Lebenskunst beraubt, wie die alten Gepflogenheiten im elterlichen Heim ihrer bunten Blumen oder des gejagten Hirsches. Diese Reise ist notwendig, nur muß sie ein gutes Stück über die Rose oder den Hirschen hinausführen, hinein in die finsteren Höhlen des Schreckens, wo die Lebenstüchtigkeit sich auflösen wird wie Wachs, das – wirklich oder metaphorisch – mit den vier Elementen in Berührung kommt.

Erst dann kann der Mensch auch jenseits der Technik natürlich werden, wie er es als Kind diesseits von ihr war. Doch seit längerer Zeit scheint der Mensch in seiner Technik eingeschlossen wie ein Insekt im Bernstein. Die Wege hin zum Wasser und zum Feuer – sogar zur Erde und in die Lüfte – sind ihm längst versperrt. Seinen Garten umgibt eine hohe Mauer, die nichts Neues darin gedeihen läßt, »es sei denn, ein Vogel ließe ein Samenkorn fallen«.

Kinder besitzen geheimnisvolle Sinne, die Vorgänge erahnen und wiedererkennen können. Als ich sechs Jahre alt war, las ich immerzu Märchen, wobei ich ganz bestimmten Bildern den Vorzug gab, die für mich gleichsam Embleme waren, Losungen, die ich irgendwann *wiedererkennen* sollte. Das Gespräch unter dem dunklen Stadttor zwischen der Gänsemagd und dem Pferdeschädel: »Ach Falada, da du hangest ...« »Ach Jungfer Königin, da du gangest ...« Eine Geschichte, die mir an allen Ecken und Enden des Lebens wiederbegegnet, als warte sie darauf, mit Hilfe von neun Schlüsseln entriegelt und auf neun Ebenen zugleich gelesen zu werden.

So existiert auch in der Dichtung die Form vor der Idee, um jene später in sich aufzunehmen. Jahrelang kann sie den Dichter verfolgen, bekannt und märchenhaft, vertraut und beunruhigend, ist oft ein Bild aus frühen Kindertagen, der eigenartige Name eines Baumes, die Beharrlichkeit einer Geste. Sie wartet geduldig auf den Zeitpunkt, an dem die Enthüllung sie mit Bedeutung füllen wird. Bei Proust liegt das Wesen der Dichtung im Geheimnis der Form, die unversehens mit Sinnhaftem überflutet wird und immer wieder auftaucht, so als betrachte man sie von den Wegbiegungen eines Gebirgspfades aus.

Und dennoch liebe ich meine Zeit, weil alles in ihr vergeht, und sie vielleicht gerade aus diesem Grunde die rechte Zeit für das Märchen ist. Damit meine ich nicht etwa die Epoche der fliegenden Teppiche und magischen Spiegel – die hat der Mensch ein für allemal zerstört, als er sie maschinell herstellen ließ – sondern die Zeit der fliehenden Schönheit, der Anmut und des Mysteriums, die gleichermaßen im Verschwinden begriffen sind wie die geheimen Erscheinungen und Zeichen im Märchen: all das, worauf bestimmte Menschen nicht verzichten wollen, und was sie umso mehr bewegt, je mehr es in Vergessenheit gerät. All das, wonach es sich zu suchen lohnt, wie die Rose der Schönen mitten im Winter, selbst auf die Gefahr hin, das Leben zu verlieren. All das, was sich zuweilen unter undurchdringlichen Hüllen verbirgt, in angsterregenden Irrgärten.

Reife. Der geheimnisvolle Augenblick, den niemand vor der Zeit erreichen kann, und böten ihm auch alle Himmelsboten ihre Hilfe an. So sind in alten Geschichten verschiedene Erscheinungen ebenso vielsagend wie vergebens: die Taube, der Fuchs, die Alte mit dem Reisigbündel. Dabei sagen sie alle dasselbe, sprechen dieselben warnenden Worte. Es wäre leicht, zwischen den Federn, unter dem roten Fell oder den Lumpen das blaue Kleid Moiras hervorblitzen zu sehen ...

Reife: Weder plötzliche Eingebung noch Stimmen. Nichts als ein jähes, gleichsam biologisches Stürzen: auf den Punkt, den sämtliche Sinne zugleich erreichen, damit die Wahrheit Natur werde.

Als erwache man eines Morgens und beherrsche eine neue Sprache. Und die Zeichen, die man so oft sah, bilden endlich Worte.

Reife bedeutet, der Welt, die uns von allen Seiten anficht (auch und vor allem die Welt der Schönheit), unentwegt nur das zu entziehen, was von vornherein unser war, für uns »bestimmt« ist.

Es ist, als müsse man beständig, auf dem Gipfel des Berges, dem Versucher widerstehen.

Die Liebeslieder des Johannes vom Kreuz. Hätte er uns nicht den Sinn dieser drei langen Abhandlungen offenbart, wie hätten wir sie wohl gedeutet? Seine Beschreibung des Hochzeitslagers *»de cuevas de leones enlazado / de mil escudos de oro coronado«*. Ebenso schildern uns Märchenerzähler ihre dunklen Nächte, ihre Bestei-

gung des Berges Karmel. Nur die Kommentare lassen
sie fort. Sie zu erstellen ist unsere Aufgabe.

»los ojos deseados / que tengo en mis entranas dibujados«.
Wie beharrlich und glücklich die Mystiker doch im
erotischen Wortschatz verweilen! Und wie wenige
Liebende wagen sich in den übernatürlichen!

In einer nicht ersonnenen Verbindung – einer Verbindung, in der das Spiel der Kräfte keine Gültigkeit
besitzt – hält kein Gefühl, kein Gedanke sich lange Zeit
isoliert, sondern verkehrt sich schon bald in sein
Gegenteil. So wird aus Hunger Sattheit, aus Wille
Zustimmung, aus Schmerz ein vollendetes Lebensgefühl und aus Demut eine Gnadenkrone, unentwegt
angenommen und geschenkt. Nur Gefühle oder Gedanken, denen nicht genügend Zeit gegeben ist, sich
am Ergebnis zu besudeln, wird Dauerhaftigkeit verheißen und Entfaltung in Reinheit. Der beständige,
harmonische Anstoß von Gegensätzen bringt den
Geist zu einer Art glühender Reglosigkeit, füllt ihn bis
zum Rand mit einem Leben, das nicht überströmt,
weil seine eigene Bewegung es daran hindert. »Vom
Kreismittelpunkt bis hin zu seinem Rand und vom
Kreisrand bis hin zu seinem Mittelpunkt / bewegt in
einem runden Gefäß sich das Wasser / je nachdem, ob
es außen oder innen gestört wird.«
Nur auf diese Weise und innerhalb dieses Kreises
kann die Liebe leuchten, ohne zu verderben. *Mais une
amitié pure est rare.* Wie reine Dichtung. Weil diese nach
denselben Gesetzen lebt.

3

»Jedes bedeutende Gemälde widersetzt sich der Malerei, bringt sie zum Wanken.«[1]

So trage ich jedesmal, wenn ich ein bedeutendes Buch lese, zur Vernichtung der Sprache bei, denn ich sehe das Wort über allen Sprachen schweben und nicht in einer einzigen ruhen, wie die Sprache Dantes über allen italienischen Mundarten schwebt.

Welch ein geheimnisvolles Vertrauen bindet den hervorragenden Schriftsteller an seinen Leser, und welch ein Abgrund trennt ihn doch zugleich von ihm. Es ist der vertrauliche Ton des privaten Gesprächs, den nur der König gestattet: voller versteckter Andeutungen und zartfühlender Fragen, deren man sich entsinnt bis ins hohe Alter und den Enkeln davon erzählt, wie von der Begegnung mit Heinrich V. auf dem Feld von Agincourt. Vom ersten Vers der *Commedia* bis hin zum letzten Brief eines Pasternak findet man sie, diese erhabene Lässigkeit, diese vertrauliche, würdevolle, sanfte Distanziertheit.

Überragende Schriftsteller sind es, denen wir gehorchen, noch ehe wir sie recht verstehen, deren Hinweise wir flugs begreifen müssen, weil wir sehr gut wissen, daß sie, wenn sie im Singular sprechen, vor Gott Rechenschaft ablegen für die gesamte Gemeinschaft.

Woran mangelt es der hübschen Prosa von X, um wahre Literatur zu werden? Ich finde kein anderes Wort dafür als *Zeremonie*. Noch nie gab es höchste Literatur ohne Zeremonie, auch wenn sie in der Konvention eines Flüsterns verborgen war. Zeremonie in Vollendung finden wir in den erhabenen gotischen Terzinen Dantes; auch in Tschechow ist Zeremonie, eine ländliche Kapelle, wo das regnerische Scharren

1. Vgl. Goya, *El sentimiento de la pintura.*

der Gläubigen – zerstreute Hypochonder, zerrissen von Überdruß und Elend – unversehens vom byzantinischen Gesang übertönt wird, in dem jahrhundertealte Gebärden enthalten sind. (Und es ist ohne Belang, ob es sich dabei um eine Gitarre im Garten handelt, den der Tod bedroht, oder um einen Windhauch, der ein Lächeln verweht). Für Williams war es nicht minder zeremoniell, ein rotes Alpenveilchen vom Erblühen bis zum Welken zu beschreiben, als für einen alten taoistischen Ordensbruder, Reis zu kochen, zu verzehren, seine drei Schüsseln unter dem Wasserfall zu spülen, und sie sodann, eine in der anderen, an ihren gewohnten Ort zu stellen, und dies alles mit den vorgeschriebenen Gesten. Darstellung in Worten und in Bewegungen.

Wunderbarer Augenblick für das Gleichnis eines Dichters. Wenn er nicht einmal mehr die Heerscharen von Engeln und Dämonen aus den vier Himmelsrichtungen zu Hilfe rufen muß, um sie in göttlichen Klagen gegeneinander antreten zu lassen. Wenn ihm ein leichtes Anzupfen der Saiten genügt, um uns zu Tränen zu rühren. Wenige Worte: »Thymesou soma ... Entsinne dich, Leib ...«

Doch damit dies geschehen kann, muß die Stimme – wie die von Kavafis – vom Abhang des Todes sprechen.

Namenlose Verzweiflung in einem Gemälde: Carpaccios Kurtisanen. Woher kommt sie? Noch ein vollendetes Werk, geboren aus Gegensätzen ... Auf der lieblichen Terrasse ist allerlei Schönheit versammelt, wie in einem heraldischen Bild: Blumen, Hündchen, weiße Turteltauben, Pfauen mit kostbarem Gefieder, Granatäpfel in feurigem Rubinrot. Die Luft ist regungslos, lastet wie Bronze auf der tiefen Himmelsbläue. Es ist die windstille Stunde, die schönste Zeit des Tages, und am liebsten möchte man sie festhalten. »Wozu?« scheinen schweigend die beiden starren Augenpaare zu schreien, deren Sanftmut verloren ist, kein Ziel kennt, zwei leere, klare Gesichter, die einander gleichen wie zwei gleiche Dinge, wie zwei Mineralien in einer Studie, zwei Wasserpflanzen, kraftvoll und gefangen.

Homers Vorgehen ist kein anderes, wenn er die Freuden des Lebens besingt – bis zu jenem heißen Bad, das liebe Hände bereiten –, nur um uns dann mit dem Tod Hektors zu erschrecken.

Doch auf den Gesichtern der Kurtisanen liegt weder die Kunde eines frühen Todes, noch der Kummer unerwiderter Liebe. Sie erzählen lediglich die »tragische Geschichte einer Leere«, eines Grauens, das der Müßiggang wattiert, der Überdruß zerbröckelt, eines Grauens vor sinnloser Schönheit, leerer noch als eine leere Muschel. »Unglückselige Ungeheuer« nannte sie ein Edelmann ihrer Tage. Carpaccio sagte es schweigend: in Reihungen und Wiederholungen, und indem er in eine verborgene Ecke, wo keiner ihn so leicht entdeckt, einen Hund setzte, einen wilden, verzweifelten Hund, der sich in ein Holzscheit verbeißt.

Welch lange Lehrzeit ist nötig, um einen Zusammenhang, Hülse für Hülse, Haut für Haut, bis zum Kern bloßzulegen. Wie lange man an die zarten Schleier des Taktgefühls glaubt, der Diskretion, der Zurückhaltung – und es ist auch ganz richtig so, bis man sie als Schleier erkennt: sanfte Fallen, unsichtbare Gefahren für das klare Auge der Liebe.

Hiob, Gottes bester Freund, übte sich weder in Zurückhaltung noch Takt. Er schrie ihm entgegen, was er fühlte, und wollte nur von Ihm selbst eine Antwort haben: *Voca me et ego respondebo tibi, aut certe loquar et tu responde mihi.*

Wäre doch jeder Liebende nur in die eigene Liebe vertieft, unbekümmert um die Gefühle des anderen, und damit selbstvergessen, munter wie ein Fisch versunken in des andern Wirklichkeit. Keine Liebe würde jemals enden. »Ich gelobe, niemals zu erwarten, daß du mich wieder liebst«, müßte das Gelübde lauten, die heilige Formel der Liebenden im Ehesakrament.

Dies Gleichgewicht ist unmöglich, doch woran sonst sollte die Liebe sich nähren? *»Solange ihr nicht fähig seid, den Beifall von nur einer Hand zu hören ...«*[1]

Jede Liebe ist ein Wandeln auf den Wassern des Sees Genezareth: ein Zweifel, ein banger Blick nach unten, und man ertrinkt. Die Augen sollten stets gen Himmel erhoben sein, zu Gott, der uns ruhig die Hand entgegenstreckt.

Mittelmäßigkeit, Angst, Abhängigkeit von der Welt. All dies erscheint mir heute wie ein Doppelspiegel, den der Weltenfürst wie eine Scheidewand zwischen Wurzel und Krone der Seele stellt: damit es ersterer nicht mehr möglich ist, sich in letzterer zu spiegeln, damit keines das andere mehr, wie Himmel und Erde, glücklich befruchten kann.

Dieser Spiegel versucht nicht nur, die beiden Teile der Seele zu trennen, sondern sie durch Eigenbetrachtung gänzlich zu isolieren: Wurzeln beschauen Wurzeln, Kronen beschauen Kronen. So entstehen Sprachen mit dicht verschlossenen Abteilungen; auf der einen Seite: »das Leben ist etwas anderes, man muß sich einen gesunden Sinn für Proportionen bewahren, wir machen keine Literatur«, auf der anderen: »die göttliche Mission, der heilige Name«, usw. Die Rhetorik der Wurzeln ist ebenso fest wie die der Kronen,

1. Koan von Hakuin.

und irgendwann erstarren Idee und Leben dann zu Stein.

Vielleicht ist uns der Wille einzig und allein dazu gegeben, diesen Spiegel zu zertrümmern (den die Menschen nicht selten als ›Willen‹ bezeichnen).

Gott raubt dem den Verstand, den er verlieren will, heißt es. Doch mit welcher List raubt er ihn dem, den er erretten will? Weshalb würde er wohl sonst einen Mann in die Finsternis der Wälder locken, wo Bären und Schlangen lauern und nächtliche Schreckgespenster und das Antlitz der eigenen Schuld – die gesamte, nicht mehr enden wollende Prozession des Grauens, die für die Begegnung nötig ist?

Stets ist es ein *Hauch von Wahnsinn,* der den Weg ebnet in den Irrgarten des trügerischen Scheins, wo Diamanten Schneckenhäusern gleichen, Kieselsteine Perlen, und der gähnende Höllenschlund, der uns bei jedem Schritt zu verschlingen droht, uns anmutet wie die seligen Gefilde des Elysiums.

Die Jugend ist der erste und schicksalhafteste dieser Irrgärten. Sogar die Träume sind darin verkehrt, locken mit hehren Worten in die Irre: Botschaften in Spiegelschrift in einem Haus, dem noch die Spiegel fehlen.

In dieser Zeit hält Gott seine Hand über unsere Augen – doch schon bald werden wir selbst, aus Furcht, das gleiche tun.

Die beharrliche, immer wiederkehrende Lehre der Märchen ist der Sieg über das Notwendigkeitsgesetz, denn nichts anderes gilt es zu erlernen hier auf Erden.

Die Prüfungen, die den Märchenhelden gestellt werden: Um sie zu bestehen, müssen sie sich entschlossen dem Spiel der Kräfte entziehen und ihr Heil in einem anderen Bezügesystem suchen ... Das tapfere Schneiderlein: Um den schrecklichen Riesen, der es mit einem Atemzug hätte umblasen können, beim Weitwurf zu besiegen, wirft es anstelle des Steins ein Vögelchen in die Luft.

Im Spiel der Kräfte gibt es keinen Riesen, dem sich nicht noch ein weit mächtigerer entgegenstellen könnte, ist kein Schatz mit Sicherheit der einzige; und wie leicht ist es doch, der lieblichen Prinzessin eine noch weit lieblichere vorzuziehen, um mit ihr den Thron zu besteigen.

Noch verhängnisvoller ist die gefälschte Waage (mein Feind wendet sich nach links, also gehe ich nach rechts, er ist reich, also bin ich arm) im unaufhörlichen Hin und Her des Notwendigkeitsgesetzes, und deren älteste Verbündete, die Schläue.

Als der jüngste Königssohn mit den Worten den Thronsaal betritt: »Ich fand auf meinen Reisen keine Prinzessin, die der Erwähnung wert wäre, doch habe ich hier ein weißes Kätzchen, *qui fait si bien patte de velours«,* wissen wir auch schon, daß er die Krone erhalten wird.

Horoskop. Zur Taufe der kleinen Prinzessin erscheinen, eine nach der anderen, die Patinnen aus dem Feenreich: sieben Planeten, zwölf Konstellationen. Wohlgesonnen oder feindlich, je nach Verdienst der Eltern: Entsann sich die Königin der Fee, die ihr zugetan war, und zog sie mit Absicht anderen, mächtigeren vor? Alle Feen können wohlgesonnen sein – günstige Planeten, glückliche Konstellationen –, doch häufig wird ein böser Saturn (die übergangene, auf Rache sinnende Fee) in seiner Fledermauskutsche dahergefahren kommen, um alles zunichtezumachen, all die kostbaren Geschenke der anderen, indem er eine verhängnisvolle Frist setzt: Die Prinzessin soll mit fünfzehn Jahren sterben. Da nützt kein Flehen, alles scheint verloren, als die letzte Fee – ein freundliches Geschöpf, das zufällig noch keinen Wunsch geäußert hat – hervortritt und das größte Übel zu verhindern weiß. Sie vermag den Fluch nicht aufzuheben, aber sie kann ihn zumindest lindern, sein Wesen verändern: Die Prinzessin soll nicht sterben, sondern in einen hundert Jahre währenden Schlaf fallen, bevor sich ihr Schicksal vollendet. So bestimmt also ein Aufschub, kein Unglück, das Leben der Prinzessin ...

Dies ist das Verhältnis zwischen dem Geschick der Eltern und dem der Kinder, die unwägbare Zeit, die das Leben braucht.

Auch die Szene des Reigens, von Madame d'Aulnoy als *branle des fées* bezeichnet, ist horoskopischer Natur. Es kann das Fest der jungen Feen sein in der Nacht des Frühlingsäquinoktiums, oder die Ratsversammlung, die alle hundert Jahre einmal auf der Lichtung Broceliande stattfindet: die Erneuerung des Schicksals in der Natur oder eine Art spektakuläre Konjunktion der Gestirne.

Viele Märchenhelden, von Geburt an verkrüppelt oder nur daumenlang, werden von ihren Müttern kühn in den Kreis des Reigens geworfen, mitten hinein ins eigene Schicksal. Nach einem Augenblick argwöhnischen Staunens wird ein solches Kind zumeist von den Feen akzeptiert. Sein Gebrechen wird nicht von ihm genommen, sondern zur höheren Gabe sublimiert: So vermag der Däumling an unzugängliche Orte vorzudringen, der Einarmige, Schätze aufzuspüren oder Goldadern oder das gesamte unterirdische Reich, Spiegel des himmlischen.

Sein Unglück ist für andere ein Schlüssel.

In der Sage vom *Fliegenden Holländer* sind die Verstorbenen, die eine Todsünde auf sich geladen haben, dazu verdammt, jede Nacht an den Ort ihres Verbrechens zurückzukehren, immer wieder, bis in alle Ewigkeit, die *letzte Szene* ihrer schändlichen Tat zu wiederholen. Dies Thema ist in sämtlichen Legenden der Welt zu finden. Die Hölle wird nicht als willkürliche Qual dargestellt, sondern als schaurige, ewige Wiederholung derselben Tat.

Es ist das vollendete Bild für die Neurose und deren zwanghaften Drang zur Wiederholung. Sie mußte schon damals existiert haben, war aber wohl ebenso widerstandsfähig wie alles andere, so daß sie sich eher im Märchen niederschlug als im Symptom.

Das Märchen ist, wie das Evangelium, eine goldene Nadel, auf ein schwankendes, unwägbares Norden gerichtet, unterschiedlich geneigt wie der Hauptmast eines Schiffes auf stürmischer See. Wie soll man stets die rechte Wahl treffen zwischen Hingabe und List, Arglosigkeit und Schläue, Erinnern und heilsamem Vergessen? Der eine siegt, weil er in einem Land von Leichtgläubigen und Verschwörern argwöhnisch schwieg, der andere, weil er sich wie ein Kind dem Erstbesten oder gar einer ganzen Räuberbande anvertraute. Ein immer wieder neu gestelltes Rätsel, ungelöst bis zur entscheidenden Stunde, bis zur reinen Tat – Tag um Tag genährt von Geduld und Schweigen.

Man kann bemerken, wie ein Märchenerzähler stets sein Bestes gibt, so als könne die Sprache, sobald sie diese einmaligen und zugleich allgemeingültigen Bilder berührt, nur ihren süßesten Nektar geben. (Daher genügt ein klassischer Märchenerzähler, um einem Kind das Buch des Lebens und das der Worte zu offenbaren.)

Oder vielleicht kann nur der diese Symbole vollends beherrschen, der die eigene Sprache ebenso religiös empfindet wie die sonntägliche Messe, ebenso vertraut wie das tägliche Brot.

In diesem Lichte erwiese sich das tägliche Brot aus dem Lukasevangelium, bei Matthäus das *übernatürliche* Brot, als eine natürliche Zweideutigkeit, nicht als ein philologisches Rätsel.

Ich entsinne mich nicht, jemals in alten Büchern, die vor dem neunzehnten Jahrhundert verfaßt wurden, Sätze gelesen zu haben wie »das glückselige Reich der Kindheit« oder »das Paradies des väterlichen Heims«. Solche Ausdrücke kamen wohl erst um 1850 in Mode, und es scheint klar, daß ein Unterfangen wie Prousts *Recherche* nicht vor Erscheinen der ersten Automobile begonnen werden konnte. Die Alten – Montaigne zum Beispiel – hätten eher von der »unbeschwerten Kindheit« gesprochen, so als wollten sie auf etwas Schönes, noch Ungeformtes verweisen, auf den Tonklumpen, der der geübten Hand des Töpfers harrt. Im Lesebuch eines kleinen Prinzen der Este ist immer derselbe Knabe abgebildet, in all seinen künftigen Pflichten: Schlachten, Triumphe, Turniere, höfische Feste.

Es leuchtet demnach ein, daß für den modernen Menschen der Mythos der Kindheit nicht diese persönliche Bedeutung besitzt, die man ihm beizumessen glaubt. Nicht die eigene Kindheit, sondern die Kindheit der Welt, der eigenen Sippe, sucht er, den Blick nach rückwärts gewandt, wiederzufinden, um über sich hinauszuleben. Proust bezeugt dies auf jeder Seite, ausdrücklicher noch im *Temps retrouvé,* wo er vordergründig über die Kunst des Realismus spricht, tatsächlich aber eine Lebensart untersucht, die im absoluten Widerspruch steht zur eigentlichen Realität. Jene verwirrende, solide und unergründliche Realität, die, auch wenn es uns nicht gegeben ist, sie zu leben, alten Photographien entströmt: den Häusern und Gärten, den Teegesellschaften im Gras, den runden Wangen und wissenden Augen der Kinder mit hölzernen

Pferdchen in Händen, die eigentlich echte Pferde sind, nur in Miniaturausgabe, der Puppe, die eigentlich eine kleine Frau ist oder ein Mädchen, doch niemals ein augenblinzelndes Kasperle; und der unerreichbaren Schönheit der Alten, die der bescheidenen Würde alter Bäume gleicht; und den fein säuberlich geschriebenen Widmungen: »*Meinem innig geliebten Gatten, meinem teuren Bruder*«.

Die Syntax eines noch intakten und kraftvollen Lebens verlieh diesen kargen Widmungen ihren prächtigen Schmuck; so wie die musikalische Syntax es Chopin gestattete, in wehmütigste Orte und geheimste Räume einzudringen, ohne diese zu verletzen. Eine Syntax des Lebens, die uns ins Auge fällt, wenn zwischen unseren ungeordneten, unscharfen Schnappschüssen plötzlich ein altes Haus auftaucht, überschattet von einer Linde oder einer Zeder, mit einem Hund auf der Türschwelle und gerafften Vorhängen. Haben wir zufällig unsere frühen Kindertage dort verbracht, scheint uns mit einem Mal jeder weitere Beweis unseres Gestern verzerrt, verblaßt, unwirklich, hat uns nichts mehr zu sagen – ist nur noch ein schuldbewußter Versuch, dem zerstreuten Gedächtnis einen flüchtigen Augenblick festzuhalten, anstatt jener Gestalt die innere Beständigkeit zu belassen.

Marlowe und Proust. Marlowes *Edward II.* ist eine Tragödie, die die radikale, vollendete Wandlung all ihrer Gestalten zum Thema hat. Das tragische Geschehen umkreist sie langsam wie ein dunkler Stern, doch mit solch gespenstischer Natürlichkeit, daß es den Zuschauer mit jeder Minute mehr in die Irre führt hinsichtlich der Tragweite dieser Wandlung. So kann man sich, wenn alles Licht zu Schatten geworden ist, und aller Schatten zu Licht, nicht mehr entsinnen, wie die Dinge ursprünglich waren.

Dies ist eine höchst tragische Lebenseinstellung, wie nicht einmal Shakespeare sie zu prophezeien vermochte. Die Möglichkeit, sich in einer Welt zu befinden, einer Situation, die man nicht mehr zu erklären vermag, die ganz anders ist als die, in der man zu leben glaubte – und so in diese Situation verstrickt zu sein, daß man sich ihrer nicht einmal mehr bewußt ist. Grauen vor dem an einen Toten addressierten Brief, vor dem hinfälligen Antlitz, das die Haartracht einer Zwanzigjährigen gar schauerlich schmückt ... Äußerlich entflieht die Zeit, innerlich steht sie still.

Im *Temps retrouvé* verdeutlicht dies ein Leichenschmaus, bei dem Kleinbürgerinnen Rang und Namen bedeutender Herzoginnen tragen, und bei dem keiner der Anwesenden mehr ist, was er zu Anfang war, einmal sein sollte, gestern noch war ... Doch nur Proust ist es gelungen, jenem bedrohlichen Abwärtsgehen der Zeit, jenem methodischen Einsturz des Gesetzes von Notwendigkeit, dem vanitas vanitatum, den unaufhörlich nach oben weisenden Kontrapunkt des Wortes beizumengen – wie in einigen von Beethovens Klavierstücken, in denen die Melodie höher, durchscheinender wird, während der Baß in immer düstere Tiefen hinabsteigt. *»Ce n'était pas que l'aspect de ces personnes qui donnait l'idée de personnes de songe. Pour elles-mêmes la vie ... était de plus en plus devenue un songe. Elles avaient oublié jusqu'à leurs rancunes, leurs haines, et pour être certaines que c'était la personne qui était là celle à qui elles n'adressaient plus la parole depuis il y a dix ans, il eût fallu qu'elles se reportassent à un régistre, mais qui était aussi vague qu'un rêve ou on a été insulté on ne sait plus par qui. Tous ces songes formaient les apparences de la vie politique où on voyait dans un même ministère des gens qui s'étaient accusés de meurtre ou de trahison. Et ce songe devenait épais comme la mort chez certains vieillards ...«*.

Die im Gehege eingesperrten Hirsche, verirrter, lichter Gegenstand zerstreuter Augen, fragen sich nicht etwa: Warum durchstreifen wir nicht mehr frei den großen Wald, sondern: Warum werden wir nicht mehr gejagt?

Manch eine Kinderhand liebkost sie: »König Artus ist tot, erklären die Kinder den Hirschen, und mit ihm die Zeit der Jagden und Turniere, der herrlichen Duelle und heiligen Tafelrunden. Niemals mehr wird ein Hirsch von den zwölf Rittern gejagt werden, niemals mehr wird er ein goldenes Halsband tragen oder sich der Meute mit dem Kreuz des Erlösers im mächtigen Geweih entgegenstellen. Niemals mehr wird sein Leib beim Fest des Heiligen Grals als Speise dienen. Nichts bedroht euch mehr, ihr lieben Hirsche – seht, ihr werdet von uns gefüttert und getränkt.«

Die Hirsche neigen das Haupt und stoßen sanft mit ihrem Geweih an den Zaun. Doch in der Nacht, da rufen sie einander, leicht fiebernd, wie vor der Jagd. Sie hören König Artus' Horn, oder glauben es zu hören. »Er ist nicht tot«, sagen sie sich, »er ist nicht tot, er kehrt zurück. Und dann wird unser Leben wieder an eines Pfeiles Spitze hängen.«

AUFMERKSAMKEIT UND POESIE

> Die Wahrheit ist nicht nackt in der Welt,
> sie kleidet sich in Symbole und Figuren.
> Es gibt eine Wiedergeburt,
> eine Wiedergeburt in Figuren.
> In Wahrheit muß das Symbol dank der
> Figur wiedergeboren werden.
>
> EVANGELIUM DES PHILIPPUS

In alten Büchern benennt man häufig den Gerechten mit dem erhabenen Begriff des Mittlers. Mittler zwischen Mensch und Gottheit, zwischen Mensch und Mensch, zwischen dem Menschen und den geheimen Gesetzen der Natur. Dem Gerechten allein kam die Aufgabe des Mittlers zu, weil keine Fesseln der Phantasie oder der Leidenschaft sein Deutungsvermögen zu behindern vermochten. *»Et chaque être humain (et chaque chose* könnte man noch hinzufügen) *crie en silence pour être lu autrement«.*[1]

Deshalb scheint die Freiheit des Herzens so wichtig und wird von sämtlichen Kirchen als spirituelle Reinigung empfohlen: Nur so ist der Mensch fähig, Versuchungen zu widerstehen und empfänglich zu bleiben für die göttliche Botschaft. Keine Kirche aber hat jemals ausdrücklich verlangt: Haltet eure Taten und Gedanken rein, damit ihr Menschen und Dinge mit ungetrübtem Blick in Einklang bringen könnt. Dichtung, Gerechtigkeit und Kritik haben folgendes gemein: Alle drei sind unterschiedliche Formen der Vermittlung.

1. Simone Weil, *Cahiers.*

Was also ist Vermittlung anderes als ein Vermögen, das ganz und gar frei ist für die Aufmerksamkeit? Ihr entgegen wirkt, was wir höchst unpassend als Leidenschaft bezeichnen; oder als Fiebertraum, als phantastische Illusion.

Man könnte an dieser Stelle sagen, daß Gerechtigkeit und Einbildungskraft zwei widersprüchliche Begriffe sind. Die leidenschaftliche Einbildungskraft, eine der unkontrollierbarsten Formen der Meinung – dieser Traum, in dem wir uns alle bewegen –, kann in Wirklichkeit nur einer eingebildeten Gerechtigkeit dienlich sein. Dies ist auch der Unterschied zwischen der leidenschaftlichen Gerechtigkeit von Elektra und der geistigen Gerechtigkeit von Antigone. Erstere meint, sich aus einer Schuld befreien zu können, indem sie sich in die nächste verstrickt, verlagert dabei aber lediglich das Gewicht von einem Glied einer unzerreißbaren Kette auf das jeweils folgende. Die andere bewegt sich in einem Reich, in dem das Gesetz der Notwendigkeit keine Gültigkeit mehr hat.

Tatsächlich braucht der Gerechte, im Gegensatz zu dem, was man üblicherweise von ihm fordert, keine Einbildungskraft, sondern Aufmerksamkeit. Wir meinen das Richtige, wenn wir von einem Richter »Einbildungskraft« fordern, verwenden jedoch den falschen Begriff. Wäre denn die Einbildungskraft des Richters nicht willkürliche Gewalt an der Wirklichkeit der Dinge? Gerechtigkeit ist leidenschaftliche, gewaltfreie Aufmerksamkeit, die ebenso weit entfernt ist vom Schein wie vom Mythos. »Gerechtigkeit, du goldenes Auge, sieh genau hin.«[1] Ein Bild vollkommener, vollkommen aufmerksamer Reglosigkeit.

1. Sophokles, *Fragmente*.

Auch Dichtung verlangt Aufmerksamkeit, oder anders gesagt, ein vielschichtiges Lesen der uns umgebenden Wirklichkeit, dieser sich in Figuren kleidenden Wahrheit. Und der Dichter, der diese Figuren auswählt und neu zusammenfügt, ist gleichfalls ein Mittler zwischen Mensch und Gott, zwischen Mensch und Mensch, zwischen dem Menschen und den geheimen Gesetzen der Natur.

Die Griechen verachteten die Einbildungskraft: In ihrem Denken fand die Schwärmerei keinen Platz. Ihre heroische, unerschütterliche Aufmerksamkeit (Sophokles ist hierfür ein extremes Beispiel) festigte Zusammenhänge, trennte und einte, war unermüdlich bestrebt, Wirklichkeit und Mysterium zu entschlüsseln. Die Chinesen versenkten sich Jahrtausende auf dieselbe Weise in ihr wunderbares Buch der Wandlungen. Dante ist, so skandalös dies auch klingen mag, kein Dichter der Einbildungskraft sondern der Aufmerksamkeit: Wenn er Seelen sieht, die sich in brennendem Öl krümmen, wenn er den Stolz als bleiernen Mantel erkennt, dann ist dies eine erhabene Form der Aufmerksamkeit, die die Bestandteile der Idee rein läßt und unversehrt.

Die zeitgenössische Kunst lebt größtenteils von der Einbildungskraft und ist damit eine chaotische Vermischung von Elementen und Ebenen. All dies steht natürlich der Gerechtigkeit im Weg (die allerdings die zeitgenössische Kunst auch nicht interessiert).

Wenn die Aufmerksamkeit ein Warten ist, ein glühendes Hinnehmen, das sich vor dem Wirklichen nicht scheut, ist die Einbildungskraft ein ungeduldiges Flüchten in die Willkür: ein endloser Irrgarten ohne den Ariadnefaden. Deshalb ist die Kunst der Antike synthetisch, die der Moderne dagegen analytisch, großenteils schiere Zerstückelung, wie es einer Zeit des Grauens angemessen ist. Weil wahre Aufmerksamkeit nicht etwa zu einer Analyse führt, sondern zu einer entschlüsselnden Synthese, zum Symbol und zur Figur, kurz, zum Schicksal.

Auch die Analyse kann zum Schicksal werden, wenn es der Aufmerksamkeit gelingt, Zeiten und Räume so aufeinanderzuschichten, daß sie nach und nach eine neue, makellos schöne Gestalt ergeben. Dies vermag die Aufmerksamkeit von Marcel Proust.

Die Aufmerksamkeit ist der einzige Weg zum Unaussprechlichen, der einzige Pfad zum Mysterium. Sie ankert fest im Wirklichen, und nur in Andeutungen, die im Wirklichen verborgen sind, offenbart sich das Mysterium. Die Symbole der Heiligen Schrift, der Mythen und Märchen, die seit Jahrtausenden das Leben bereichern und heiligen, kleiden sich in denkbar greifbare irdische Formen: der brennende Dornbusch, die sprechende Grille, der Apfel der Erkenntnis und der Kürbis in *Aschenputtel*. Sinnbilder sind Lebens- oder erlebte Zeichen.

Die Einbildungskraft weicht vor der Wirklichkeit zurück. Die Aufmerksamkeit aber dringt in sie ein, auf direkte und auf bildhafte Weise (man denke nur an die Himmelssphären bei Dante, diese erhabene, detaillierte Übersetzung einer Liturgie). Folglich ist sie eine legitimere, absolutere Form der Einbildungskraft. Hierauf zweifellos ist jene Stelle einer alten Schrift über die Alchimie bezogen, die dazu rät, nicht der »phantastischen«, sondern der »echten Einbildungskraft« zu vertrauen. Damit ist eindeutig die Aufmerksamkeit gemeint, in der die Einbildungskraft enthalten ist, nur in sublimierter Form, wie das Gift in der Medizin. Aufgrund eines der vielen Irrtümer der Sprache nennt man sie gemeinhin die »schöpferische Phantasie«.

Es ist kaum von Belang, ob zu diesem schöpferischen Augenblick, in dem die Alchimie vollkommener Aufmerksamkeit sich erfüllt, lange, schmerzvolle Wanderungen führen, oder ob er einer Erleuchtung entspringt. Derlei Geistesblitze sind nichts anderes als jener Funke (dessen Ursprung und Wesen umso geheimnisvoller werden, je mehr Dinge uns bereits mit einem Schlüssel übergeben werden), den die Aufmerksamkeit entzündet und bedingt: wie der Blitzableiter den Blitz, wie das Gebet das Wunder, wie die Suche nach dem Reim die dichterische Inspiration, die aus eben jenem Reim entspringen kann.

Zuweilen ist es die Aufmerksamkeit einer ganzen Sippe, einer ganzen Ahnenreihe, die unversehens durch einen Gottesfunken erglüht: »Ich setzte die Füße in jenen Teil des Lebens, über den man nicht hinausgehen konnte, vor lauter Verlangen nach Rückkehr.«

Einen Menschen mit unerbittlicher, räuberischer Aufmerksamkeit benennt die Welt mit dem herrlichen, kurzen Wort Genie, um damit anzudeuten, daß ein Dämon in ihm wohnt, daß sich durch ihn ein unbekannter Geist, ein Genius offenbaren möchte.

Wie den Riesen aus der Flasche befreit die Aufmerksamkeit die Idee aus dem Bild und sammelt sie dann in einem neuen Bild: gleich den Alchimisten, die Salz in einer Flüssigkeit auflösten, um anschließend die Gestalten zu studieren, zu denen es sich neu zusammenfügte. Die Aufmerksamkeit bewirkt die Zersetzung und Neugestaltung der Welt in zwei unterschiedlichen, gleichermaßen wirklichen Momenten. So erfüllt sich die Gerechtigkeit, das Schicksal: diese dramatische Zersetzung und Neubildung einer Gestalt.

Der Ausdruck, die Poesie, die dabei entsteht, kann offenbar nur verschlüsselter Art sein: wie eine neue Natur. So daß nur eine neue Aufmerksamkeit, ein neues Schicksal sie entschlüsseln kann. Das Wort jedoch verrät augenblicklich, bei welchem Grad an Aufmerksamkeit es entstanden ist. Es enthüllt dies mit seiner irdischen und überirdischen Gewichtigkeit: desto beachteter, desto mehr von Stille und von Raum umschlossen, je intensiver die Zeit der Aufmerksamkeit war.

Jedes Wort bietet seine zahlreichen Bedeutungen an, als seien sie Schichten einer geologischen Säule: andersfarbig eine jede und mit unterschiedlicher Zeichnung, und dem Grad an Aufmerksamkeit desjenigen vorbehalten, der sie annehmen und entschlüsseln muß. Doch ist das Wort rein, so hat es für jeden ein reiches Geschenk, das ebenso ganzheitlich ist wie unvollständig: Schönheit und Bedeutung, unabhängig eins vom andern und dennoch unzertrennlich, wie bei einer Vereinigung. Wie bei der ersten Vereinigung, als Brote und Fische vermehrt wurden.

Das Wort des Meisters, heißt es in einer hebräischen Erzählung, erschien einem jeden wie ein Geheimnis, allein für seine Ohren bestimmt: wie die wundersame Geschichte, von der ein jeder, der hinzukam, dem Erzähler zu lauschen, nur einen ganz bestimmten Teil hörte, den er als seine eigene, vollständige Geschichte verstand.

»*Souffrir pour quelque chose c'est lui avoir accordé une attention extrême*«.[1] (»Für eine Sache zu leiden, heißt, ihr äußerste Aufmerksamkeit geschenkt zu haben.« So beweint Homer mit den Trojanern Hektors Tod; so unterscheidet der japanische Fechtmeister nicht zwischen seinem Tod und dem des Gegners). Und schenkt man einem Gegenstand seine ungeteilte Aufmerksamkeit, so bedeutet dies, ihn bis zum Äußersten zu erlei-

1. Valéry, zitiert von Simone Weil.

den, mehr noch, statt seiner zu leiden, sich wie ein Schutzschild zwischen ihn zu stellen und alle Gefahren, die ihm von uns und von außen drohen könnten. Es ist, als würde man die Last jener düsteren, allzeit lauernden Gefahren, Vorbedingungen des Glücks, sich selbst aufbürden.

Hier erreicht die Aufmerksamkeit ihre wohl reinste Form, erhält ihren treffendsten Namen: Verantwortung, das heißt die Fähigkeit, für etwas oder für jemanden einzustehen; sie nährt gleichermaßen die Poesie, die Verständigung zwischen den Menschen, und ist das Gegenteil von allem Übel.

Denn im Grunde ist jede menschliche, poetische und geistige Verirrung nichts anderes als Unaufmerksamkeit.

Fordert man von einem Menschen, jeglicher Zerstreuung zu entsagen, seine Aufmerksamkeit unentwegt all den irreführenden Einbildungen und der trägen, hypnotischen Gewohnheit zu entreißen, so führt man ihn seiner höchsten Vollendung entgegen.

Man würde von ihm ein Leben verlangen, das dem des Heiligen gleicht, in einer Zeit, die mit blindem, kaltem Eifer nur ein Ziel zu kennen scheint: die unwiderrufliche Trennung des menschlichen Geistes von der Fähigkeit zur Aufmerksamkeit. Frömmigkeit beginnt in den Augen.

DER WORTE INTENSIVSTER
GESCHMACK

ÜBER WILLIAM CARLOS WILLIAMS

... constant in its swiftness
as a pool.

»Eine Anthologie von William Carlos Williams'
Schriften zu erstellen (und sei sie noch so klein und
persönlich), ist ein äußerst schwieriges Unterfangen.
Das Gesamtwerk des Dichters liest sich wie ein aus-
führliches kosmisches Tagebuch, das er Segment für
Segment zusammentrug, in jenem kaleidoskopischen
Nacheinander von Einsturz und Erneuerung, das er in
einem berühmten Brief einmal folgendermaßen
beschrieb:
*»Das Leben will vor allem das Leben selbst umstürzen, so
wie es noch vor einem Augenblick war: stets aufs neu und
regellos. Und auch in den Vers muß, damit er atme, ein
instabiles, aufrührerisches Element hineingelegt werden.«*
Dies dichterische Vorgehen ist nicht nur in Williams' Technik zu erkennen, seiner wilden, weichen
Syntaxführung, seinem unerbittlich natürlichen Vers-
bau: Beides ist an Gesetze gebunden, die so starr sind
wie luftig und dennoch – wie eben die Gesetze des
Lebens – von erlesener Weisheit.
Es beginnt viel früher, bereits bei seinem Blick, der
mit bewundernswerter Geduld weniger den Gegenstand selbst, als vielmehr dessen Verwandlung betrachtet, dessen Umwälzung, wie er selbst es zu benennen

pflegte: der Knospe, der Erdkugel, der Samen und Zeiten: Vollendung und Verfall von Gesichtern, Städten, Begebenheiten. Zärtliche Tragödie, Stunde um Stunde von Williams mit einer Hingabe beobachtet, die aus ihm – dem Apostel einer amerikanischen Poetik – bisweilen einen chinesischen Meister aus klassischer Zeit macht.

Williams' Raum gleicht einzelnen Inselgruppen. Nur ein vollständiger Überblick über sein Werk kann den Schatten des vulkanischen Bodens offenbaren, auf dem diese zahllosen Antillen entstanden sind.

Aber wie die Blume (dieser zarte Held im Märchen von Williams) Zeugnis ablegt für den unsichtbaren Baum, verrät uns bereits eine einzige Zeile des Dichters all die reinen Elemente seiner Kunst. Vor allem jenes überaus seltene Nebeneinander von luftiger Leichte und massiger Erdschwere, das Wesen seiner Dichtung, *der Worte intensivster Geschmack.* Hiervon ist Williams einer der wenigen lebenden Meister. «

Dies kurze Vorwort leitete vor ein paar Jahren eine kleine Sammlung von Übersetzungen der Werke Williams' ein, ihm gewidmet zum Anlaß seines 75. Geburtstages, welche sich im vorliegenden Buch mit Versionen von Vittorio Sereni abwechseln. Benannt nach einem Vers von Williams, *Unser Zeichen ist die Blume,* war jenes Bändchen im Grunde eine Art kleines Herbarium, ausgewählt aus dem gewaltigen botanischen Garten – der Wald, der Garten, das Reich der *growing things* – der *Collected Poems.*

Ich gebrauchte im Zusammenhang mit Williams unwillkürlich den Begriff *chinesisch* und rief damit einiges Staunen hervor. Hätte ich den jungen Pound oder die letzten Gedichte von Brecht mit diesem Wort beschrieben, so wäre ich wohl auf Zustimmung gestoßen.

Mir aber scheint der Vergleich höchst passend für

Williams. Vorausgesetzt, man versteht unter chinesisch den Archetypus des Künstlers, freier in Zeit und Raum, oder anders gesagt, *befreit von Zeit und Raum:* ein Weiser, der sich mit derselben Reinheit dem Rad der Jahreszeiten beugt, wie der Greis – von Tschiuang Tse gepriesen –, sich der wilden Laune des Wasserfalls beugte; der das langsame Hervorbrechen einer Indigoknospe aus ihrer harten Kelchblatthülle auf den Lauf der Gestirne zurückführt; der den Herzschlag eines Insekts mit Augen wahrnimmt, die, wie Shen Tschu über die seinen sagt, in die Sonne blicken können. Mit Augen, die denen der Künstler gleichen, die den *Saal der Zehn Bambusse* oder den *Senfkorngarten* ausschmückten – in deren Harz ein Stückchen Kork, vom Meer an den Strand gespült, ein Kieselstein, ein Stückchen Limonenschale oder eine Nuß schaurige und himmlische Erscheinungen annehmen; gleich dem versteinerten Kristall in einer Stromschnelle, der die fossile Weiße einer Felsenwüste angenommen hat. Der Mensch Williams, den Randall Jarrell mit den Worten *»the America of poets«* charakterisiert, steht in keinem inneren Widerspruch dazu, und weniger noch diese Art Totemkult, die ihm seit einigen Jahren die sogenannten *Hipsters* widmen.

Was diese pathetische, diffuse Sekte in Williams bewußt findet (doch wie dürfte man dies verhaßte Wort auf sie anwenden), die lauthals eine allzusehr dem Schluchzen ähnelnde Begeisterung hinausschreit, ist mir gleichgültig. Auf der Suche nach einer fixen Idee die vier blinden Mauern ihres Gefängnisses abklopfend – Autorasen, Peyotl, Cool Jazz, Promiskuität –, waren sie bereits auf die Mönche des Zenbuddhismus gestoßen. Und auch hier ist nicht von Belang, ob sie von diesen sanften, schrecklichen Alten lieber den rituellen Fächer sehen, mit einem Schlag der Spatel auf das Reispapier geheftet, oder die zahllosen

Göttinnen Kwannon: eingetaucht in weiße Lotuslandschaften, fein ausgearbeitet bis hin zum zartesten Blütenblatt, die den Alten ihren verrückten, letzten Spatelschlag erst ermöglichten.

Dies gilt, denke ich, auch für Williams. Seine graphischen Mimesen leuchtender Insignien, die Synkope, der Slang, die langen, roh zu rezitierenden Prosastellen zwischen den Gesängen des gewaltigen Hochzeitsgedichts *Paterson,* all dies mußte sie freilich begeistern – zweifellos mehr, als die unerbittliche Schilderung (beinahe hätte ich Hagiographie geschrieben) des *karmesinroten Alpenveilchens,* diese pflanzliche Leidenschaft, der er von der Wiege bis zum Grab gleichsam mit weit geöffneten Augen frönt, und die eine andere, tödlichere Leidenschaft widerspiegelt: die für das menschliche Denken.

Sowohl in den einen, als auch im anderen, sei sie sich dessen nun bewußt oder nicht, sieht die *Beat Generation* fremde Wesen, die weder Drogen brauchen noch ohrenbetäubende Musik, noch verrückte Rennen in transkontinentalen Trucks, um in der Wirklichkeit – Meeresklippe, Gesicht, Mülltonne – das Himalayagebirge zu finden und die Gefilde, die »erstaunen und bezaubern«, die weiten, vergessenen Landschaften des Geistes. In den einen wie im anderen begrüßen diese Jünger erzwungener Einbildungskraft die ungetrübten Meister der Aufmerksamkeit, die Handwerker »am Rande des Abgrunds«, wie Sereni sie bezeichnet.

In Williams' *Selected Essays* (ein äußerst überraschendes, geschmackvolles Buch, weil es mit Geschmack und Überraschung geschrieben ist) finden sich zwei Dialoge – der eine über das Geheimnis der Ehe, der andere über den Glauben an die Kunst –, die ausgezeichnet zu jenen buddhistischen *koan* passen würden, die beispielsweise dazu raten, erst dann der eigenen

Wahrnehmung zu vertrauen, wenn man imstande ist, den *Beifall einer einzigen Hand* zu hören.

Das ist natürlich nicht alles. Versucht man Williams' Porträt mit wenigen flinken Pinselstrichen zu zeichnen, könnte man meinen, er leide an dichterischer Schizophrenie, so markant ist sein zweites Gesicht, das nimmermüd »menschliche«, bedingungslos amerikanische, um jeden Preis avantgardistische. Das ihn so häufig, wie jeder feste oder aufrichtige Entschluß (an dieser Stelle sei an Prousts Vinteuil erinnert), weit unter seine dichterische Bestimmung zerrt. Ich würde keinem Menschen, der seine Verse, seine *Essays* oder *In the American Grain* liebt, zur Lektüre der *Autobiography* raten: Nicht einmal der Großteil (sondern *nur* der Großteil) seiner Erzählungen ist empfehlenswert. All diese Seiten, niedergeschrieben in Hemdsärmeln, das Herz in der Hand, deren Protagonist stets der kleine Mann ist, stellvertretend für alle Menschen, so wie wir ihn seit etlichen Jahren aus Eduard Steichens verfänglichen Photographien kennen.
Es scheint fast, als *wolle* Williams hier krampfhaft vergessen, was ihn in Briefen und Gedichten immer wieder bang beschäftigt: das perfekt dosierte Gemisch seines Blutes: karibisch, spanisch-jüdisch, rein englisch, mit anderen Worten, indianisch, arabisch und protestantisch. Das Blut eines in widersprüchlichen Winden geborenen Menschen, eines Menschen im Gegenwind sozusagen. Es würden die zehn denkwürdigen Seiten über den *Sturz* von *Tenochtitlan, das Tagebuch des Columbus* oder die bezaubernde kleine Studie über den *Libro de Buen Amor* des Arcipreste de Hita genügen, um ein besonderes Licht auf jenes Buch zu werfen, das die beiden erstgenannten Schriften enthält und neben Williams' Lyrik ohne weiteres als sein größtes Werk gelten darf: *The American Grain.*

Die anmutige Hingabe an den Zufall, an die Fluten des Wasserfalls (Eigenart des Halbbluts) und eine unschuldige Schläue, die der Taube und der Schlange, retten Williams vor allen Irrungen der Leidenschaft, verwurzeln ihn in der *streamlike purity of purpose,* wovon er im Zusammenhang mit Columbus spricht. Mit dem unvergleichlichen Profil Montezumas aber hat er wohl am meisten über sich selbst und seine letzte Vision verraten: im eisigen Verzicht eines Menschen und seiner Welt Ursachen und Widersprüche erhabener Natur erspürend.

From its music shall the best of the modern verse be distinguished, schrieb Williams in mehreren seiner Briefe. Und jene lange Liste von Anmerkungen zur Prosodie mit dem treffenden Titel Measure unterscheidet sich auch kaum von einer Abhandlung über die Kunst der Komposition: gleicht einer verschlüsselten Schrift für die Wahrheit, so geheimnisvoll, fast esoterisch ist in ihr der Umgang mit Begriffen; doch belebt sie die geniale, rührende Auswahl der Texte: Spenser, Chapman, *Antonius und Kleopatra,* Sidney Lanier, das Buch der Hymnen – bis hin zu Hopkins und den Zeitgenossen.

In Wirklichkeit bleibt eine Poesie wie *Perpetuum Mobile* zum Beispiel – diese Art früher Schönberg für Streicher, aufgepeitscht von jazzigen Trommelwirbeln (der Spaziergang der beiden Wachen hin zur Bank) – trotz allem eine zeitlose Komposition. Ihre Schönheit ist von solch tragischer Wirklichkeitsferne, ihre Bewegung von solch zartem Fließen, daß sie nicht greifbar wird: »eine Musik, die neben dir auf den Wassern dahinströmt«, auf jener großen nächtlichen Stadt, die sich wie ein Gespenst aus den Fluten erhebt.

(Und wie eigenartig mündet diese *tearful city* – verkehrte Fata Morgana am Himmel der gegenüberliegenden Hemisphäre – in die *unreal city* des Dichters, die Williams noch bis vor wenigen Jahren bekämpfen zu müssen glaubte. Dabei vereinte sie der Bogen eines seiner Sätze: »*the classic is the local fully realized: words marked by a place.*«).

Neben dieser Dichtung gibt es eine andere, geboren aus demselben Keim – den Versuch, die Wörter von der Furche der Syntax zu befreien: Sterne, gelöst von ihrer Galaxie, jedoch nicht einzeln verstreut, nur isoliert – um seltenere Konstellationen zu bilden – in ihren ekstatischen, feuchten Lichtreifen. Das Werk trägt den *Titel To an Elder Poet;* und ich möchte nicht mehr darüber sagen, als daß es auf mich wirkt, als habe ein verfeinert wiedergeborener Po Chu Y es »auf die Mauer der Herberge« geschrieben.

Die Avantgarde ist von Natur aus kollektiv und monolithisch. Die Reise Williams' durch die eigene Sprache (das eigene Land) war vielleicht die einsamste in der zeitgenössischen amerikanischen Poesie. Einsamer noch als die der beiden Helden von Malraux, die sich mit Axthieben ihren Weg durch die *écoeurante virulence* des Urwaldes bahnen, auf den Spuren einer uralten Via Reale.

Nur seine teure Freundin Marianne Moore kommt ihm gleich, was die Einsamkeit anbelangt; doch sie bleibt in ihrem Porzellangarten, eifrig vertieft in ihre Arbeit als Paläontologin und Taxidermistin, und schließt weiterhin winzige, zarte, prähistorische Tierchen in glasklaren Bernstein: dem Leben und der Luft enthoben. Es ist ihre Edelsteinstarre, die sie vor der Zeit bewahrt.

Bei Williams ist es das Gegenteil. Wie Saba, wie Kavafis, wie Brecht, lebt er von der eignen, ewigen Verwandlung, kehrt unermüdlich, wie der stromaufwärts schwimmende Lachs, zu den Ursprüngen des Wortes zurück, *zu der Worte intensivstem Geschmack,* von dem ich zu Anfang sprach. Wahrhafte Meister der frohen Geheimnisse des Wortes sind die, die es unentwegt in des Parmenides' streitbare Fluten tauchen, »auf daß es lebe«. »*Masterpieces are only beautiful in a tragic sense, like a starfish lying stretched dead on the beach in the sun. A touch of the unknown ... A passionate statement about death.*« (»Meisterwerke sind nur in einem tragischen Sinne schön, wie Seesterne, die tot auf dem Strand in der Sonne liegen. Ein Hauch des Unbekannten ... Eine leidenschaftliche Aussage über den Tod.«)

A Testament of Perpetual Change ist der vorsokratische Titel, den eine belesene Nonne, Schwester Bernetta Quinn, ihrem langen Aufsatz über William Carlos Williams verlieh.

ÜBER JOHN DONNE

für Jaffier

1

For oh, to some
Not to be martyrs is a martyrdome.

JOHN DONNE, *The litanie*, X

»Meine frühe Erziehung erhielt ich von Anhängern eines unterdrückten, heimgesuchten Glaubens, die den Tod zu verachten pflegten und nach einem erdachten Martyrium lechzten.«

Die gesamte Jugend John Donnes war geprägt von jener Atmosphäre der Schmach und Erregung, der tödlichen Verschwiegenheit und schmerzhaften geistlichen Verfeinerung, wie sie schon immer Glaubensgemeinschaften auszeichnete, die über Jahre hinweg an Leib und Seele gemartert wurden. Sein Leben lang versuchte er die Fesseln dieses schrecklichen Erbes an Erinnerungen und Zeugnissen abzuschütteln, nur um sie sogleich wieder festzuschnüren, kaum daß sie sich um ein weniges gelockert hatten.

Kinder, die jahrelang bei Tisch die Erwachsenen nicht etwa über gelungene Geschäfte, über Feste, familiäre Belange oder Ämter bei Hofe sprechen hören, sondern über die Realpräsenz des Leibes Christi, über Sühneopfer, Verwünschungen und Glaubensabtrünnige. Kinder, die man aus tiefstem Schlummer rüttelt, weil zu nachtschlafender Zeit ein bleicher Jüngling in geborgten Kleidern aus Douai oder Rheims angekommen ist, um im Morgengrauen,

227

sobald Türen und Fenster im Studierzimmer des Vaters fest verriegelt sind, seine priesterlichen Gewänder anzulegen, weil bereits aus ganz London in kleinen, schweigsamen Scharen Freunde herbeigeströmt sind, um der verbotenen römischen Messe beizuwohnen. Kinder, die in Begleitung eines Erwachsenen auf einen langen Spaziergang geschickt werden, damit sie nicht mitansehen müssen, wie die Menge sich versammelt, wie berittene Soldaten einfallen und denselben oder einen andern bleichen Jüngling mit hängendem Haupt, auf Eisenstangen gekettet, auf einen kleinen Hügel schleppen, der voller Galgen steht – oder Kinder, die über die Menschenmenge hinausgehoben werden, damit sich in ihren zarten Köpfen dies blutleere, verdrehte, entrückte Antlitz einpräge.

Wie in aufeinanderfolgenden Einweihungsriten zeigt man den Kindern zuerst die Reliquie jenes bedeutenden Toten der Familie, des Kanzlers Thomas Moore, der unversehens den Märtyrertod starb, dann den Brief, den ihr Onkel, ein Mönch, in der Nacht seiner Hinrichtung schrieb, die stets aufs neue in all ihren entsetzlichen Einzelheiten erzählt wird; und zu guter Letzt ein Buch des sagenhaften Edmund Campion, einst an der Universität und bei Hofe gleichermaßen beliebt, bis er sein Leben jenem tödlichen Priesterberufe weihte, damit die Insel kein Waisenkind an Sühneopfern bleibe, wie in der Prophezeiung Daniels ... Und jeder Augenblick im Leben dieser Kinder richtet und ordnet sich wie die Gezeiten nach jenem totenbleichen Mond, jener Chimäre mit dem falschen roten Haarschopf, Tochter des wassersüchtigen Königs und der Hexe mit den zwölf Fingern, jener Königin und Hohepriesterin, die Rom mit dem Bannfluch belegte: und die auch Donne, etliche Jahre später, als sie ihren galanten Grafen von Essex dem Beil überließ, in einem langen Gedicht mit dem Bann belegen wird.

Donnes geistiges Leben richtete sich gleichfalls nach den Phasen des *cold, aged moon,* und so wechselte er in Oxford von einer Fakultät in die nächste, um nicht mittels eines Abschlußexamens die Neununddreißig Artikel und den Hoheitsschwur unterzeichnen zu müssen, da ihn dies zum Abtrünnigen gemacht hätte. Als Knabe ähnelte er dem sinnlichen Jüngling Miris, von Kavafis besungen, der rauflustig, freigebig und empfindsam ist wie die andern, von dem man aber weiß, daß er Christ ist; und nach seinem erbaulichen Tod fragt man sich, ob man ihn jemals wirklich kannte. Die Augen klar, hungrig und argwöhnisch, die Fäuste gegen die Schwertwachen erhoben: In genußsüchtiger, einträglicher Gesellschaft gab Donne sich jeder Geilheit hin, auch der des forschenden Geistes. Er galt als ein *great visitor of ladies, not dissolute but very neat,* war bewandert in sämtlichen Wissenschaften und Sprachen und liebte das Theater. Doch in den sechs Morgenstunden nach der Dämmerung, die er dem Studium widmete, bevor er »der allergrößten Freiheit« frönte, las und deutete er den heiligen Thomas oder die *Disputationes de Controversiis Christianae Religionis* von Kardinal Bellarmino und versah sie gründlich mit Anmerkungen.

Spannungen allerdings bekamen ihm schlecht; das erneute Aufflammen der Verfolgungen, der Tod seines inhaftierten Bruders, der von Essex und der eines anderen faszinierenden Mystikers in leichtfertigen Gewändern, des Earl of Arundel; der quälende Ehrgeiz, sich mit eigner Kraft Rang und Namen zu erwerben – endlich die schmerzlichen Jahre, in denen es ihm nicht gegeben war, mit der Mühelosigkeit seiner Ahnen in den geistlichen Stand einzutreten: All dies ließ für Donne jenen unterdrückten, heimgesuchten Glauben schließlich zur unerträglichen Bürde werden. Er hatte den Seinen und seiner weltlichen Geduld zuviel abverlangt. Es ist daher anzunehmen, daß er im Jahre 1597, als er sich in Lord Guardasigillis Dienste begab und begann, das Leben bei Hofe zu genießen, seinen Katholizismus, wenn nicht formell ablegte, so doch in Schweigen begrub, wie William Byrd, der Hofkomponist, oder der große John Bull, oder Shakespeare, jener gewaltige Schweiger, der kein einziges gläubiges Wort äußerte, das sich nicht hinter einer Maske, einer *Persona* verborgen hätte.

Doch auch die Alternative war nicht erheiternd. Es gibt in Donnes Schriften aus jener Zeit ein rätselhaftes, den Freitod preisendes Gedicht, *Biathanatos,* und einer seiner Verse, der stets als ein Seitenhieb gegen die Katholiken gedeutet worden ist, mag wohl auch sein persönliches Leiden verbergen:

»... denn für viele besteht das wahre Martyrium darin, daß sie keine Märtyrer sein können.« Der Knoten ist schwer zu lösen: Der Mensch Donne ist aufrecht genug, um anglikanische Unterstützung zurückzuweisen, aber nicht aufrecht genug, um sie nicht verdient zu haben, war er doch bei der Abfassung von Anklageschriften gegen Katholiken behilflich – auch gegen Mary Stuart persönlich.

Als er im Alter von 28 Jahren ein junges Mädchen traf, sich verliebte, es im Geheimen heiratete und entführte, nämlich Anne More, die Tochter jenes Sir Thomas, der ihn die Vermählung mit dem Kerker lohnte, nahm Donne Abschied von seinem planetarischen, erratischen Schicksal des *unangepaßten* Katholiken. Bezeichnenderweise sehnte er sich nun nach einem jener engen magischen Kreise, mit deren Hilfe man sich Zeit und Welt entziehen kann. So ist seine *Imago Mundi* schließlich auf die Dimensionen eines Zimmers beschränkt, eines Gesichts, einer Pupille, in der man, wie in den runden Hohlspiegeln von van Eyck und Velázquez, alles einfängt, ohne es zu verlet-

zen. Und da seine Liebesabenteuer ihm mit einem
Male wie der Vorspann zu einem feineren, vollendete-
ren Status schienen, wie die kläglichen Entwürfe der
eigentlichen Geschichte, wurde die *affectio coniugalis*
ihrerseits eine Studie, ein schüchternes Muster in
Anbetracht der künftigen *dilectio Dei*. Nachdem sie
auf Erden enden mußte, flog jene vollkommene,
vorgöttliche Liebe wie ein Pfeil dem Göttlichen entgegen: »Wenn ich sie bewunderte, schärfte dies meinen Geist, / dich zu suchen, o Herr. So offenbaren
reißende Flüsse / ihre Quelle ...«

Diese Liebe währte siebzehn Jahre und wurde mit
zwölf Kindern gesegnet, doch ließ die bittere Not viele
Knospen aus dieser Girlande erstarren. Mit dem Elend
kehrte Donnes Ehrgeiz zurück und kam ihm zu Hilfe.
So wurde er Dichter bei Hofe und verbarg, in allzu
anmutigen Gedichten den heftigen Schmerz, der ihn
quälte, hinter der Maske mondäner Galanterie. Eine
Krankheit, ein Tod im Hause der Herberts, Bedfords
oder Drurys, dienten ihm als zarter Vorwand für die
eine oder andre großartige Fuge über das Sterben: das
eigene, das seiner Lieben, das der ihm teuren Welt.
Wen beweinte Donne in jenen Jahren? Seit Homers
Zeiten konnten Achilles' Sklavinnen »Patroklos vor-
schützen / und den eignen Schmerz beweinen«, und
Simone Weil beschreibt mit Überzeugungskraft den
Sklaven, der seinem Herrn in Gesängen huldigt, und
ihn auf diese Weise aufrichtig lieben lernt.

Einen Rat König James I. befolgend – zumindest
sollte man dies glauben –, beschloß Donne endlich, in
den Orden der Church of England einzutreten. Seine
ausgedehnten Studien in beiden Lehren, seine Redege-
walt machten ihn schon bald zu einem berühmten Prediger, dann zum Dekan der Paulskathedrale, deren
Geschichte er niederschrieb. Der erste natürliche Trieb
aller Abtrünnigen ist die Unduldsamkeit gegenüber

Menschen, die allen Widrigkeiten zum Trotz dem eigenen Glauben treu geblieben sind. So häuften sich in Donnes Poesie und Prosa und in den Sermons kritische Seitenhiebe gegen den »unterdrückten, heimgesuchten Glauben«. Und hin und wieder versuchte er auch, sich selbst davon zu überzeugen, daß die beiden Kirchen in Wahrheit doch nur eine waren – denn ein typischer Wunsch bei widersprüchlichen Charakteren ist es, unversöhnliche Gegensätze versöhnen zu wollen.

Doch siehe da, noch in seinen letzten Jahren entstand eine weitere Polarität: Mit der flüchtigen Mißbilligung dieses oder jenes katholischen Brauches – des mönchischen Lebens zum Beispiel – wechselten sich immer häufiger und in immer glänzenderer Form reine, asketische Meditationen ab, die Helen Gardner mit dem Begriff »ignazianisch« beschrieb, und die Donne mit einem Mal den Schriftstellern der Gegenreformation näherbringen. Sünde und Tod werden in den *Divine Poems* zum herrschenden Thema, in den *Sermons* zum beharrlichen Baß. Mit einer Geste wie aus dem großen spanischen Theater der Mystik ließ er sich wieder auf die Beine ziehen, das Haupt mit einem Leichentuch verhüllt: So mußte er sich, blind und wachsam, auf das eigene Grab stellen, das Antlitz nach apostolischer Tradition gen Osten gewandt, bereit zum letzten Aufruf. Die tägliche Versenkung in das Heiligenbild am Fußende seines Bettes; jene letzte Predigt, die er bei Hofe hielt, das Antlitz bereits leichenblaß, *de morte sua;* seine Vorbereitung auf das eigene Begräbnis, sein Zudrücken der eigenen Lider im Beisein von Freunden, nach einem Bühnenbild des Escorials: Alle Ereignisse in jenem letzten Abschnitt seines Lebens – und seiner Dichtung – gehörten, mitten in der Reformationszeit, zu einem einzigartigen Anpassungsprozeß an widersprüchliche Formen.

2

... the   meditation   and   modula-
tion ...

JOHN DONNE, *Sermons, II, 203.*

Die emblematische Landschaft der Dichtung John
Donnes ähnelt jener in Dürers *Melencolia:* ein Reperto-
rium, ein bildhafter Abriß aller menschlichen, geheimen Künste: Bücher, Globen, Waagen, Sphären, Sand-
uhren, Zirkel und Fernrohre. Im Hintergrund Ruinen
prächtiger Kathedralen und Klöster, von Efeu und
Gras überwuchert, Fetzen veralteter liturgischer
Gesänge bei Prozessionen zu ehemaligen Wallfahrtsor-
ten: wie in John Bulls erhabenen *Variations Walshing-
ham,* wie in Philips' *Pavane e Gagliarde dolorose,* zu
denen die Königin bei höfischen Festen ihre wohlbe-
messenen Schrittchen macht. Darin vermengen sich
Glockengeläut und Hörnerblasen, *flourish and fanfare,*
Trauermärsche und Cembalotöne; die Jargons von
Marktplatz und Gerichtshof, Begriffe aus dem Anato-
mieraum und das Geflüster aus dem Alkoven, der
marmorglatte Wortschatz der Theologie und das Rie-
seln der Brunnen in den englischen Gärten, der mytho-
logische Schrei der Alraune und der Kehrreim der
Litanei, die trügerischen Sophismen des wollüstigen
Galans und die maßvolle Zärtlichkeit des Gatten. All
dies wird begonnen und vermengt mit der beiläufigen
und kraftvollen Geste des damaligen Theaters: Der
Vorhang der Poesie öffnet sich unversehens über einer
sich bereits im Verlauf befindlichen Szene, über einem
wahrscheinlichen, anrührenden Geschehen, von dem
nichts erklärt wird, und das die ersten Worte offenkundig machen. Dies »Who's there? / Nay, answer
me ...«, das das Herz stillestehen läßt in der Anfangs-
szene des *Hamlet.* Das Schild, das im Globe oder im

Blackfriars die Stelle des Bühnenbildes einnahm, könnte hier wenige Worte aufweisen: Ein Zimmer. Eine Türe hinaus auf die Straße. Ein Garten. Und das wäre bereits zuviel.

Virginia Woolf hat einmal treffend bemerkt, daß Donne nicht so sehr wegen seiner bedeutsamen Worte fasziniert, obwohl seine Gedichte ja regelrecht strotzen vor Bedeutsamkeit, sondern wegen der heftigen, abrupten Gedichtanfänge. »Jeder Vorspann, jede Einführung ist verbraucht, deshalb beschreitet er seine Gedichte auf dem kürzesten Wege«, wie ein Liebender, der durch das Fenster ins Zimmer der Liebsten gelangt und alles andere um sich her vergißt: Zeit, Raum, Universum. Wenn er mit herrischer Geste befiehlt: »Stand still ...«, dann müssen wir stillestehen. Der Zyklus der Anne More gewidmeten Liebesgedichte läßt an die Familienszenen Rembrandts und Saskias denken. Wir kennen jedes Möbelstück ihrer Gemächer, jeden Lichtfleck auf ihren Fenstern, jedes Leuchten der Kelche, in dem sie einander zutrinken, jede Falte ihrer Baldachine, aber von der Außenwelt wollen sie uns nichts verraten.

Die Anwesenheit des herrischen, hartnäckigen Besuchers beschleunigt den Rhythmus unseres Lebens, schärft die Sinne, erhellt nach und nach die Gegenstände wie eine unruhig flackernde Flamme und erweckt sie zu einem erregenderen, eingehenderen Leben. »Der *Ring von Haar, der sich um den Knochen windet,* brennt in unseren Augen«. Oft folgt ein Entzünden dem nächsten so geschwind, wie Bilder durch ein Fernrohr näherrücken. In Wirklichkeit ist auch diese Geschwindigkeit nur vorgetäuscht, ein Gegenstand antwortet dem andern wie ein Echo dem nächsten, in fest umrissenen, genau bemessenen Abständen. Am Ende des Gedichts erkennen wir, daß der aufbrausende, leidenschaftliche Redner in Wahrheit ein virtuoser Rhetor ist, der gewandt mit symmetrischen Übereinstimmungen und verborgenen Andeutungen spielt. So werden Begriffe aus den unterschiedlichsten Bereichen von Kunst und Wissenschaft elegant miteinander verwoben, entspricht die alchimistische Metapher dem nachgiebigen Gelehrten, das juristische Urteil dem Begriff aus der Militärkunst, nach einem Sternensystem von unzerstörbarer Festigkeit. Wortspiele, widersprüchliche Verknüpfungen und vieldeutige Anspielungen sprengen keineswegs die stolze Schwingung der Strophe, die unerschütterliche Natürlichkeit der Diktion. Weder der menschliche Atem, noch die zarte Asymmetrie des Blicks verlieren sich in jener einzigen Linie, die von oben nach unten eine Strophe mit der nächsten eint, ein Zeichen für die Notwendigkeit eines Gedichtes, so daß wir uns zuweilen fragen müssen – wie wir dies auch bei Kavafis oder Eliot tun –, welches Versmaß Donne verwendet.

All diese Elemente erreichen ihren Höhepunkt in den Anne Moore gewidmeten Gedichten: die Abschiedsgrüße, *aubades,* die Oden, die Hymnen, der gesamte verzauberte »einseitige Dialog«. Hier spielen zwei in der Literatur sehr seltene klassische Komponenten zusammen: das Gefühl für das Schicksal, das zwei Menschen gegen die grausame Welt vereint (Pasternak wird aus diesem Thema einen herrlichen Roman formen und merkwürdigerweise dieselben rituellen Masken verwenden wie Donne in dem Gedicht *Die Reliquie*), und das Gefühl für den Status, den Initiationsrang, der die Liebenden isoliert, erhöht und krönt. Reich, Einkleidung, Taufe, Heiligsprechung, Salbung, Reliquie gehören zu ihrer Alltagssprache. Himmel, Erde, Thron, Herrschaft sind ihre täglichen Zeugen. Ähnliche Gedanken finden wir bei einer Dichterin, die über John Donne nachsann, Emily Dickinson. Die jedoch verbrennt in der mystischen

Leere absoluter Abwesenheit Welten über Welten, springt vom toten zum lebenden Stern und überschreitet dabei »with a chamois silver boot« die Schwelle zu Wahnsinn und Tod. Indem er den Raum, den »Zeitpunkt«, in dem er lebt und spricht, aufs engste verdichtet, scheint Donne sich der Welt zu bemächtigen wie eines großen, wunderbaren, rein emblematischen Kartenwerks, das er mit beiden Händen aufschlägt, ausbreitet wie einen mit Symbolen reich bestickten kaiserlichen Mantel, den er der Liebsten zu Füßen legt. Zuweilen gibt er sich den Anschein, als spiele er mit der Weltenkugel wie ein Jesuskind, das den Globus in der Hand hält; oder er verfährt nach dem fragilen, ehernen Gesetz eines chinesischen Taschenspielers: Zwei Kugeln suchen einander zu haschen, in doppelten, gegenläufigen Themenkreisen, wie die Sterne in einem Astrolabium, wie die Seelen in der mystischen Rose. In diesen konzentrischen und dezentrischen Kompositionen kleidet die abstrakteste Idee Bilder in die optische Genauigkeit einer wissenschaftlichen Tafel, so daß in der Übersetzung bereits eine kleine, willkürliche Abweichung die Sichtweise um neunzig Grad verschieben kann. In dieser Zeit ist Donne so schwer beladen mit Schätzen, Erfindungen und seltenen Formen wie ein Schiff, das mit reicher Beute von den Antillen heimkehrt, und ist dennoch zum ersten Mal von himmlischer Unschuld, schlicht wie ein Kind und ebenso liebenswert.

Was Emily Dickinson als das »etruskische Experiment« bezeichnete – und bei Donne finden wir dasselbe Bild, wenn er das in süßer Sarkophagpose ruhende Paar beschreibt –, verriet Donne die Grundsätze, die aus jeder übernatürlichen Vereinigung eine Hinführung zur geistigen Erfahrung werden lassen. Solch eine Beziehung befreite ihn von allen alten Gefühlsbanden: der Notwendigkeit, dem Spiel der

Kräfte, der bloßen Psychologie; sie offenbarte ihm das Sakrament des Abstands, die Geheimnisse des Schweigens, das Wunder der »beiderseitigen Gewißheit des Geistes« und das bereits gänzlich religiöse Bedauern über einstige Vergeudungen der Seele.

All dies werden wir nach Annes Tod als n-tes Destillat, »zu hauchdünner Klinge geschärft«, in den religiösen und kontemplativen Dichtungen wiederfinden. Ja, nur noch dies ist geblieben. Die Kränze, gewunden aus Sphären und Astrolabien, die den zierlichen Hals eines unerschrockenen, lebhaften Mädchens zieren, räumen nun jenseitigen Kosmographien das Feld. Äußerst eng ist noch das Verhältnis von Mikrokosmos und Makrokosmos, doch der Glanz, einst vom Blick in die Spiegel vervielfältigt, konzentriert sich fortan auf einen einzigen Gegenstand, der asketisch zum Meditationsmotiv erwählt wird. Die Zeit drängt. Noch einmal verdichtet sich der Raum. Nun allerdings konzentrieren sich nicht mehr Welten darin, er ist nur noch Vorbedingung für das unbegrenzte Geistliche. Noch einmal – und dieses Mal vollständig – versucht Donne, seine Vorgeschichte aufzurollen: So wie er einst seine Liebeshändel bedauerte, als er die wahre Liebe fand, scheint ihm nun der weite Leidensweg unerträglich, verleugnet er alles, was den letzten Wirklichkeiten die Kraft benahm. Die *Holy Sonnets* entblößen sich mit dem Geist, Donnes »massive Musik« wird zur keuschen, durchdringenden, gehaltenen Note: dem eintönigen Weinen der Mystiker, das so häufig den Tod herbeiruft. Er möchte aufhören zu existieren, weil er nur in anderen existieren kann. »Zertrümmere mein Herz, o dreifaltiger Gott ...«. »Damit ich auferstehen kann, streck mich nieder ...«

Die Weiße eines elfenbeinernen Kreuzes, das Schiff der Kirche, das sich den Weg bahnt durch die rote Gischt des Blutes, der sterbende Leib des großen Kartographen der Dichtung, ausgebreitet wie eine letzte Karte, über die die Ärzte sich neigen, um die befreiende Meerenge zu finden: Donnes gesamter Bilderschatz, funkelnd, scharfsinnig und voller Andeutungen, hat sich gewandelt. Der aufrechte, unergründliche Würdenträger, stets zum Sterben bereit, noch so mittelalterlich, daß er sich auf der Kanzel stehen sah, »eingehüllt in den Orden wie in eine heilige Wolke«, und nachsann über die Jungfrau Sophia in der reinsten Tradition der Weisen Bücher, ist nun geistlich und literarisch in das Leichentuch gehüllt, wie wir es im protestantischen Glauben nur bei den hohen, tragischen Geistlichen des Transzendentalismus in Neuengland finden. Ihn umgibt der düstere Schein der Kathedralen ohne Tabernakel, wo religiöse und weltliche Zeremonien von derselben pompösen, öden Glätte sind: eine Aura von Bibel und Krieg, wo seine bereits gedämpfte Stimme den reinen, jenseitigen Ton angibt. Und all dies ähnelt ihm in gewisser Weise, ihm, der trotz alledem niemals das andere Gesicht der Sehnsucht nach dem Martyrium kannte: jene Milde, jenen aus dem Stein sickernden Honig, der sich ergießt, *gemitibus inenarrabilibus,* in die trunkenen Neumen alter Jubelgesänge, und die ein George Herbert zweifellos kannte, oder jener fröhliche Earl of Arundel – der heilige Philip Howard –, im Kerker vergiftet.

Es bleibt unter – oder über – alledem das Geheimnis einer Kunst, die bis zum Ende gespeist und entfacht wurde von einer mehr oder minder verhüllten Bildersprache, die ihr vorausgeht und ihr nachfolgt, und sich ganz mit ihr vereint, so wie der Schatten der Liebenden in dem Jugendgedicht *A Lecture Upon the Shadow.* Nach jüngsten Erkenntnissen (denen Baron Pastor bei weitem voraus war) liegt das Geheimnis der Gegenreformationskunst in einer verdeckten Rückkehr zu den unergründlichen religiösen Kosmologien des Mittelalters, kodifiziert in dem meisterhaften Werk von Durandus von Mende. Der aufsehenerregende Sprung des stromaufwärts schwimmenden Lachses, der metaphysische Übergang von Quantität zu Qualität, der ein Jahrhundert lang den aufkeimenden Naturalismus in der Renaissance einzudämmen vermocht hatte, entstand aus dem Entschluß, die Formen der eigenen Zeit nach symbolischen Inhalten zu richten, die sie bei weitem überstiegen. Der Grundriß der Kirchen kehrte zurück zu den alten Formen des griechischen Kreuzes, die Askese und die Mystik zu ihren Fundamenten: die Schrift, die griechischen Väter, das ursprüngliche Mönchstum. Selbst das Gepränge stellte den eignen Sinn auf den Kopf, und so stand es fortan nicht mehr für das Verlangen nach irdischer Herrschaft, sondern für die Eitelkeit, für die berauschende Vielfalt an todgeweihten Dingen. Die Erscheinung des Ignatius von Loyola, dies reine Gespenst auf dem Wege in ein goldenes, mit Lapislazuli verziertes Grab; der schwere bischöfliche Schmuck des Gerippes in Leals *Finis Gloriae Mundi* – er ruht auf einer Waagschale, die nicht belastet scheint, während die andre sich nach unten senkt, nur mit dem flammenden Herzen Christi beschwert; die Grabesfeuchte, die die zarten Spitzen im *Entierro del Conde de Orgaz* gefrieren läßt, erstehen aus denselben geistlichen und ästhetischen Postulaten, die zu Füßen von Elizabeth und James, zu gregorianischen Weisen von John Bull, jenes schreckliche *In Nomine* gebaren, den göttlich düsteren Donne der *Holy Sonnets*. Donne war ein Dichter, der vielleicht mehr als jeder andere das tödliche Wagnis der späten Renaissance einging, und er entzündete dort, wo er den Erscheinungsformen seines Jahrhunderts erlag und sie insgeheim von sich nährte, eine kosmologische und asketische Symbolik, die jener Dante Alighieris gleicht, jener des klösterlichen Breviariums, jener der alten, von Efeu und Gras überwucherten Kathedralen. Vielleicht bedarf es, um John Donne richtig zu deuten, weniger einer ausführlichen literarischen Exegese, als einer erneuten Lektüre des Rationale *divinorum officiorum* von Durandus von Mende, oder der *Gemma Animae* von Honorius d'Autun.

Gewiß diente dieser bezaubernde *weltliche Lord,* aus dem der Zufall oder das Schicksal – »das rauhe Schicksal, der Beauftragte Gottes« – einen *geistlichen Lord* machen wollte, Englands religiöser Dichtung mit einer nicht minder erhabenen, atavistischen, einer nicht minder offenen und überraschenden Reinheit, wie sie bereits den großen Skeptiker und Utopisten Thomas Moore zum Richtblock führte, weil er eintrat für den »unterdrückten, heimgesuchten Glauben«.

EIN ARZT

Ein stiller Psychiater, dessen Methoden an gewisse Ärzte in den Erzählungen Anton Tschechows erinnern, empfahl seinen schwermütigen Patienten für gewöhnlich eine Lektüre des Buches Hiob. Er schätzte diese unglücklichen Menschen, die, wie die Prinzessin bei Andersen, fast ausnahmslos an ihrem allzu klaren Blick litten und versicherte ihnen, jene bittere Meditation über den Gang der Welt werde ihnen Nutzen bringen und sie aufheitern. Ähnlich mußte die Macht des Lesens ein Kritiker empfunden haben, der über Tchechow schrieb: »Er ist der einzige, der sich auf unser schmerzendes Fleisch pressen läßt, ohne es zu verletzen. «

Tschechow gehört in Wirklichkeit zu jenen zartsinnigen Dichtern, die ihr Gebäude auf dem Boden eines umfassenden Wissens über den Gang der Welt errichten: die uns lenkenden Notwendigkeitsgesetze, die unabänderlichen Schlechtigkeiten (»dies Unheilbare, diese beängstigende Verzweiflung, daran man sich nicht gewöhnen kann«); der Drang, einander widersprechenden, einander ergänzenden Gesetzen zu gehorchen, jener tollkühne »Liebeswahn« also, den der Mensch beständig in sich und in anderen zu ersticken trachtet.

Die Furcht des Menschen vor der Macht der eignen Seele: dies unwiderstehliche Bedürfnis – wie es Simone Weil umschrieb –, »sich immer dann die Augen mit dem Schleier des Fleisches zu bedecken, wenn sich ein wenig reine Güte zeigen will«: Dies ist das beherrschende Thema in Tschechows Erzählungen. In geraffter Form finden wir es in der Novelle *Der Anfall*, in der beschrieben wird, wie der junge Student Wassiljew, den die Entdeckung der Prostitution bis zum Rande des Wahnsinns getrieben hat, von der erschreckten Welt in eben jenen Wahn hineingestoßen wird.

»›Daß ich an zwei Fakultäten war‹, rief Wassiljew, ›darin erblickt man eine Heldentat; dafür, daß ich eine Arbeit geschrieben habe, die nach drei Jahren überholt und vergessen sein wird, hebt man mich in den Himmel, aber daß ich über gefallene Frauen nicht so gleichgültig sprechen kann wie über diese Stühle hier, dafür kuriert man mich, nennt mich verrückt und bedauert mich!‹ Mit einer Miene, als verstehe er die Tränen und die Verzweiflung sehr gut und als fühle er sich auf diesem Gebiet als Fachmann, trat der Arzt zu Wassiljew und gab ihm schweigend ein paar Tropfen ein ...«

Bromkalium und Morphium, die auch in *Der schwarze Mönch* die Wahrnehmung des Helden auslöschen. Daß der Mensch sich als ein »Fachmann auf dem Gebiet« betrachtet und dem Übel dennoch nicht anders beizukommen weiß, als mit Tropfen, die die Aufmerksamkeit schwinden lassen, geschieht jeden Tag und jede Stunde. Wir könnten bei Tschechows Kritikern beginnen und ihrem mechanischen Griff zum Betäubungsmittel: dem Leopardi nachempfundenen Pessimismus, dem grimmigen Sarkasmus, dem Bankrott einer Epoche, einer Sitte. Dies Netz von Gefügsamkeit, das den, der es spinnt, ebenso umgarnt wie den, der sich darin verstrickt, kann nur der altbewährte Spruch zerreißen: »Schließt doch die Augen, dann könnt ihr nichts sehen.«

Wie jeder freie Geist beobachtet Tschechow mit weit geöffneten, heldenhaft wachen Augen. Es ist diese unbedingte Aufmerksamkeit – ohne Ausflüchte, ohne Ruhepausen –, die seinen entgrenzten Erzählungen ihre Einheit der Darstellung verleiht und sie uns wie ein Geheimnis in zahllosen Akten erscheinen läßt. Tolstoi sagte einmal über Tschechows Federstriche, sie wirkten von Nahem wie auf gut Glück gesetzt, enthüllten erst von Ferne ihre wundersamen Gebilde aus Formen und Farben. Ein Urteil, das sich noch erweitern läßt: Jedes von Tschechows Gemälden scheint aus der Nähe betrachtet isoliert, aber von weitem findet es seinen Platz an der breiten Wand, die er schaffen wollte: nicht das Rußland des ausgehenden 19. und beginnenden 20. Jahrhunderts oder einen beliebigen anderen Ort, sondern die *cité d'ici-bas,* wo die Häuser wie in alter Zeit auf einer Seite offen scheinen und eingetaucht in das flüssige, heimtückische Element, die allgemeine menschliche Lage. Der Blick, der von oben diese Welt betrachtet und ihre zusammenhanglosen Bedeutungen neu zusammenfügt, gleicht demjenigen Shakespeares: Die erschreckende Auflistung aller Übel dieser Welt in Hamlets Monolog bildet die Mauer um Tschechows Stadt.

Es ist solch ein Blick von oben, der der Erzählung, die so nervös, willkürlich und hastig wirkt, die volle Süße natürlicher Kreisläufe verleiht und auch jenes schwindelerregende Zeitempfinden, nach dem das Dasein der Figuren zugleich im Zeitlupentempo verrinnt und beängstigend schnell – und der Tag, der niemals enden wollte, ist mit einem Male Leben, das vorwärtsdrängt, schon bald zerronnen und verloren ist: doch keineswegs unwiderruflich für den, der es als das sah, was es war: ein endloser Tag.

Tschechow weiß – und versucht geduldig und beharrlich, dies zu beweisen –, daß der geschlossene, reglose Kreis der Gewohnheit das Rad ist, das die Seele am geschwindesten in den Tod reißen kann. Was also ist der Gewohnheit (die er häufig zurecht mit dem Begriff ›Sattheit‹ benennt) als Heilmittel und Lebensentwurf entgegenzuhalten, wenn nicht ihr Gegenteil, die Aufmerksamkeit?

Mit ihr geht Tschechow jedes Wagnis ein, oder besser, das einzige, wirklich gefährliche Wagnis, das, was dem Verlassen der Heimat seinen hohen Wert verleiht: das Wagnis, einen Grad an Hellsichtigkeit zu erreichen, der womöglich die vertrauensvolle Seele ermüdet, sie den geheimnisvollen Kräften der Leidenschaft entreißt, sie schutzlos dem gewaltigen Maß an Unannehmbarem überläßt, aus dem die Welt in ihrem Kern nun einmal besteht. Dann könnte die Aufmerksamkeit, wie jede große Hoffnung, sich jäh in Verzweiflung wandeln, um gegen sich selbst gekehrt das Antlitz der tödlichsten aller Gewohnheiten anzunehmen: träge Resignation angesichts all des menschlichen Elends.

Es ist das Wagnis des Universitätsprofessors in der wunderbaren Erzählung *Eine langweilige Geschichte,* das Wagnis all der bitteren, leidenschaftlich gütigen Männer, das er oft in aller Ausführlichkeit beschreibt, wie ein Forscher, der seine Medikamente am eigenen Leib erprobt, denn all diese Männer tragen mehr oder minder seine Züge: der empfindsame Arzt in *Ein unangenehmer Vorfall,* der bärbeißige in *Die Fürstin,* auch die beiden glänzenden Memoirenschreiber in Mein Leben und *Erzählung eines Unbekannten,* sogar der Häftling in *Die Wette* (eine kurze, glühende Abwandlung des großen Themas im *Buch der Prediger*). An die äußerste Grenze dieses Wagnisses wird, indem er sich verirrt, der Psychiater in *Krankenzimmer Nr. 6* stoßen, ein gütiger, kluger und boshafter Mensch, den die Angst daran hindert, Aufmerksamkeit zu üben. Als die Scheidewand aus angenehm stoischen Formeln, die ihn jahrelang von der Welt seiner Kranken trennte, aufgrund verschiedener Begebenheiten niederbrennt, und er sich mit einem Mal auf der anderen Seite des Grauens befindet, wo das Leben eigentlich *unmöglich* ist und dennoch Stunde um Stunde, Jahr um Jahr von Tausenden gelebt wird, die besser sind als er, kann der Arzt nur noch sterben und das bejahen, was er jahrelang verneint hat: das *unmögliche* Wunder des Lebens im Unglück.

Tschechow nimmt also die Aufmerksamkeit samt ihrer tödlichen Vielfalt und ihrem tödlichen Risiko auf sich; und der Ring einer jeden Erzählung ist wie ein neuer Tag, an dem der Mensch, der des Nachts über die Kräfte der eignen Seele nachgedacht hat, herabsteigt, um ihr Brennen aus nächster Nähe zu betrachten. Es ist die unvergleichliche Anteilnahme Tschechows an menschlichem Leid, die seine Erscheinung so liebenswert und tröstlich macht: Wie ein Arzt sieht er schweigend, zuweilen »nachdenklich vor sich hin pfeifend«, unzählige Leiden. Er betritt und verläßt die Häuser der Kranken und weiß, daß er herzlich wenig tun kann, weil er wenig auf die eigene Kunst vertraut; aber er setzt sich ans Kopfkissen eines jeden Kranken und bleibt bei ihm. Die einzig wahre Medizin trägt er stets bei sich: den unverwechselbaren Blick eines Menschen, der bereit ist, bei uns zu wachen, die zurückhaltende, scheue, vornehme Sprache eines Menschen, der gelernt hat, sich selbst und anderen in Erinnerung zu rufen, was der Schmerz wert sein kann, wenn eine schattenlose Liebe ihn auffängt.

Täuschung, Mittelmäßigkeit, Kompromiß, Überdruß, Häßlichkeit: Dies alles gilt es zu ertragen wie das übrige, mehr noch als das übrige, weil Aufmerksamkeit wie eine offene Scharte jeden Pfeil einläßt, eine Art unentwegtes Leiden. Welch gewaltige Anstrengung, jedem das gleiche Maß an Geistesgegenwart zu schenken, und dennoch sein Inneres dem einzig Bedeutsamen zu bewahren.

»Die Bettdecken, die Lappen, die Schüsseln, die Lachen auf dem Fußboden, die überall verstreuten Pinsel und Löffel, die weiße Flasche mit Kalkwasser, die stickige, schwere Luft – alles war erstarrt und schien in tiefste Ruhe versunken ... Der Arzt blieb bei seiner Frau stehen, steckte die Hände in die Hosentaschen und richtete, den Kopf zur Seite geneigt, den Blick auf den Sohn. Auf seinem Gesicht malte sich Gleichgültigkeit, und nur an den Tropfen, die in seinem Bart schimmerten, sah man, daß er unlängst geweint hatte. Von jenem lähmenden Entsetzen, an das man denkt, wenn man vom Tod spricht, war im Schlafzimmer nichts zu bemerken. In der allgemeinen Erstarrung, in der Haltung der Mutter, in dem gleichgültigen Gesicht des Arztes lag etwas Anziehendes, Herzbewegendes, jene zarte, schwer zu erfassende Schönheit des menschlichen Leids, die man nicht so bald zu verstehen und zu beschreiben lernt, und die wohl nur die Musik wiedergeben kann.«

Dies ist das genaue Gegenteil von »Neugierde«, literarischer »Distanziertheit«, »objektiver Betrachtung«, im *Anfall* von einem Freund des Studenten Wassiljew angedeutet.

So durchstreift Tschechow die irdische Stadt, eingeschlossen in den unüberwindbaren Ring ihrer Schlechtigkeiten: »die Peitschenhiebe und Possen der Zeit, das unverschämte Gebaren der Mächtigen und die hinausgezögerten Gesetze, die Qualen verschmähter Liebe und die Verachtung geduldig erworbener Verdienste« inmitten all dieser Häuser, die auf einer Seite offen sind, die aber wie das Nest der Wildente eine unheimliche Übereinkunft des Schweigens schützt. Hier leben

Menschen, die einander helfen könnten, es aber nicht tun, weil sie müde sind, überdrüssig oder furchtsam, weil niemand sie lehrte, ihre Gefühle zum Ausdruck zu bringen, oder weil ihr Vermögen, einander Aufmerksamkeit zu schenken, vom Unglück zerstört wurde. (»Das Unglück eint nicht, es trennt die Menschen voneinander; wer unglücklich ist, ist auch böse und selbstsüchtig und noch weniger imstande als die Gesegneten, den andern zu verstehen.«) Hier leben auch Tschechows viele Frauen, Veroschka, Katja, Olga, Sinaida: verschiedene Gesichter einer einzigen Frage, auf die es niemals eine erschöpfende Antwort gibt. Und die Kinder, die Knaben, die reine Lymphe, die sich bald in blutigen Schweiß wandeln wird. Und draußen im Freien, die Einsamen, die Verbannten: Der unschuldige, verarmte Fürst, der auf einen Fasanen zielt und über ihn hinwegschießt, weil er nicht einmal auf der Jagd die Nützlichkeit einer mittelmäßigen Tat abzuschätzen weiß; der junge Mönch, der bei der nächtlichen Überfahrt den toten Mitbruder beweint; der Gefangene auf dem einsamen Pfad zwischen den beiden aus Gewohnheit stummen Wachen, der nicht begreift, wie Menschen gerade ihm jene gewaltige Züchtigung auferlegen konnten, die sich so überaus gewählt auszudrücken wußten. Die Pferdediebe messen ihre Kräfte, die Alten beweinen das Alter der Welt, die Droschkenkutscher vertrauen, weil niemand ihnen zuhört, dem Pferd ihre Nöte an. In dem kleinen Zug, der vergessen in der Steppe steht, verdursten die im Stich gelassenen Stiere; und die streunenden Hunde träumen, nostalgisch winselnd, von den Prügeln eines eingebildeten Herrn.

Jeden Tag solche Wege zu beschreiten, solche Begegnungen zu wagen, ist Sache der Stoiker. Tschechow, »zartfühlend wie ein Mädchen und höflich wie ein Japaner«, hat nur zwei Talismane bei sich: sein Vermögen zu lächeln und die allgegenwärtige Natur. Wenn die Gründe für ein schwermütiges Herz so viele werden, daß sie ihm den Blick trüben, wenn die aufsteigende Übelkeit ihm das Wort erstickt, lächelt Doktor Tschechow. Die Elenden haben Seiten von unerschütterlicher Torheit, Züge, die sie mit allem teilen, was auf Erden kreucht und fleucht: »*Er blickte mich an wie der Hahn das Korn: Nun haben Sie sich endlich davon überzeugt, daß ich ein intelligenter Mensch bin.*« »*Hundertmal haben Sie versucht, mich aus dem Dreck zu ziehen, und nichts ist dabei herausgekommen ... Einen Mistkäfer werden Sie eben nicht auf eine Rose locken.*«

Nur was rein ist, scheint von seinem Gesicht sogar den Schatten eines Lächelns zu verscheuchen: Es ist die bange, beinah fromme Sorge um alles, was hienieden auf bescheidene, geheimnisvolle Weise das Ewige verkörpert und dennoch vergehen muß. Sobald es darum geht, ein Urteil zu fällen, einen Vergleich zu ziehen, überläßt Tschechow das Wort diesen leichten, feierlichen und vergänglichen Präsenzen. Dann öffnet sich im Wirbel der Erzählung ein zentraler Raum, eine Art leuchtendes, tiefes »Sturmauge«, das, wie auf den Fresken Giottos, augenblicklich eine vierte Dimension schafft:

»*Das Leben verlief weiter wie bisher: gleichförmig, träge, gedankenlos. Schatten legten sich auf die Erde, zwischen den Wolken grollte der Donner, hin und wieder stöhnte kläglich der Wind, so als wolle er zeigen, daß auch die Natur zu weinen vermag. Doch nichts störte die gewohnte Ruhe jener Menschen. Von Susana Moisseevna und den Wechseln wurde nicht gesprochen.*«

»*Man spürte die Nähe jener unglückseligen, unabwendbaren Jahreszeit, in der die Felder dunkel werden, die Erde schlammig und kalt, und in der die Trauerweiden noch trauriger wirken als sonst und mit ihren Tränen den eignen Stamm benetzen; nur die Kraniche entgehen dem allge-*

meinen Unglück, doch auch sie, als fürchteten sie, die
gequälte Natur mit einem freudigen Lied zu beleidigen,
geben traurige, bange Laute von sich.«

»... und gleich einer gefallenen Frau, die allein im dunk-
len Zimmer sitzt und nicht an das Vergangene denken will,
verzehrte sich die Erde in Erinnerungen an den Frühling und
den Sommer und wartete apathisch auf den unvermeidlichen
Winter. Wohin man auch blickte, überall präsentierte sich die
Natur als dunkle, grenzenlos tiefe und kalte Grube, aus der
weder Kirilow noch Abogin, noch der rote Halbmond her-
ausfinden konnten ...«

In solchen Pausen werden insgeheim die zahllosen
Möglichkeiten eingesammelt und aufbewahrt (man
denke an den Diener in der *Erzählung eines Unbekann-*
ten, der die Tränen seiner Herrin auffängt), die dem
Menschen zur Verfügung stehen, um sich vom Gesetz
der Notwendigkeiten zu befreien: all die Hinweise auf
eine natürliche, vergessene, beharrliche Barmherzigkeit. Dann schließt sich erneut der Ring der Gewohnheit um den Raum und wird fest verlötet; doch gerade
weil dieser Ring sich so eng um die Seele von Tschechows Leser legt, schafft er der nicht verwirklichten
aber möglichen Schönheit einen eigenen Raum, eine
verlorene Heimat.

»Wie glücklich ist der Mensch«, schrieb Tschechow
über einen Beichtvater, »der zu verzeihen vermag.«
Doch in den letzten großen Erzählungen läßt die
äußerste Klarheit, die sein Blick erreicht, ihm das Verzeihen immer schwieriger werden. Es ist dies ein
Blick, der das Leben eines Menschen, das einer ganzen
Nation, einer ganzen Welt zur Schande gereicht – das
des Soldaten Gussew –, bis hinunter auf den Meeresgrund verfolgt, wo sein Leichnam liegt. In der *Erzäh-*
lung eines Unbekannten wird die Luft, in der die Handlung sich vollzieht, durch gegensätzliche Positionen

verdünnt. Tschechow beschränkte sich hier auf drei Figuren, schon fast Archetypen, die allesamt zerrissen sind, zwei von der leidenschaftlichen Sehnsucht nach einem Leben ohne Lüge, einer vom zersetzenden Schlamm der Selbstsucht. Der Unbekannte, ein junger Verschwörer, hat sich, als Kammerjunker verkleidet, bei dem mächtigen Parasiten Orlow eingeschlichen. Der eine ist von der Schwindsucht befallen und von der Furcht, seinen Idealen nicht zu genügen; der andere ist so überdrüssig, daß er nicht einmal die duftendste aller Gaben genießen kann: die liebende Gegenwart Sinaidas, die für ihn den Ehemann verlassen hat.

Nachdem das Unterfangen, das ihn in jenes Haus geführt hat – in das Herz seiner Seele, seiner Krankheit, der ihn umgebenden Welt –, fehlgeschlagen ist, schreibt der Unbekannte einen Brief an seinen Herrn:

»Sie und ich, wir beide sind gestrauchelt, wir beide werden nie mehr aufstehen ... Ich habe mir, dem biblischen Kraftmenschen gleich, die Tore von Gaza aufgeladen, um sie auf den Gipfel des Berges zu tragen, aber erst als ich bereits erschöpft war, als in mir Jugend und Gesundheit für immer erloschen waren, bemerkte ich, daß ich diesen Toren nicht gewachsen war und daß ich mich selbst betrog ... und mein Brief, auch wenn er beredt, überzeugend und schrecklich wäre, er würde dennoch nur dem Klopfen auf einen Sargdeckel gleichen: Soviel man auch klopft, man weckt den Toten nicht mehr auf! Sosehr man sich auch bemüht, Ihr verwünschtes kaltes Blut läßt sich nicht in Wallung bringen, das wissen Sie besser als ich. Wozu also schreiben? ...«

Orlow antwortete, wie er es vorausgesehen hatte, mit Worten, die die gesamte heutige Welt bestätigen könnte:

»Je objektiver, desto geringer ist das Risiko, Fehler zu begehen ... Wir sind zu unbedeutend, als daß das Schicksal unserer ganzen Generation von unserem Willen abhinge.

Hier gibt es, das muß man bedenken, wichtige Gründe, allgemeine, die vom biologischen Standpunkt aus ihre solide raison d'être haben. Wir sind Neurastheniker, Nörgler, Abtrünnige, aber vielleicht ist das notwendig und nützlich für die Generationen, die nach uns leben werden ... in der Natur und in der menschlichen Umwelt geschieht nichts von selbst. Alles ist begründet und notwendig. Und wenn es so ist, weshalb sollen wir uns da besonders aufregen und verzweifelte Briefe schreiben?«

Zwischen den beiden männlichen Archetypen steht der weibliche, der zarte, natürliche Geist, der das Aufeinanderprallen der unversöhnlichen Gegensätze und die Tatsache, nacheinander einem jeden ihr Bedürfnis nach Wahrheit anvertraut zu haben, mit dem Leben bezahlt. Sinaida ist Orlow gefolgt, weil sie ihn allein, weise und unglücklich wähnte. Verzweifelt klammert sie sich an den Unbekannten, wie Weinlaub, das von einer Ruine gerissen wird und sich im Fallen an der jungen Zypresse aufzurichten sucht. Sie wird die Entdeckung nicht überleben, daß auch dieser Stamm morsch ist, daß dieser Mann, ermattet und nach Frieden dürstend, nicht mehr die eigene ideale Form füllen kann. Und überdies begehrt er sie (»wie der andere«). »›Die Welt der Ideen!‹ entgegnete sie und blickte mir spöttisch ins Gesicht. ›Die Welt der Ideen ... was soll ich tun? Belehren Sie mich. Wenn Sie schon selber nicht die Kraft besitzen, anderen voranzugehen, so zeigen Sie mir wenigstens, wohin ich gehen soll ... Ich bin doch ein lebendiger, fühlender, denkender Mensch. In eine schiefe Lage zu geraten ... eine sinnlose Rolle zu spielen ... das fällt mir schwer ...‹«

Auch der Unbekannte wird nicht weit über die letzte Seite seiner Erinnerungen hinauskommen. Doch über dem dunklen Himmel dieser Seite fügt Tschechow die zwei leidenschaftlichen Konstellationen, die vom formlosen Spiel des Unglücks getrennt worden waren, wieder zu einer einzigen zusammen. (»Die Taten und Sehnsüchte der Lebewesen sind nicht so groß wie ihre Schmerzen.«) Für Orlow aber gibt es keine Absolution, für ihn, den dies alles nichts angeht, der hinfällig wird, Bücher verschlingt, endlose Geschichten über das Baltikum, über Spielkarten und menschliche Existenzen. Den Deckel des verblichenen Sarges wieder schließend, tritt der Unbekannte aus seinem Leben.

Hier ist die Gerechtigkeit Tschechows verwandt mit der Dostojewskis am Ende der langen Debatte im *Idioten*: Myschkin und Rogoshin, die beiden Pole menschlicher Liebe, die beiden gegensätzlichen und einander ergänzenden Kräfte, werden in einer Gruft begraben, wie einst die Ritter nach einem tödlichen Duell. Für Tatski aber, den Verführer mit den unbefleckten Handschuhen, ist kein Platz in dieser Gruft, weil er die allgemeine Katastrophe verschuldet hat: dieser Mann mit der »merkwürdigen Erfahrung«, mit dem »interessanten Phänomen« (die Worte Orlows und auch die der Freunde Wassiljews, die jener als Mörder betrachtete). Ein halbes Jahrhundert später wird Pasternak den Prozeß ein drittes Mal aufrollen: Tatski und Orlow werden in Komarowski auferstehen, Myschkin und der Unbekannte in Schiwago, Nadeshda und Sinaida in Lara.

In seinen späten Erzählungen pflegt Tschechow, seine Stimme einer seiner Figuren zu leihen. Und typischerweise ist der Auserwählte nie der endgültig Verlorene, nie der, der zu lange die Augen geschlossen hielt und nun blind ist, sondern der, der sich zumindest noch die Freiheit bewahrt hat, bewußt an dem Abstand zu leiden, der ihn vom Guten trennt.

Unter ähnlichen Masken bleibt seine Gerechtigkeit kraftvoll und rein, ohne die Sphäre des Schweigens zu sprengen, oder die schwierigen Aussichten der Aufmerksamkeit zu verraten. Der berühmte Pessimismus Tschechows ist schließlich der einzig mögliche Optimismus, der Optimismus des Arztes, wenn er zum Mittler wird: die Welt sehen, wie sie ist, unsere Mitmenschen, wie sie sind, und zugleich versuchen, sie »anders zu lesen«, ihre gewaltige, verschlüsselte Bedeutung mit Hilfe des einzigen Schlüssels zu erschließen, der uns hierfür gegeben ist: die Kraft, den Gang der Welt anzunehmen, sowie das, was ihn beständig überwindet. Pasternak las wie einer, der »den Menschen mit denselben Begriffen in eine Landschaft einfügt wie einen Baum oder eine Wolke... Das Leben im weitesten Sinne, innerhalb eines einzigen, weiten, bewohnten Rahmens, in seinen Symmetrien und Asymmetrien, Proportionen und Disproportionen... Leben wie der verborgene, geheimnisvolle Ursprung aller Dinge.«

HOMMAGE À BORGES

Consideré que estábamos, como
siempre, en el fin de los tiempos.

Ein jeder weiß, daß Rom, diese gewaltige Hybride,
alles hat: unterirdische Basiliken, eine Pyramide, hän-
gende Gärten – und ein Sanatorium, auf dem ein hoher
eiserner Turm von einem Morgengrauen zum anderen
schwarzes Petrolium verbrennt. Nur wenige aber wissen, daß Rom auf einer trostlosen Piazza, verunstaltet
vom Städtebau und vom Leben wie keine zweite, eine
»kreisförmige Ruine« besitzt.

Der Grundriß dieser kleinen, erdbraunen Ruine
gleicht einem Oval, oder besser, einem Palmenblatt:
Verschiedene Arme, einst wahrscheinlich Gänge, streben auf eine kleine Pforte zu. Durch diese gelangte
man einst in einen winzigen Tempel der Alchimie, in
eine Kapelle christlicher Kabbalisten, die im 17. Jahrhundert von einem gewissen Marquese di Palombara
erbaut und dann von vielen mehr oder minder bekann-
ten Personen aufgesucht worden war, darunter Chri-
stina von Schweden. Heute ist nur noch die Pforte
unbeschadet erhalten. Das Denkmal trägt daher auch
den Namen Magische Pforte.

Eigentlich führt diese Pforte, inzwischen mit roten
Ziegelsteinen zugemauert, nirgendwohin. Eine versie-

255

gelte Buchseite, nur noch am Rande, entlang der hellen Marmoreinfassung, stehen Worte: schwarz-weiße Vögel, die auf reglosen Schwingen zwischen Himmel und Erde schweben: *Quando in tua domo nigri corvi parturient albas columbas tunc vocaberis sapiens ... Qui scit comburere aqua et lavare igne facit de terra coelum et de coelo terram pretiosam ...*

Ich habe erwähnt, daß die Ruine sich auf einer Piazza befindet. Aber ich habe nicht gesagt, daß diese ganz in der Nähe des Hauptbahnhofes liegt, also in einer der schmutzigsten Gegenden der Millionenstadt. Die Piazza selbst besteht aus mehreren Spiralen. Die äußerste begrenzt eine Wand aus rotem Fleisch, nassem Gefieder, Schuppen, schmutzigen Schürzen (doch auch Blumenkorollen aus purem Eis, blaugrüne Blätter und Wurzeln), ein immerwährender Markt. Weiter innen dann ein Kinderspielplatz: nur ein paar Beete und darauf ein Dorf aus Pappmaché, dessen flotte Bemalung wohl lustig wirken soll (ein Kind von heute muß schließlich früh begreifen, daß das Spiel keine Vision mehr ist, sondern ein Zuzwinkern). Diese lieblos hergestellten Pappschachteln wollen der Kindheit eines uralten Geschlechts kurze, klägliche Delirien aus anderen Welten übermitteln (von denen die meisten ohnehin bereits tot sind): der Westernsaloon, die Bank mit den Goldbarren, die Miniatureisenbahn der Minenarbeiter, und so weiter.

Außerdem haust in dieser Piazza, auf kalten, glatten Ästen, eine Kolonie feister Katzen: sie lebt von Abfällen, vom Markt, und vor allem vom nahe gelegenen Bahnhof (wer in Bahnhofsnähe lebt – einmal angekommen und nicht wieder abgefahren ist, obwohl er es gekonnt hätte –, und wer aus diesen unmöglichen Aufenthalten und Abfahrten Nutzen zieht – der Handleser, der Sterndeuter, der Heiler, der Wucherer –, achtet traditionellerweise einen ganzen Levitikus von

Tabus: vor allem das geheime, gefährliche Leben der Katzen).

Und schließlich all die mageren, allgegenwärtigen jungen Burschen: geheimnisvoll und durchschaubar, die Hände in den Hosentaschen, in einer Ecke lungernd, an einen Ruinenarm gelehnt, die Mütze tief ins Gesicht gezogen; den Eimer mit gerötetem Wasser in Händen, auf dem blaue Schuppen schwimmen, oder den Besen, der eine braune, nach Ammoniak stinkende Brühe in den Abfluß schwemmt.

Diese Piazza könnte uns wie der fest umrissene Ort von all denen scheinen, die Proust als Sammler von Masken des Wirklichen bezeichnete: Literaten der Äußerlichkeit, Realisten. Hier fänden sie alles: spitze Katzenzähne, die sich in gelbes Gedärm bohren, Gerüche von Federn, von Salz, von Stimmungen, denen sich der kränkliche beimengt, der den Milchwaren entströmt, und der leicht faulige früher Hyazinthen. Kindergeschrei in schwefelhaltiger Luft, träge Blicke, ausgespuckte Zigarettenkippen.

Aber auch die Magische Pforte. Die würde für Literaten dieser Art natürlich auf der Stelle unsichtbar; ohne die Magische Pforte aber würde die gesamte Piazza unsichtbar. Von den Katzen auf ihren hohen Ästen bliebe im Nu nur noch das Lächeln – wie das der grinsenden Katze aus *Alice im Wunderland*, oder jenes, das die Alchimisten dem Merkur zuschrieben. Vom fauligen Bodensatz des Marktes bliebe nur noch ein wenig Schnee in der Luft: die Seele des weißen prunus. Und von den Menschen eine Friedhofsstatue, über einen Ruinenarm geneigt, die Mütze über den Augen, in eine goldene Maske verwandelt. *(Horti magici ingressum Hesperidum custodit draco et sine Alcide Colchicas delicias non gustasset Iason).*

Auf dieser pythagoreischen Piazza der Eingeweide kam mir Borges in den Sinn: seine gebieterische Geste, mit welcher er die des Mannes wiederholt, abgebildet, wie er sagt, auf der gnostischen Karte; ein Zeigefinger gen Himmel weisend, der andere hinab auf die Erde. Ich entsann mich des eindringlichen gleichmütigen Wortes, mit dem er vielleicht für viele Jahrhunderte die Lippen der zeitgenössischen Dichtung schloß, so wie einst die Magische Pforte verschlossen wurde: »Jede Sprache ist ein Alphabet von Symbolen, dessen Gebrauch eine Vergangenheit voraussetzt, die die Sprecher miteinander teilen.«

(Wer teilt heute eine Vergangenheit? Wer ein Alphabet der Symbole? Gibt es eine Vergangenheit? Gibt es Symbole? Wo also ist sie, unsere Sprache?).

Nicht anders als die kleine Magische Pforte, blind und fast unsichtbar in ihrem vergessenen Alphabet, blieb der fürstliche Borges: zugemauerter Mittelpunkt einer »kreisförmigen Ruine«, über die das längst auf nur eine Dimension beschränkte Auge streift, ohne sie wahrzunehmen. *(Est opus occultum veri sophi aperire terram ut germinet salutem ...)*

Fremde pilgern noch immer hin zur Magischen Pforte, notieren sich in kleinen Büchlein die hehren Worte. Denn sie wissen, daß die Piazza nur noch dank der Magischen Pforte Schönheit und Maß besitzt. Die Piazza – dies tödliche Jetzt, das wenn es die Magische Pforte zerstört, auf niederträchtige, unschuldige Weise, sich selbst zerstört: »Ich überlegte, daß wir, wie immer, am Ende der Zeiten waren.«

ÜBERNATÜRLICHE SINNE

EINFÜHRUNG ZU
»WORTE UND TATEN DER VÄTER
DER WÜSTE«

Ich nehme mir die Freiheit, dies Buch
Pater Irenaeus Hausherr S. J. zu widmen.

Ein alter Mann wurde nach dem Weg
zum Abt Antonius gefragt. Er gab zur
Antwort: »In der Höhle eines Löwen
lebt ein Fuchs.«

Worte der Väter der Wüste

Die christlichen Lehrer der Wüste gediehen explo-
sionsartig in einem Augenblick, der vom 3. bis zum
6. Jahrhundert nach Christus währte. Kaiser Konstan-
tin hatte kurz zuvor das Dogma von Kaiser Commo-
dus aufgehoben – *Christianoùs me éinai,* die Christen
sollen nicht sein – und so den Christen ein Recht auf
Leben zugebilligt. Damit entriß er die junge Religion
mit sanfter Gewalt dem wunderbaren Nährboden des
Martyriums und der Katakomben.

Und setzte sie stattdessen einer tödlichen, achtzehn
Jahrhunderte währenden Gefahr aus, nämlich dem
Einvernehmen mit der Welt. Während die Christen in
Alexandria, Konstantinopel und Rom in die Normali-
tät ihrer Tage und Rechte zurückkehrten, flüchteten
sich ein paar Asketen, von jenem möglichen Einvernehmen abgeschreckt, in die Wüsten Sketes, Nitrias,
Palästinas und Syriens. Flüchteten sich in die vollkommene Stille, die nur ihre wenigen eigenen Worte
durchbrachen wie lichte Blitze den wolkenverhange-
nen Himmel. In Wahrheit wollten die meisten dieser

261

Worte gar nichts besagen, so wie das gesamte Leben dieser Männer sein wollte wie das eines Menschen, »den es nicht gibt«. (»Von den Einsiedlern der sketischen Wüste hieß es, sie hätten eine Gewohnheit, bei der ein Fremder sie beobachtet habe, sogleich nicht mehr als Tugend, sondern als Sünde betrachtet.«)

Die Worte und Taten der Mönchsväter – *lógoi kaì érga, verba et dicta* – wurden stets mit höchster Ehrfurcht aufgenommen, zum einen, weil sie schwer entschlüsselbar waren – wie die Zaubernüsse im Märchen, die sich erst in Augenblicken höchster Gefahr aufbrechen ließen –, zum andern, weil die Väter sich die meiste Zeit entschieden gegen das Schreiben verwehrten. Ihre Worte wurden auf Pergamentrollen verewigt: in griechischer, koptischer, armenischer und syrischer Sprache. Auf diese Weise wurden nicht nur Prophezeiungen und Wunder der Väter und ihrer Schüler aufgeschrieben, sondern auch die einiger unbekannter Laien, die insgeheim deren Regeln gehorchten und verborgen in den großen Städten, die die Väter mieden, zuweilen zu Meistern ihrer Meister wurden.

Einige der Väter waren Einsiedler. Beispielsweise der heilige Antonius, der Begründer des Mönchswesens, ein ägyptischer Lehrer, den man über die Jahrhunderte als Schutzpatron der Tiere verehrte, weil er, nachdem er seine paradiesische Unschuld wieder errungen hatte, wilde Tiere zu bezaubern vermochte. Andere verbrachten ein schlichtes Dasein in der Nähe einer Kirche, einer Feuerstelle, eines Brunnens. Wieder andere waren Zönobiten eines Klosters oder einer kleinen Laura aus strahlend weißem Geröll, geronnen zwischen Felswand und Abgrund. In mächtigen Felsengerippen hausten sie in Tierhöhlen oder selbstgegrabenen Löchern, durch die der Berg einem gewaltigen Kolumbarium glich: in jedem der dunklen

Steinmäuler ein menschlicher Leib. Tier und Leichnam scheinen ihre Vorbilder gewesen zu sein. (»Abba Pastor, vergiß nicht, daß du bereits seit einem Jahr im Grabe liegst«). Oder Tier und Engel, wie bei ihrem einzigen Archetypen, jenem unbegreiflichen Wesen, das sich, gehüllt in ein struppiges Fell und große braune Schwingen tragend, von Heuschrecken und Honig ernährte, Johannes der Täufer, und wie bei dessen Archetyp, dem Propheten Elias. In der Höhle das Tier und am Eingang des Grabes der Engel: Arsenius, auf der Schwelle seiner Zelle kauernd, ein feines Leinentuch an die Brust pressend, um die unaufhörlich fließenden Tränen aufzufangen; die Trränen, in denen das Ich sich auflöst wie Salz in lebendigem Wasser; jene höchst geheimnisvollen Tränen, die zu erlangen die römische Kirche eine Votivmesse ersann.

Außer Johannes und Elias hatten die Väter der Wüste keine Ahnen. Niemand zuvor in der christlichen Typologie kam ihnen gleich. Ihre Lehre scheint vollständig und zum Kampf gerüstet dem Kopf des heiligen Antonius entsprungen zu sein und blieb achtzehn Jahrhunderte lang im gesamten christlichen Osten unerschüttert, unverändert: Auf ihr gründet die gesamte mystische Kirche des Ostens.

Den geistigen Lenden des Antonius entstammt das königliche Geschlecht der Mönchsväter: Arsenius der Römer, der als Lehrer am Hof von Byzanz gewirkt hatte, bevor er mit vierzig Jahren Mönch wurde, und von dem »niemand zu sagen wußte, welch ein Leben er dann führte«. Makarios der Große, Euagrios Pontikos, Hilarion von Gaza, Poimen, Paisius, Johannes, Moses der Äthiopier. Ihnen wiederum folgten andere nach, und die Reihe reicht bis zu den Lehrern der Gazawüste aus dem sechsten Jahrhundert: Seridos, Barsanuphios, Johannes, Dositheos. Vor ihnen, im fünften Jahrhundert, die erhabenen syrischen Lehrer

Isaak und Ephräm. Aus deren Weisheit schöpften die Bischöfe und Gelehrten des Ostens: Athanasius, Chrysostomos, Basileios, die beiden Gregoren, und diese wiederum gaben sie weiter an Cassian, den Römer, der die patriarchalische Lehre des Benedikt von Nursia vorbereitete und damit den Grundstein legte für das gesamte westliche Mönchswesen. Ein anderer Römer, Nikephoros, Mönch auf dem Berg Athos, erweiterte gemeinsam mit Gregorios Sinaïtes jene Lehre um die Ausübung des Jesusgebets; und dies reine, unablässige Gebet wurde zur Seele der griechischen und russischen *Philokalia* und das Herz des Romans, an dem ein ganzes Volk Erbauung fand, die *Erzählungen eines Pilgers für seinen geistigen Vater.* Auf ihm erhebt sich noch heute der heilige Berg Athos mitsamt seinen Einsiedlern, deren Zahl niemand kennt, ekstatische Vögel, die in bleiernen Höhlen am Karoulìa-Meer nisten; leben noch heute die slawischen Mönchsgemeinden, die wenigen noch verbliebenen russischen *Skitai.*

Diese Schule, die nur scheinbar im allgemeinen Verfall der Renaissance versandet war (zumal sie eigentlich bei den Mystikern alten Geistes niemals aufgegeben worden war), erstand in der mysteriösen Gegenreformation des Westens zu neuem Leben. Hier kostet man sie erneut und unverfälscht in Kardinal Bona, einem Zisterziensermönch, im heiligen Antonius Maria Zaccharias, in Lorenzo Scupoli (dessen *Combattimento Spirituale* in einer berühmten russischen Übersetzung eine asketische Abhandlung über die slawische Welt ist). Und nicht zuletzt in demjenigen, der ein System daraus ableitete, Johannes vom Kreuz. In jener Zeit, von der man nicht weiß, ob die Einsiedelei nicht im Westen neu erblühte, erreichte die *xenìteia in der Welt,* oder die innere Wanderschaft bei vielen Menschen Gipfel der Vollkommenheit.

Von den Vätern der Wüste zu sprechen ist, wie

gesagt, nicht minder unwägsam, als sie selbst zum Sprechen zu bewegen. Man müßte sein wie sie, doch dann wiederum würde man nicht sprechen. Heutzutage fehlen uns die Sinne, um sie begreifen zu können. Der Raum, der sie von uns abgrenzt, ist so unendlich groß, daß wir ihn nicht mehr überbrücken können. Größere Menschen als das Wahre – und die Wehrheit ist stets größer als das Wahre –, konnten nur in äußerster Abgeschiedenheit solch große Bedeutung erlangen, weil nichts als die »öde, heiße Wüste« sie hätte bändigen können. »Das Bemerkenswerte an den Vätern der Wüste ist«, sagte einmal der englische Theologe Bryan Houghton, »daß sie so beharrlich in der Wüste bleiben. Dadurch sind sie unerreichbar. Sie verraten nichts über sich. Es scheint ihnen nicht einmal allzu wichtig, ob man sie befragen kann. Denn sie wissen ganz genau, daß sie ohnehin zuletzt lachen werden. Sie sind an einem Punkt angelangt, wo das Ich sich auflöst. Es gibt keine Psyche mehr, an die sich irgendeine Psychologie knüpfen ließe. Und was denken sie über die göttlichen Charismen, die sie erdulden? – Ich gebrauche das Wort ohne Ironie, weil die göttlichen Charismen etwas Schreckliches sind. – Schweigen, nichts als Schweigen ... «

Ihre äußerlichen Bewegungen sind so selten und so im Geheimen, daß wir sie nur mit geologischen Faltungen oder mit den großen symbolischen Bewegungen der Helden in den Schriften vergleichen können. Sie betreten den glühenden Felsen (das Ablegen der Schuhe und das Sich-zu-Boden-werfen sind die wenigen Gesten, bei denen wir sie stets überraschen), hüllen sich in die Wolkensäule, so daß sie unseren Blicken verborgen sind, und müßten nun in das Land der Verheißung getragen werden. Doch von diesem Land hören wir nie auch nur ein Wort. Es ist die Verbannung, die Überschreitung, die für sie zählt, und die zu lehren sie gekommen sind mit siderischer Einsilbigkeit und monumentaler Verschwiegenheit: Fremde sind wir auf Erden, Menschen eben, »die es nicht gibt«.

Eines nur wissen wir mit Gewißheit über sie: Ihre Zelle ist ein *martyrion,* sie sind gekommen, um »für den Tod zu kämpfen«: den Tod des Leibes, den des Menschen, den des eigenen Geistes *(nous),* um »in aller Stille für immer mit Gott zu leben«. Der Engel vor dem Eingang des Grabes wiederholt unermüdlich: »Der, den ihr sucht – Antonius, Arsenius, Makarios –, ist nicht hier.«

Dies ist die *hesychìa,* göttliche Ruhe oder heilige Gleichmut, die – verständigerweise – diese standhaften Männer wie aus Feuer werden ließ, so daß ihre erhobenen Finger Funken sprühten, ihre Worte wie »Dolchstöße« ins Herz drangen, und es ein Segen war, daß während ihres Betens ein Schüler vor der Pforte Wache hielt, damit die Leute nicht sehen konnten, daß diese Pforte in Wahrheit in den Schlund eines Schmelzofens führte.

Nachdem dies also geklärt ist und wir ein für allemal darauf verzichtet haben, etwas über die Väter zu »erfahren«, sie auch nicht deuten wollen, könnten wir, wenn unser Mut ausreichte, uns reglos zu ihren Füßen setzen und uns in die Lehre versenken, die wohlgerüstet dem Gehirn des Antonius entsprang, und sie Wort für Wort, Schweigen für Schweigen betrachten. Zu Füßen der Väter sind wir an jenen von den revolutionären Archäologismen stets vielgerühmten »Quellen«; und dort finden wir genau das, was diese Archäologismen stets zu vernichten bemüht waren, und Stück für Stück immer mehr vernichten konnten, so daß mittlerweile fast nichts mehr davon übrig ist in unserer Welt, die wie nie zuvor den imaginären Prunk der Quellen feiert, romantisch und sentimental.

Es ist, denke ich, nicht einmal vonnöten, auf die Grundfesten der *Scala Coeli* der Väter zu verweisen: vollkommene Loslösung von der Welt, extreme Läuterung der Kräfte – einfache Werkzeuge für die innere Wandlung des Menschen – durch Schweigen, Fasten, Singen von Psalmen und körperliche Arbeit: All dies ist der bleibende, offenkundige Kanon des Mönchswesens in der christlichen Tradition. Doch mit den Vätern der Wüste fällt ein besonderes Licht, das auch ihre Schweigsamkeit nicht zu trüben vermochte, auf Elemente, die andernorts und später nur noch angedeutet werden, andernorts und später so gut wie vergessen sind: die Eckpfeiler ihrer Lehre und nur der ihrigen.

Das Übernatürlichwerden der fünf Sinne zum Beispiel: oder besser gesagt, die Existenz dieser durch *hesychìa* bewirkten »übernatürlichen Kräfte«, dank derer ein noch lebender Körper einem verklärten Leib ähnlich wird, und das Wasser, in denen einige Väter sich lediglich die Hände wuschen, aus einem von der Versuchung gequälten Novizen die unreinen Gedanken vertreiben kann. Hände, die zum Himmel erhoben Funken sprühen können, die nach unten gehalten werden beim Gebet, damit sie den verzückten Leib nicht mit sich forttragen. Leiber, auf die ein feuriger Adler niederstößt bei der Feier der Eucharistie, auf die sich ein feuriges Leinentuch legt bei der Einkleidung. Leuchtendes, bedrohliches Eigenleben einer Kukulle, eines Cingulums, eines Psalteriums, die so durchtränkt sind vom Leben eines Heiligen, daß sie den Feind verbrennen wie glühendes Eisen und ihm gellende Schreie entlocken.

Selbst der Turnierplatz, auf dem sich all dies abspielt – der Geist – hat ein eigenes Leben, laut Isaak gar einen eigenen Leib, der wie der andere Handlungen begeht, während jener verlassen zurückbleibt als ein Grab, in dem Dämonen hausen. (»Und wer immer ein Weib mit lüsternen Blicken betrachtet ...«).

Es war der heilige Antonius, der in einem jener Sinnsprüche, die aus ihm zuckten wie die Blitze den zerklüfteten Schluchten des Sinaigebirges, ein für allemal den grausamen, unseligen Bezug zwischen Leib und Geist erklärte: »Dämonen haben keine sichtbaren Leiber, wir werden zu ihren Leibern, wenn wir ihre bösen Gedanken übernehmen. Denn haben wir einmal solcherlei Gedanken übernommen, nehmen wir mit ihnen auch die Dämonen in uns auf und lassen sie sichtbar werden.« In diesem Licht gewinnt das Bild des Dämonen oder des von einem Dämon besessenen Menschen, der »in der Wüste, zwischen Gräbern« haust, einen neuen, schaurigen Sinn. (Gregor der Große verlieh diesem verirrten Geist die Züge eines Raubtiers: »*lupus qui sine cessatione quotidie non corpora des mentes dilaniat, malignus videlicet spiritus«*).

In einem reinen, ganzheitlichen Geist kann Gott wohnen. Aus dem zerrissenen, vielschichtigen Geist jedoch möchte er fliehen. Dies allein ist der Grund für das eifrige Bestreben, nicht zu sündigen, für die unermüdliche Läuterung.

Die Verfahren dieser Läuterung sind unterschiedlich und widersprüchlich. Jede Regel spiegelt sich in ihrem Gegenteil, ein Spiel mit einander gegenüberliegenden Spiegeln, eine schwindelerregende Vielzahl von Antinomien, die jedes Trachten nach Besitz und Erfolg ausschließen. Doch das Hauptziel der Läuterung – und der Einstellung zum äußeren Leben – ist stets eine radikale Umkehrung aller Gesetze der natürlichen Psychologie. Dies haben im übrigen alle spirituellen Bestrebungen, zu jeder Zeit und an jedem Ort, gemein. Der Kampf mit den dunklen Mächten, die den Geist belagern, ist nur zu gewinnen, wenn alle natürlichen Streitmethoden auf den Kopf gestellt werden nach einer Art spirituellem Aikido, wenn also die aggressive Kraft des Feindes nicht abgewehrt, sondern genutzt wird, sein Ungestüm begünstigt wird, bis es sich ins Gegenteil verkehrt. Dies ist die heilige *Gelassenheit* des Evangeliums und auch die jener kleinen Evangelien, der Märchen. »Wer dich um deinen Umhang bittet, dem gib auch noch den Mantel; und wer dich nötigt, eine Meile mit ihm zu gehen, mit dem geh' zwei.« Wenn ein Mensch oder ein Dämon dich anklagt, dann verzweifache die Anklage, – wenn ein Mensch oder ein Dämon dir droht, so zeige dich begierig auf eine noch größere Drohung: »Was gedenkst du zu tun, Alter, zumal dir noch fünfzig Jahre zu leben bleiben (und zu leiden)? – Ihr betrübt mich sehr, da ich erwartete, noch ganze zweihundert Jahre zu leben.« Dem Bösen sage man also: »Komm nur, du erweist mir einen Dienst!« Und wenn er sich nach zwölf Jahren geschlagen gibt und sich entfernen will: »Warum fliehst du? Bleib doch noch ein wenig!«

Die Methode des buddhistischen *koan* ist diesen schrecklichen, sanften christlichen Zenmönchen keineswegs unbekannt. »Ist es gut, die Väter zu besuchen, oder ist es besser, in der Zelle zu bleiben? Die Mönche pflegten einst, die Väter zu besuchen, die ihnen ihrerseits befohlen hatten, in den Zellen zu bleiben.«

»Wie der Beifall einer Hand« klingen die unlösbar ineinander verschlungenen Geheimnisse des Schicksals und der göttlichen Vorsehung in den melodiösen Gegensätzen der Worte und Taten der Väter der Wüste. Wes für Sisoe segensreich ist, ist für Hilarion verboten und gefährlich; wenn der Schreiber nicht schnell genug ist, um die Worte von Barsanuphios sinngemäß niederzuschreiben, so bedeutet dies, daß Gott es so möchte, daß sie so wirksam werden, wie sie geschrieben stehen; und wäre dem kranken Greis kein verdorbenes Öl bestimmt gewesen, so hätte der zerstreute Schüler Honig in den Brei getan.

»Vorsehung«, lehrt Antonius, »ist das Wort Gottes, das sich selbst erfüllt und dem Stoff, aus dem unsere Welt besteht, Gestalt verleiht.« In diesen göttlichen Teppich darf der Mensch sich selbst einflechten, mit dem magischen Faden jener Liebe, die den merkwürdigen Namen Gemeinschaft der Heiligen trägt. Alle Wunder, alle Bekehrungen, alle Gnaden, von denen die Geschichten über die Väter der Wüste erzählen, werden einem Menschen um der Strafe wegen gewährt, die ein anderer auf sich nahm, um des Verzichts und der Demütigung wegen, die ein anderer für ihn ertrug. Auf diese Weise kann Vater Bañez, der jede barmherzige Geste für die reine Anbetung aufgegeben hat, bewirken, »daß auf der ganzen Welt das Korn gedeihe, daß die Sünden einer ganzen Generation getilgt werden.« Jede andere Art der Barmherzigkeit, gegen Gott oder den Nächsten, erschiene den Vätern zurecht als lächerliche Rührseligkeit oder gar als Mittäterschaft.

Um diese großen, schlafenden Löwen des Geistes ist die Welt der Formen und Worte auf ein Minimum begrenzt und gerade deshalb umso gewaltiger. Ihre heraldischen Gegenstände – das Psalterium, der Ledergürtel, die Melote, der Weidenkorb, die Schüssel, die kleinen Brote, das Salz – scheinen von einer nahezu bedrohlichen Einsamkeit, wie Dinosaurierknochen in der gleißenden Sonne, in pechschwarzer Nacht. Ihre Leitsätze sind Pfeile mit eiserner Spitze, die durch die Luft surren und sich geradewegs ins Herz des Schülers bohren. Mit einem einzigen gewaltigen Flügelschlag fährt Gott herab in ihre Zellen, auf ihre Leiber. Und da ihre Leiber im Himmel wurzeln, liegt in ihnen eine erstaunliche Kraft: Seher und Wundertätige werden noch als hundertjährige Greise von unreinen Gedanken heimgesucht, schwache Knaben graben Höhlen in den Berg.

Die schmucklose Erzählung, die mit immer wiederkehrenden Verschlüsselungen an die Dichtung Homers erinnert und mit psychologischer Kühnheit und Wortkargheit die gesamte weltliche Prosa dem tonlosen Geraschel des Espenlaubs gleichen läßt, das Arsenius an der Versenkung hinderte, beschreibt stets einen Menschen, von dem man meint, er sei gar nicht zu beschreiben, weil er jenseits aller Rätsel lebt: der geistliche Mensch. Moses der Äthiopier, einst Sklave und Dieb, Paulus der Prächtige, die beiden kleinen Märtyrerbrüder, der schöne Soldat, der am Ende »einem alten Leprakranken« gleicht. Nur in der bedeutenden russischen Prosa, die mit den *Erzählungen eines Pilgers* beginnt und damit bei weitem nicht erschöpft ist, hat sich etwas von diesem Stil erhalten, auf dem Wege über Byzanz und die kirchliche Literatur des Ostens.

Und dennoch gibt es in der Geschichte eines Mönchsvaters, den Tolstoi wieder ins Leben rief, *Vater Sergius,* weder die Wüste, noch das wilde Tier, noch den Engel, nur einen heldenhaften, den rührenden russischen Prinzen. Als ein »Mensch, den es nicht gibt«, ist jeder einzelne Vater der Wüste zugleich alle Väter und keiner und gerade deshalb einzigartig und unfaßbar. Kann man denn aus den hunderterlei Mosaiksteinen seiner Worte und Taten einen neuen Arsenius zusammenfügen? Arsenius in der Kirche, hinter einer Säule verborgen, »schön, mit weißem Bart, schlanken, wohlgestalten Gliedern, die Wimpern tränenschwer. Arsenius, einst Lehrer am Hofe des Kaisers, dann umgeben vom Gestank fauliger Blätter »anstatt vom Duft kostbarer Öle, mit denen das Volk sich salbte«; Arsenius, der »beschlossen hatte, nicht zu

271

schreiben, keinen Brief zu empfangen, und wenn möglich auch nicht zu sprechen«; Arsenius, »ganz entflammt« vom Gebet in der Zelle, so gequält von »Trauer und Pein«, daß die Schüler erschrocken das Weite suchten; Arsenius, der bittet, man möge den Ort meiden, an dem er sich aufhält; Arsenius, der nach monatelanger Abwesenheit zu seinen Schülern zurückkehrt und sie fragt, weshalb sie nicht nach ihm gesucht hätten, und der mit süßen Tränen hinzufügt: »Die Taube hat keinen Ort gefunden, wo sie hätte bleiben können und ist heimgekehrt in ihr Nest ... «; Der sterbende Arsenius, der seine Todesangst eingesteht und droht, jeden vor Christi Gericht zu zitieren, der es wagen sollte, aus seinem Leib Reliquien zu machen. »Und wie sollten wir das tun, Abba? Wir wissen doch gar nicht, wie man Tote zurechtmacht.« »Wie, ihr wollt nicht fähig sein, mir ein Seil um den Fuß zu binden und mich auf den Gipfel des Berges zu zerren?«

Welcher Dichter wäre wohl virtuos genug, solch ein Profil zu zeichnen, rein genug, all die kleinen, rührenden Szenen zu ersinnen? Beispielsweise die Tränen des sterbenden Greises, als man ihm Wein zu trinken gibt: »Ich hätte nicht geglaubt, vor meinem Tode noch einmal Wein zu kosten ... «

Jene erhabenen, bäuerlichen Maler des nördlichen Rußlands schauten in Visionen und übertrugen die göttliche Kindheit der Mönchsväter auf die Tafeln ihrer Ikonen: eine Kindheit, die uns bestürzt wie die Weisheit, wie die unerklärliche Schönheit tierhafter Unschuld. In einem der kürzesten und bedeutendsten Prosawerke, die jemals verfaßt worden sind, wurde der greise Anachoret, der »mit den Büffeln graste«, eines Morgens innerhalb des Büffelpferchs gefunden. »Als die Jäger ihn erblickten, erschraken sie.« Und sie befreiten den Alten, der wortlos »den Büffeln hinterherlief.«

Nachdem nun alles über sie gesagt und gedacht ist, müssen wir all diese Männer entkommen lassen – schweigend mit unserer Stirn den Saum ihrer heiligen Gewänder berühren –, die die Gnade für einen Augenblick in unsere Wüste führte.

EINFÜHRUNG ZU DEN ERZÄHLUNGEN EINES RUSSISCHEN PILGERS

I

»Dank der Gnade Gottes bin ich Mensch und Christ, dank meiner Taten ein großer Sünder, dank meiner Bestimmung ein Pilger der erbärmlichsten Sorte, von Ort zu Ort irrend. Meine irdischen Güter sind das Bündel auf meinem Rücken mit ein wenig trocken Brot und in der Innentasche meines Hemdes die Heilige Bibel. Sonst nichts.«

Dieser Anfang, einer der bezauberndsten überhaupt – vergleichbar mit *Hamlet oder der Geschichte des Lastenträgers von Bagdad* – gibt den Auftakt zu einem großartigen geistlichen Werk, das zugleich ein pikarischer Roman, ein glänzendes russisches Epos und ein klassisches Märchen ist.

In dem geheimnisvollen anonymen Text, den 1860 der Abt Paissy des Kräschenklosters vom hl. Erzengel Michael bei Kazan' auf dem Berg Athos aufschrieb, präsentiert das Märchen sich uns einmal ohne Maske, zeigt, was alle Märchen auf verborgene Weise sind: eine Suche nach dem Himmelreich, das Folgen einer unbekannten, unerklärlichen Vision, oft nur einem geheimnisvollen Wort, dem zuliebe der Held die teure Heimat und all seine Habe verläßt, um ein Pilger und Bettler zu werden, ein glücklicher Narr mit loderndem Herzen, mit dem alle Welt ihren Spott treibt, und den »die Welt, die hinter der sichtbaren liegt«, mit wundersamen Zeichen unterstützt und leitet.

Wie der nordische Held, der unbedingt das Fürchten lernen wollte, zieht der russische Pilger entschlossen in die Welt hinaus, hinter Steppen und Wälder, Städte und Dörfer, wenn nötig sogar hinter die unendliche Biegung des Erdenrunds, weil er den Sinn dreier Wörter des Apostels Paulus finden will, die er zufällig beim Betreten der Kirche hörte: »Betet ohne Unterlaß.« Von diesem Befehl, der ihm sofort prophetisch und hyperbolisch erscheint, (wie soll man ohne Unterlaß beten, da man doch fast unentwegt mit dem Leben beschäftigt ist) findet der Pilger alsbald den Schlüssel. *Starets,* ein zauberhafter Geist, von dem sich nur schwer sagen läßt, ob er ihm tatsächlich oder im Geiste begegnet, da der Tod, der sie beide kurz darauf trennt, sich als belanglos erweist und ihren ekstatischen Dialog nicht einmal flüchtig unterbricht, schenkt ihm eine alte, mächtige, heilige Formel, eine kurze Beschwörung, die den Namen enthält, »der über allen Namen steht, und vor dem Himmel, Erde und Hölle sich neigen«: »Herr Jesus Christus, Sohn Gottes, erbarme dich meiner.« Noch zwei weitere Talismane begleiten diese Gabe und haben, wie der Sklave in Aladins Lampe, die Aufgabe, ihren Gebrauch zu lehren: ein Buch mit dem merkwürdigen Titel *Philocalia* oder *Die Liebe zur Schönheit,* und ein rituell gewundener Rosenkranz, dessen Knoten allesamt aus sieben weiteren Knoten bestehen, und über jedem einzelnen gilt es, unablässig jene Formel zu sprechen.

Die Geschichte des russischen Pilgers ist nichts anderes als die Chronik einer erstaunlichen, berückenden Lebensgemeinschaft mit dem Jesusgebet. Es ist wie ein funkelnder Edelstein, dessen Strahlen den Leib beschützen und den Geist erleuchten, Dinge offenbaren, die noch in ferner Zukunft liegen, wilde Tiere zähmen, Herzen erobern, Sehnsüchte stillen und Landschaften verzaubern. Und damit nicht genug: Es hat überdies eine solch lebhafte, gebieterische Gegenwärtigkeit, daß eines schönen Morgens »das Gebet den Pilger weckt«, um ihn voranzutreiben, ihn in seinen Zauberring, seine Mandorla der Seligkeit zu drükken. In den Armen dieser unsichtbaren Prinzessin, die ihn gefangen hält, gelingt es dem Pilger, einen köstlichen Zustand zu genießen: Nicht er spricht das Gebet, sondern das Gebet spricht ihn, nicht er lebt von dem Gebet, sondern das Gebet von ihm, so daß am Ende sein Herz im Rhythmus der göttlichen Worte pocht. Am Eingang zum himmlischen Irrgarten kannte der Apostel Paulus, der den merkwürdigen Befehl gab »Betet ohne Unterlaß«, die Bedeutung folgender Worte: »*Vivo autem, iam non ego, vivit vero in me Christus* ...«. »*Ipse Spiritus postulat pro nobis gemitibus inenarrabilibus* ...«.

So zieht der Pilger weiter, begleitet von den tiefen, rezitierenden Stimmen der fünfundzwanzig Mönchsväter, die in der *Philocalia* auf den Tugenden des Jesusgebets ihre leuchtende Erfahrung hinterließen. Das alte Buch ist die strahlende Theorie und die Erzählung des Pilgers die Biographie, der Übergang vom schulmeisternden *Ihr* zum zitternden *Ich* des noch unbedarften Schülers, von der Lehre zum Leben. Von Augustinus' herausragenden Schriften über die Gnade zur reinen Lyrik seiner *Bekenntnisse*.

Um diese zauberhafte Liebesgeschichte zwischen dem Pilger und seinem Gebet rankt sich wie von selbst eine mannigfaltige Welt voller Wunder. Sie unterscheidet sich scheinbar in keiner Weise von der eines anderen metaphysischen Werkes Rußlands, Gogols *Tote Seelen*. Damit sind eigentlich die *lebenden Seelen* gemeint, die sich hinter den toten verbergen wie »die wahre hinter der sichtbaren Welt«. Es ist das vornehme und volkstümliche Rußland, aufrecht und asketisch, das um Lauren und Sanktuarien kreist, um wundertätige Einsiedler und hochheilige Liturgien: jenes Rußland, das in sich, zumal es vollkommen russisch geblieben ist, »die Gestalt von Byzanz« bewahrt wie ein kaiserliches Siegel.

Wohin der Pilger auch zieht, tritt jenes ekstatische Rußland ihm aus dem Dunkel entgegen. Liebliche Eidechsen huschen aus Öffnungen und Spalten, streben in Scharen zu jenem königlichen Strahl, jenem Namen, der im Gebet fortwährend wiederholt wird. Es ist der wunderbare, stille Geheimbund der Betenden. Auf den Poststationen, bei den Gefangenen, auf den Schwellen von Wirtshäusern, im vornehmen Haus, das im Licht seiner Ikonen und kostbaren Bücher erstrahlt, und dessen Besitzer sich hinunterbeugt, um die staubigen Füße des »wandernden Christus«[1] mit frischen Leinenbinden zu umwickeln, braucht man keine Fragen. Ein leichtes, unablässiges Zittern der Zunge, verursacht von unablässigem Beten, der heitere Blick des Visionärs, wenige Akzente von schmerzlicher Süße: sofortiges Wiedererkennen und innige Vertrautheit zwischen Schicksalsgefährten; Geschichten, ineinander gelagert wie die alten, rundlichen russischen Puppen, eine immer phantastischer als die vorhergehende und dennoch kein Staunen erregend. So wundert sich in den *Toten Seelen* keiner der »Seelenverkäufer« über den unfaßbaren Handel, den man ihnen vorschlägt. Gogol wollte bekanntlich ein

---

1. Diese scheinbar legendäre Episode trug sich tatsächlich zu, in dem wohlbekannten Hause einer Verwandten derer von Kapnist, wie eine Nachfahrin glaubhaft bezeugte. Ein zusätzlicher Beweis, falls dies nötig sein sollte, für die Authentizität des *Pilgers* und seines Rußlands.

literarisches Werk über das andere Rußland verfassen, das der lebenden Seelen, verborgen hinter den toten, und verwirklichte am Ende seines Lebens dies Vorhaben auch beinahe. Wenn er aus unerfindlichen Gründen seine Meinung änderte und den Zweiten Teil der *Toten Seelen* verbrannte, geschah dies womöglich, weil das Poem zur selben Zeit irgendwo die Hand des Pilgers niederschrieb.

Das Wunder dieser wunderbaren Begebenheit liegt vielleicht darin, daß ein Roman aus ihr wurde: mit ihrem zusammenhängenden Aufbau, den hehren, unschuldigen homerschen *Refrains* und der meisterhaften Erzählweise, Beigaben zur spirituellen Eingebung. Überdies ist das kleinste Kapitel, zum Beispiel jenes, in dem der Pilger seiner beiden Bücher beraubt wird, oder jenes von der Gesundung der erfrorenen Füße von nicht minder hohem literarischen Wert, als die Szene der Anna Karenina beim Pferderennen oder die der Bekenntnisse der Prinzessin von Cleve. Ein weiteres Wunder ist schließlich, daß dies höchst wehrlose Buch überhaupt existiert, daß jemand daran dachte, es zu schreiben und es in dieser Form schrieb. Und daß sich andererseits das große geistige Geheimnis des christlichen Ostens gerade in diese literarische Gestalt kleidete, von solch sanfter Entschiedenheit, solch unbewußtem Liebreiz.

II

Pater Irenäus Hausherr vom Orden der Gesellschaft Jesu, dem wir brillante Seiten über die geistlichen Lehrer des Ostens verdanken, schrieb, daß der Pilger nur ein »treuer Schüler einer sechshundert Jahre alten

Lehre ist: Des Hesychasmus[1], so wie die *Philocalia,* die ihn nährt, obwohl sie 1782 in Rußland veröffentlicht wurde, nur eine Sammlung von Handschriften ist, die in die goldenen Zeiten dieser Lehre, die ersten Jahrhunderte nach Christus, zurückreicht«. Ob nun die Handschrift von Abt Paissy am Berge Athos abgeschrieben wurde oder nicht, wie ein anderer Mönch vom Heiligen Berg, der dem Pilger begegnet sein wollte, es bezeugte, »so beweist sie zumindest, daß die Schweigsamen die Ausübung des »körperlichen und wissenschaftlichen Betens« nicht vergessen haben, wie Nikephoros der Einsame und Gregorios Sinaïtes es sie einst lehrten. «

Ohne respektlos zu erscheinen, wollen wir nun die wissenschaftliche Seite der Erzählungen des Pilgers betrachten, die vor allem im zweiten Teil offenkundig wird. Und so wird es nötig sein, daß wir uns einen Augenblick lang mit dem Begriff ›Jesusgebet‹ befassen, der im Westen völlig im Dunkel zu liegen scheint, nicht nur aufgrund jener vorübergehenden Abwehrhaltung, in der neuerdings selbst die Idee des Betens aus dem Bewußtsein der Menschen verbannt wurde. Seit mindestens hundert Jahren häufen Irrtümer sich darauf wie dichter Staub. Entgegen aller großen geistlichen Autobiographien, entgegen aller klassischen Schriften über Askese und Mystik, scheint das Gebet für all jene, die es noch ausüben, außer vielleicht in ein paar Klöstern, keinen anderen Sinn mehr zu haben, als den einer freiwilligen Bitte. Wer betrachtet es noch als das, was es eigentlich sein sollte, nämlich der königliche Weg der Seele hin zur Wandlung, eine Annäherung an Gott, eine Verschmelzung mit Ihm? Keine Tat, son-

1. Von *Hesychìa,* vollkommene Seelenruhe, heilige Gleichmut (vgl. I. Hausherr, *Hésychasme et prière,* »Orientalia Christiana Aualecta«, 176, Rom 1966).

dern ein Zustand. Das Flehen der Mystiker um die »reine Adhäsion«. Die bei allen Heiligen beliebten, vollkommen zweckfreien Formen der Litanei oder des Stoßgebets. »Mein Gott, mein alles.« Worte, die Franz von Assisi eine ganze Nacht lang wiederholte, das Gesicht auf die Erde gepreßt.

Sturmstöße des Herzens. Wer in die alten Geheimnisse des Gebetes eintauchen und dessen wohltuende Frische kosten möchte, dem sei eine ausgedehnte Lektüre der *Erzählungen eines russischen Pilgers* geraten, die bereits dem geistlichen Fortkommen vieler orthodoxer Christen dienlich war und noch immer ist. Dargelegt in der Handlung und erörtert in den Dialogen findet man die Vorbedingungen, Entwicklungen und wundersame Wirkung des Gebetes: auf den Betenden selbst, seinen Leib, seine Seele, auf die, die ihm begegnen, sogar auf einen, der betet, ohne zu wissen, was er tut, wie der Knabe, der zum Aufsagen des *Jesusgebets* von der Peitsche des Onkels gezwungen wird, sogar auf die Wölfe und die Elemente, »weil«, wie Hausherr bemerkt, »das unablässige Beten in den Urzustand der Unschuld zurückführt, glückselig macht und Gewalt gibt über die Natur.«

Es bleibt die rätselhafte Vorschrift, der Angelpunkt, um den sich nicht nur der *Pilger* dreht, sondern die gesamte byzantinische Mystik: »in sein eigenes Herz vordringen«, »den Geist heim zum Herzen tragen«, »die Aufmerksamkeit des Geistes heim zum Herzen tragen«, weil Gott dort drinnen wohnt und man ihn dort suchen muß. Es scheint die vollkommene Umkehr zu sein des »Aus-sich-Herausgehens« der westlichen Mystiker, die »Herz und Geist zu Gott emporwerfen«, den Leib hinter sich lassend wie ein leerstehendes Haus. Die ekstatische Verzückung des Westens soll demnach die Seele den Sinnen entziehen, die Erhöhung den Leib der Erde entreißen, damit er dem Geiste folge, der wie ein Pfeil gen Himmel fliegt. Im Osten erstrahlt der Leib, in dessen Herz Gott wohnt, in Licht und Herrlichkeit, wie der des heiligen Seraphim von Sarow, der funkelte wie die Sonne vor den Augen eines erschrockenen Herrn Motowilow. Doch da es in solchen Dimensionen weder ein Oben noch ein Unten gibt, weder ein Draußen noch ein Drinnen, und der Mittelpunkt des Herzens nichts anderes ist als die unendliche Himmelsweite, das Atom sich nicht von den Sternengalaxien unterscheidet, und die Worte jede Gerichtetheit verlieren, sind die zwei Erfahrungen in Wirklichkeit nicht zwei, sondern nur eine. Man könnte von einer doppelten, gleichzeitigen Bewegung des Geistes sprechen, der sich auf der Suche nach Gott in geheime Winkel des Herzens zurückzieht und darin die Unendlichkeit findet, in die es sich zu stürzen gilt.

Andererseits bestehen geheimnisvolle Wechselwirkungen, und es ist faszinierend, in der wohlklingenden Lehre einer kleinen französischen Karmelitin aus dem 19. Jahrhundert, Elisabeth von der heiligsten Dreifaltigkeit, die reine Doktrin der Mönche des Ostens wiederzufinden, so wie der Pilger sie vernahm: »Ich versuche, ins Innerste meines Herzens vorzudringen, um mich in Ihr (der Göttlichen Dreifaltigkeit) zu verlieren, die dort wohnt.« »Mich begraben in den Tiefen meiner Seele, um dort Gott zu finden.« »Es genügt, daß ich mich sammle, um Ihn hier zu finden, in mir, und das ist mein ganzes Glück.« «Dies ist das Geheimnis, das mein Leben zum Himmel auf Erden werden ließ: der feste Glaube, daß in uns ein Wesen wohnt mit Namen Liebe und uns Tag und Nacht bittet, *in Gemeinschaft mit ihm zu leben.*«

So wird also das großartige russische Geschlecht der *iurodìvi* und der *strönniki* , Gott zuliebe Vagabunden und Narren, im Westen nicht nur von den einstigen

Pilgern und Wallfahrern wie Rocco di Montpellier bezeugt, sondern mehr noch von jenem heiteren, zärtlichen und unbeugsamen Bettler, der ewig »von Ort zu Ort« zog, von Compostella nach Bari, von Loreto nach Montserrat, von Basilika zu Basilika, bis er auf den Stufen von einer verschied, Benedetto Labre: Zu seinen Reliquien, schmutzstarrende Lumpen, gehören ein Rosenkranz und zwei Bücher: das Breviarium und das *Leben der Heiligen Mönche*.

Jene Mönche, die der Pilger in der *Philocalia* wiederfindet. Jene Viten, überliefert von griechischen, koptischen, syrischen Schreibern auf dem Wege über Byzanz und die slawische Kirchenliteratur, begründeten einen Erzählstil rein russischer Prägung, vom Pilger zu Gogol, Dostojewski und Tschechow. Ein Erzählstil, der nicht erschöpft scheint, da wir noch vieles seiner monumentalen Unschuld und Würde in der liturgischen Sprechweise Pasternaks finden, in den kurzen, strengen Fabeln Solschenizyns und in den weißen Tagebuchseiten Andrej Sinjawskijs.

ÜBERNATÜRLICHE SINNE

Vita mutatur, non tollitur

Wer sich, angelockt und abgestoßen zugleich, auf den Straßen des Jahrhunderts den heiligen Stätten nähert, den ergreifen stets zwei einander ergänzende Ängste. Zum einen die Sorge, dort seiner fünf Sinne »verlustig zu gehen« (weil er indirekt oder direkt gelernt hat, außer ihnen habe er nichts), und zum anderen die Furcht, zu sehr im Leiblichen verhaftet zu sein für solche Stätten. Daß die Annäherung an das Göttliche seinen fünf Sinnen die große Gelegenheit zu einer *Metamorphose* bietet, ist ihm seit mindestens zwei Jahrhunderten nur schwer begreiflich zu machen. In jüngster Zeit – in der man sich für die unfehlbare Lösung der Selbsttötung entschieden hat, sowohl für den Leib, als auch für den Geist –, versucht man ihn glauben zu machen, daß seine fünf Sinne ihm, so wie sie sind, sogar im Jenseits dienlich sein können. Der Übergang zwischen Natur und Übernatur wäre damit lückenlos: Und Christi Menschwerdung hätte zum Ziel gehabt, Unterschiede einzuebnen, Grenzen niederzureißen, die Schleier von Sanktuarien zu lüften.

In der christlichen Geistlichkeit überleben mögliche Streiter für ein spirituelles Leben des Leibes nur noch am Wegesrand, in Grotten, die für Vorübergehende nicht wahrzunehmen sind. Die Liturgie, diese erhabene Streiterin, leuchtet verhüllt nur noch auf den unzugänglichsten Felsen – auf dem Berg Athos oder einigen Gipfeln des Benediktinergebirges – oder in den kleinen vergessenen Kolumbarien der Großstädte.

Wer ist noch imstande, von dem gewaltigen Abenteuer Zeugnis abzulegen in einer Welt, die Leib und Seele verloren hat, indem sie sie verwechselt, trennt, gegeneinanderstellt oder übereinanderschichtet, und langsam zugrundegeht an diesem Verlust? In einer Zeit, von der es heißt, daß die Alten Visionen und die Jungen Träume haben werden, vielleicht nur noch die Dichter, die zugleich im Alter und in der Jugend beheimatet sind, im Traum und in der Vision, in den Sinnen und in dem, worauf die Sinne immerzu verweisen. Ein Dichter war es, der einzige religiöse Dichter unserer Tage, Andrej Sinjawskij, der die vergessene Geste in Worte faßte, derer wir uns immer dringender entsinnen sollten: »Es geht nicht darum, die Natur zu bezwingen, *sondern sie durch eine andere, uns unbekannte Natur zu ersetzen.*« Die Sinne führen uns durch die Natur über sie und über uns selbst hinaus in den Sinn.

1. Auf der längsten Rast einer langsamen, tödlich endenden Reise schrieb ein christlicher Bischof aus dem ersten Jahrhundert, Ignatios von Antiocheia, einen Brief und sandte ihn fort. Durch ganz Kleinasien wurde er, »an zehn Leoparden gekettet« – eine berittene Schar Prätorianer – langsam nach Rom verschleppt, wo ihn, *ut digne populo romano exhiberi possit,* die Arena erwartete. Der dem Tode Geweihte fürchtete vor allen Dingen, die Christengemeinde jener Stadt könne Fürsprache einlegen für ihn und versuchen, ihn den wilden Tieren zu entreißen. Im Herzen

seines Briefes an die Römer kreuzen sich zwei Phasen wie Vene und Arterie:

»Ich bin Gottes Korn, und um reines Brot Christi zu werden, müssen die wilden Bestien mich mit ihren Zähnen zermahlen. Nichts wünsche ich mir mehr, als meinem Gott geopfert zu werden ... Ich will das göttliche Brot als Speise, den Leib Jesu Christi von Davids Stamm. Und trinken will ich sein Blut, die unvergängliche Liebe.«

Der Stil dieser Klage ist wunderbar, läßt einen erlauchten Geist erkennen, in düsteren Flammen lodernd, von tödlichem Liebesbangen erfaßt. Der Inhalt jedoch ist kein anderer als der der zweiten Generation von Christen, die die Botschaft noch unmittelbar in den Augen der Ikonen – *mimèmata* – des Erlösers gelesen hatten: Petrus, Johannes, Paulus. Der berauschende Wortschatz der Theophagie sprudelt direkt aus dem ursprünglichen Felsen: »Wer mein Fleisch nicht ißt und mein Blut nicht trinkt, wird kein Leben in sich tragen ... « Und umgekehrt: »Mit Verlangen sehne ich mich, dieses Passahmahl mit euch zu teilen, bevor mein Leidensweg beginnt ... «

Um verzehrt, aufgenommen zu werden von der Gottheit, gilt es, diese zu verzehren. Um Speis und Trank zu sein für Gott, gilt es, Ihn zu essen und zu trinken. Drei Jahrhunderte verstreichen, und der Pfeil dieser Botschaft, der sich in den Himmel bohrte und ihn bluten ließ, scheint noch tiefer einzudringen. Wieder ist es ein Bischof, Johannes Chrysostomos, der von seiner Kanzel aus zum Volk von Konstantinopel spricht: »Er gab sich jenen, die ihn nicht nur zu sehen wünschten, sondern ihn auch berühren und kosten wollten, die lechzten nach seinem Fleisch ... Wir verspeisen Ihn, der im Himmel thront und von den Engeln verherrlicht wird, während die es nicht wagen, die Augen zu Ihm zu erheben ... Verlassen wir also

die Tafel der Eucharistie wie Löwen, deren funken-
sprühende Nüstern den Dämon in Angst und Schrek-
ken versetzen.«

Ein Jahrtausend vergeht, und noch einmal ertönt das
Echo jenes kraftvollen östlichen Rufes, den Jahrhunderte zuvor Ignatios ausstieß: dieses Mal in Genf,
in der Stimme eines dritten Bischofs, des heiligen
Franz von Sales – eine der mysteriösesten Gestalten
jener höchst mysteriösen Gegenreformation:

»Jesus, Du unsere Speise, dank der wir zum Reiche
Gottes gelangen ... Wessen müssen wir entsagen,
damit Er uns besitzt, uns verspeist, uns kaut, uns ver-
schluckt, nach seinem Belieben mit uns verfährt?«

Doch das Rauschen der »Bäche lebendigen Wassers«
aus dem Leib jener Männer, die dem göttlichen
Urquell noch ganz nahe waren, wurde in diesem Jahrtausend allmählich immer leiser. Lella da Foligno,
Katharina, Teresa haben wohl das Blut gefeiert, mit
dem man beim Empfangen des Sakraments Kelch und
Mund bis zum Überfließen füllte, doch befleißigten sie
sich bereits der Sprechweise von Ekstase und Cha-
risma. Im Urchristentum war sogar das Wunder tauto-
logisch. Die herrliche Fleischlichkeit des göttlichen
Lebens bedurfte nicht einmal der Wunder. Man entsann sich, wie der Heiland – »der, den wir gesehen und
berührt haben«, »der, der auferstanden ist und mit uns
gegessen und getrunken hat«, »der, auf dessen Brust
Johannes ruhte« – zitternd die Handflächen auf die
Körper der Kranken preßte, seine Finger in ihre Ohren
steckte, ihnen Zungen und Nasenflügel mit seinem
Speichel benetzte, ihnen mit Speichel vermischten
Lehm auf die Lider strich, um sie zu öffnen. Und aus
dem göttlichen Mund drang der Hauch in den halbge-
schlossenen Mund der Apostel, wie der Odem des
Schöpfers in die noch unfertige Form Adams. Man
erinnerte sich, wie sich vor jedem Wunder tiefes Seuf-

zen und Stöhnen seiner Brust entrang, und wie vor dem größten – die Auferweckung eines bereits verwesenden Leichnams – sich seine Augen röteten, seine Lider anschwollen von heftigem Weinen, wie sein Körper zweimal wie von Zorn geschüttelt wurde – *embrimàsthai* –, bevor er zuletzt einen gewaltigen Schrei ausstieß. Man erinnerte sich, daß bei der bloßen Berührung seines aus einem Stück gewebten Umhangs Kräfte seinem Körper entfuhren wie Blitze den Wolken. Anbetungswürdige, unerklärliche Hände des Heilands, deren Andenken sie im zentralen Akt ihres Glaubens feiern würden, von Ewigkeit zu Ewigkeit. Sein Mund, aus dem Johannes in der Offenbarung auf Patmos das zweischneidige Schwert hervorspringen sah.

Die Berührung, der Atem, der Speichel Gottes, solchen Menschen über Mund und Hände übermittelt, die durch Ihn lebendig wurden, als seien sie dem Totenreich entstiegen, brannten noch lange auf der Haut jener ekstatischen Menschen, deren Wimpern während der Beschauung der unvorstellbaren Himmel nicht schlugen. Sie hüllten noch in deren wunderbares vorgeburtliches Omentum (Netzhaut der Eingeweide) die Geheimnisse, die sie der Länge nach, mit dem Antlitz nach unten, zu Boden warfen. Um von einer beliebigen Wirklichkeit zur n-ten Potenz zu gelangen, ist die erste und einzige Vorbedingung die Transzendenz, und der Gegenweg ist nicht minder unerbittlich. Die Zweite Person der Dreifaltigkeit wird nur für den begreifbar, der glaubt, daß ihr Leib in der unvergleichlichen Marter zerbrach, die gemäß dem damals herrschenden Recht den Verbrechern zugedacht war. Und die Dritte, in ihrer leicht lächerlichen Gestalt der Taube, bleibt unsichtbar für den, der sein Haupt nicht verhüllt vor dem siderischen Strahl, der ein junges, in das Geheimnis des Tempels eingeweihtes Mädchen schwängert.

2. All dies überlieferten die Evangelien, überlieferten sogar jene apokryphischen Schriften, in denen immerhin einige offizielle Feiertage ihren Ursprung haben. Die Kirche beschränkte und erweiterte es, indem sie es wortgetreu übernahm, im Auflegen der Hände und Einblasen des Geistes, im Einspeicheln und Spenden der Heiligen Hostie, und indirekt in den kostbaren Ölen und Salben, in denen unzählige Pflanzen und Edelsteine ganze Tage lang zum lieblich tönenden Gesang der Psalmen ihren Duft verströmten; im Weihräuchern und in der Salbung, die Zeichen war oder Andenken (in den heiligen Salbungen lebte jene so engelhaft sinnliche Geste Maria Magdalenas fort, von der es hieß, man würde ihrer bis ans Ende der Zeiten gedenken). Außerdem gab es Gegenstände, Küsse, Gebärden, Worte: auch sie *Sakramentalien,* weil sie auf eigene Weise die heilsame Kraft der Sakramente auf den Alltag ausweiteten. In eifersüchtigen Vorräumen hütete die Kirche jene »neue, von Gott mit seinem eigenen Speichel erbaute Schöpfung« und übertrug sie auf das Universum, von der ein anderer Mönchsvater spricht, nämlich der heilige Ephräm.

Dieser feine, furchterregende Kreislauf (des Pneumas oder Pranas oder Manas, wie ich es zuweilen zu nennen wage), der Lymphfluß einer Religion, blieb in Doktrin und Glaubenskult bestehen, doch die Ausbildung der Geistlichen entfernte sich durch einen langsamen Wandel in der Sprachmorphologie allmählich vom christlichen Leben und glitt hinter eine immer dichter werdende Glasscheibe. Die Wahrheiten blieben zwar sichtbar, wurden aber immer schwieriger zu fassen. In den Texten der lateinischen Messe feierte man weiterhin die Wandlung, bat man weiterhin mit Ehrfurcht, der verzehrte Leib und das getrunkene Blut des Wortes möchten den von Sünde gereinigten Eingeweiden anhaften; weiterhin wurde die Wandlung über den

Gebeinen von Toten vollzogen, die ihre »Mäntel in Blut getaucht« hatten, wurden die Geister von Ermordeten zu zweien angerufen, Stephanus und Barnabas, Linus und Anenkletos, Clemens und Ignatios, Perpetua und Felicitas; und Küsse regneten herab auf jenen anderen Leib Christi, gezeichnet von den Wunden der fünf Kreuzesnägel, den Altar. Aber die körperlichen Elemente des Ehrfurchtgebietenden schienen verschwunden aus den Predigten und den Gedanken über die Heilige Messe. Selbst die alte Erklärung *tremendum hoc mysterium* war trotz ihres allein schon klanglich beeindruckenden Gewichts aus nahezu allen liturgischen Texten herausgefallen. Das Opfer, das man zu Seinem Gedächtnis stets treulich vollzog, verrauchte mehr und mehr im Geistigen. Wie viele Menschen wollten dem Priester noch die furchterregende Gestalt des Opferers zugestehen? Zweifach von Salbungen stigmatisiert ruhten die Handflächen des Bischofs während der Weihe auf dem Haupt des Priesters, und ein Gnadenstrom vereinte und durchtränkte beider Körper; doch wer war noch imstande, mehr darin zu sehen als das äußere Zeichen eines Auserwähltseins, das nicht in des Menschen Macht stand? Nicht durch Zufall wurde die bedeutendste Abhandlung über die Mysterien der Opferung und des Priestertums, verfaßt von Pater Charles de Condren, nur innerhalb eines auserwählten Kreises von Geistlichen bekannt und verschwand in weniger als einem Jahrhundert aus Bibliotheken, Seminaren und Gedanken.

Weit besser bewahrte sich etwas von der alten transzendenten Sinnlichkeit in gewissen, vorschnell als »abergläubisch« verrufenen Vorlieben des Volkes: In dessen Bedürfnis, Reliquien zu berühren, den Mund auf Bilder und Statuen zu drücken, auf Knien über die Fliesen heiliger Stätten zu rutschen (nichts anderes tat das blutflüssige Weib, das sich wie ein Wurm durch die

Menge wand, um zu dem aus einem Stück gewebten Umhang zu gelangen), der Gottheit ein Stück von sich selbst zu opfern, zum Beispiel die abgeschnittenen Zöpfe.

Die Renaissance, die Reformation, die unaufhörliche Notwendigkeit theologischer Auseinandersetzungen, vor allem die Aufklärung: Jeder Gegenbeweis wurde zur rechten Zeit von der Lehre überwunden, schien jedoch einen Teil des glühenden Leibes, der flammenden Haut des alten christlichen Lebens mit sich fortzureißen: jenes Lebens, das in allen Bestandteilen seines göttlichen Leibes unendlich war.

In der Zelle eines klösterlichen Ordens, der – nicht vergebens – von dem rätselhaften Bischof von Genf gegründet worden war, offenbarte Gott sich eines Tages einer kleinen Mystikerin im Geheimnis von Blut und Wasser. Er enthüllte ihr das eigene Herz – den Mittelpunkt von Leben und Kosmos, den Kelch, gefüllt mit »unvergänglicher Liebe« – als einen lodernden Abgrund, in dem andere Menschenherzen wie Funken verglühen. Verzehrt und einverleibt von jenem Gott, der dem menschlichen Auge die äußerste Wehrlosigkeit einer durchbohrten Seite bietet.

Jede Silbe der Zwiegespräche, die das demütige Mädchen in seinem schönen, veralteten Französisch wiedergibt, macht uns schaudern. Gott allein weiß, ob eine Versenkung dieser Art zu abenteuerlichen Vergleichen berechtigt, aber der Gedanke an den Gott Shiva, Zerstörer und Weltenschöpfer zugleich, liegt hier doch recht nahe.

Und siehe da, kaum ist sie tot – aber vielleicht lebt sie auch noch –, wird die christliche Welt von bildhaften Darstellungen jenes Mysteriums überschüttet, in den Gesichtszügen eines Schönlings mit blondem Bärtchen, frisch dem *petit lever* Ludwigs XIV entstiegen, der auf dem Handteller merkwürdigerweise statt eines Flakons mit Duftwasser einen ovalen Gegenstand darbietet, vermutlich aus rotem Porzellan, geziert mit einem flammenden Federbusch ... Und so fort bis zu den Figuren der Sulpiziner aus Gips und Pappmaché, die zwischen Seufzern und Verweigerungen der Seher an Felswänden und in Höhlen hingen, zwischen Quellen und Dornbüschen, wo klassischerweise die *Sedes Sapientiae* den zierlichen Fuß hingesetzt hatte. Das wahre Wunder – zweifellos nicht nur ein Wunder der Gnade, sondern auch eines der Treue – besteht darin, daß über fünfzehn Generationen von Männern und Frauen Heilige werden konnten, indem sie sich in derlei Bilder versenkten oder sich mühten, »Kränzelein« zu winden, »Blümelein« zu pflücken, Gefühle und Empfindungen zu wecken für Bändchen, die so wenig aufregend sind, daß es uns geradezu unbegreiflich scheint, weshalb ausgerechnet sie die Meditation eines Kreuzwegs oder die Feier eines *Tedeum* begleiten sollten. Bilder und Bändchen, die heute mit einem Mal anbetungswürdig und kostbar geworden sind, in Anbetracht dessen, was nach ihnen kam und noch immer kommt; etwas, das nicht einmal der Erwähnung wert wäre, wenn man nicht wüßte, daß die Pest nur dort wüten kann, wo eine tödliche Magerkeit sie erwartet. Was der Leib seit Jahrhunderten vergessen hat, wird mühelos aus den Seelen geschwemmt.

3. Nachdem er die heiligen Weihen empfangen hatte, sprach der griechische Mystiker Symeon Metaphrastes folgendes Gebet: (Die kursive Schrift hier und an anderen Stellen stammt von der Autorin):

»Du, der Du das Feuer bist, das die Unwürdigen verzehrt, verschone mich, mein Schöpfer, *ströme in all meine Glieder, meine Eingeweide, mein Herz.* Verbrenne die Dornen meiner Verfehlungen, reinige meine Seele, heilige meine Gedanken, *stärke meine Gelenke und Knochen, erleuchte meine fünf Sinne,* fessle mich ganz mit Deiner Angst ... Säubere mich, wasche mich rein, mache mich schön ... Mache mich zur Wohnung des heiligen Geistes und nicht mehr der Sünde, damit wie aus dem Feuer jede schlechte Tat von mir fliehe, jede Leidenschaft, weil ich Dein Tempel geworden bin.«

In dieser Bitte wird offenkundig, wie das Erlangen übernatürlicher Sinne den Gewinn der natürlichen nach sich zieht: Letztere werden in jene hineingeworfen, in ihnen entzündet und verbrannt, wie die kostbaren Harze bei der Mischung des heiligen Chrisam. »Eros ist nur ein Bündel Myrrhe«, schreibt ein Kommentator des heiligen Ignatios, »das im Feuer der Agape verbrennen muß.« In diesem Zusammenhang von Unterdrückung beziehungsweise Sublimierung zu sprechen, ist eine Verunglimpfung, und sogar das durchaus gebräuchliche Wort Abtötung klingt demütigend.

»Es werden die Heiligen in der Herrlichkeit jubeln, frohlocken in ihren Ruhestätten«, erinnerte sich eine moderne Mystikerin in der ersten Nacht, in der ihr reiner Leib, erfaßt von göttlicher Heimsuchung, ein paar Zentimeter über dem Bett schwebte. Nichts ist nur sinnbildlich im Reich des Unsichtbaren, wo das Wort die Materie bedingt wie die Materie das Wort, und weniger denn je das Thema der Vermählung. Ein Theologe lehrt: »Die Heilige Kommunion ist der mit Gott Leib an Leib, Fleisch an Fleisch vollzogene Liebesakt. Vor dem Liebesakt muß sich schmücken, wer begehrt sein möchte. *Dies ist die Askese.*« Wieder und wieder erinnern uns gramvoll die Mystiker, singend und stöhnend, daß unsere natürlichen Sinne, um sich mit dem Bräutigam von reinem Feuer zu vermählen, so wenig genügen wie die eines neugeborenen Säuglings. Die Sinne des Säuglings verhalten sich sozu-

sagen zu unseren Sinnen wie unsere Sinne zu denen
verklärter Leiber, gesegnet mit Klarheit, Feinheit,
Beweglichkeit und Gleichmut, und imstande, durch
Wände und verschlossene Türen zu schreiten. Doch
vielleicht ist es unvernünftig zu glauben, daß sterbliche
Glieder dank der Begegnung mit dem Göttlichen
übernatürlich werden, bereits an dessen Herrlichkeit
teilhaben? Es war der heilige Eirenaios von Lyon, der
(eine Generation nach Ignatios von Antiocheia) folgendes zum Ausdruck brachte: »Wenn unsere Leiber
die Eucharistie empfangen, dann sind sie nicht mehr
vergänglich.« Ignatios selbst hatte das Sakrament als
phörmakon athanasìas bezeichnet: Medizin der Unsterb-
lichkeit. (»Lebendes Wasser, aufsteigendes Wasser, ins
ewige Leben hinüberfließend«).

»Wenn ein Leib«, behauptet Johannes Klimakos,
»der einen anderen Leib berührt, einen Wandel erfährt,
weshalb sollte es dann nicht möglich sein, daß auch
der Mensch, der den Leib Gottes berührt, sich wandelt?« Und dies ist das Knospen und Erblühen dieser
neuen, unvergleichlich feinen Organe und Sinne:
Augen, die sehen, wohin ein anderer nicht zu sehen
vermag, jenseits der Schleier des Raumes und in die
Grotten des Bewußtseins; Ohren, die unbekannte
Sprachen und Melodien vernehmen, Nüstern, die das
Grauen und die Gnade wittern, Zungen, die in der
Hostie den Geschmack von heiligem Manna kosten,
von Blut, Honig und Nektar. Eine Haut, deren
Schimmer dem des Phosphors oder des Fluors gleicht,
den Völker gesehen und Maler bezeugt haben, weil
Nimbus und Strahlenmandorla keine symbolische
Entdeckung der kirchlichen Ikonographien sind. Aus
den Poren träufelt der Duft von Blumen, Myrrhe,
Weihrauch, die Fußsohle hebt sich über den Erdboden,
der erfrischte Leib wird sanft emporgezogen, von
demselben Feuer, das ihn verzehrt.

Ein heftiges Erschauern an Leib und Seele, eine bange Ahnung, in Gegenwart des Volkes frei in der Luft zu schweben, erfaßte Filippo Neri vor der Messe, so daß er sich nicht wie sonst mit frommen Gebeten einzustimmen vermochte. In dunklen Sakristeien aus behauenem Stein, in hohen Säulengängen alter romanischer Kirchen, suchte er Zerstreuung im Spiel mit kleinen Katzen, Vögeln und der vornehmen Hündin *Capriccio*. Die Kelche, mit denen er zelebrierte, waren allesamt von seinen Zähnen gezeichnet, so gierig trank er das »lebendig machende Blut«. Er ergriff die Häupter von Kranken, drückte sie an seine leidenschaftliche, nach Moschus und Hermelin duftende Brust und flößte ihnen die Tugend der Keuschheit ein. Küsse, Liebkosungen, Lachen begrüßten eine jede Heilung, sein Rosenkranz war um den Hals des Kranken geschlungen, seine Mütze saß auf dessen Kopf, nicht selten verabreichte er Ohrfeigen, Prügel der Disziplin, eine Hand auf den eignen Augen, die andere auf dem Herzen des Leidenden ... »Eine Seele, die verliebt ist in Gott«, sagte er am Ende, »kommt an (den Punkt), an dem sie sagen muß: ›Herr, laß' mich schlafen‹«. Wie hätte solch ein Leib sich nicht von der Erde erheben sollen? In einem Winkel seiner kleinen Kammer in Rom erinnert eine Schriftrolle daran, wie seine Brust sich ihm in höchster Verzückung derart schwellte, daß er sich zwei Rippen brach. Es ist die abschließende Zeile: *Cor meum et caro mea exultaverunt in Deo meo*.

Dort, wo nicht diese zweifache Freude herrscht, jener ähnlich, die das Kindlein in Elisabeths Schoß strampeln ließ, scheint die Schwelle nicht überschritten worden zu sein. Dafür braucht es weder Vision noch Verzückung. Die unbegreifliche Vermehrung der roten Blutkörperchen in dem anämischen Mädchen, das endlich in einem Karmeliterinnenkloster genußvoll fasten darf, ist in den Annalen der Medizin bereits ein klassischer Fall.

(Seit Jahrzehnten wehrt der Klerus sich gegen die Auffassung, daß Krankheit in der Unordnung des Geistes wurzelt; dies zeigt, welch unendlich weiter Weg ihn bereits vom Wort trennen: »Geh und sündige fortan nicht mehr, sonst wird dir Schlimmeres widerfahren ... Der Geist ist es, der lebendig macht, das Fleisch ist nutzlos ... «).

4. Ein syrischer Mönch, der heilige Isaak, faßt die Erneuerung der Sinne in wenige Sätze:

»Wenn, dank der Gnade, (ein lebendes Wesen) *die Sinne des inneren Menschen erringt,* erhält es seine Milch aus einem Bereich jenseits der Sinne ..., wird es ein sichtbares Geschöpf aus dem Reich des Geistes und erhält die neue Welt, frei von aller Vielfalt.«

Auf diese Milch scheint mir der Eingangsgesang der Sonntagsmesse in Albis zu verweisen, wenn die Neubekehrten, geläutert durch die Taufe, die zweite Zeugung erlangt und sich ihrer weißen Umhänge entledigt haben: *Quasi modo geniti infantes, rationabile, sine dolo, lac concupiscite:* ein Zitat des heiligen Petrus. Die Milch: mit Honig versetzt seit Pythagoras' Tagen ein göttliches Getränk. Vollkommen der Vergleich mit der neuen, jungfräulichen Vernünftigkeit. Die Gebirge werden süß duften, und in den Hügeln werden Milch und Honig fließen, sagt der Prophet von einer Welt, die das Wort befruchtet hat.

Die Nahrungsaufnahme, jener unumgängliche körperliche Vorgang, der dem Leib einen Teil der Natur zuführt und den Mikrokosmos mit dem Makrokosmos vermählt, finden wir, in Symbol oder Substanz, stets am Anfang geistiger Alphabete. Ein Priester erzählte, wie die Worte des Lektors, die sich im Refektorium des Seminars in seine Ohren ergossen, während sein Mund die Speisen kostete, ihm ins Gedächtnis sickerten wie kein anderes Wort davor oder danach. Didaktisches Wissen des Glaubensstifters. Er hatte Gestalt und Wesen des Vaters und hinterließ seine Gestalt und sein Wesen als Speise.

Die Kirchen, vor allem aber die Traditionen, verbanden seit je die Nahrungsaufnahme eng mit dem Tod. Leichenschmaus, Speisenopfer für die Toten, Speisen, um den Leichnam aufgetragen. Doch jener allerhöchste Leichenschmaus, das Letzte Abendmahl, ist etwas anderes. Es ist, lehrt uns die Theologie, die teleskopische Vorwegnahme und zugleich unmittelbare Verwirklichung, in der das zeitliche Nacheinander abgeschafft ist, einer Trennung von Leib und Blut, wie sie nun geschieht, schon bald, oder von Ewigkeit zu Ewigkeit. Ein anderer Dichter, Nikolai Gogol, schrieb darüber: »Mit einem Male ist der Speisentisch verschwunden, ist nur noch der Opferaltar da ... Das Wort hat das Ewige Wort ausgelöst. Der Priester, indem er das Wort wie ein Schwert erhebt, hat die Opferung vollzogen.«

Bei diesem Totenfest verspeist man als ein noch Lebender den unsterblichen Toten. Er selbst verspeist gleichsam sich selbst, während ein anderer ihn verspeist, und welch andere Nahrung kann Gott kosten, wenn nicht seine eigene Göttlichkeit? Ist nicht dies der ewige Kreis »unvergänglicher Liebe«, von dem der Mensch durchkreuzt wird, reine Gelegenheit, reiner Vorwand, sich von Gott lieben zu lassen? Dessen Ziel seit Ewigkeit der Mensch ist, denn nur zu diesem Zweck wurde das Wort getötet »seit Anbeginn der Welt«: »Mit Verlangen habe ich mich danach gesehnt, dieses Passahmahl mit euch einzunehmen ... damit es im Reich Gottes zu Ende geführt werde.« Die Speisung dauert bis zu den Fürbitten, dem wahren Mahl der Toten. Wieder reicht die Metapher in die Wirklichkeit hinein wie die natürlichen in die übernatürlichen Sinne, zumal die gesamte Natur nichts anderes ist als eine Metapher für das Übernatürliche. Die Totenmesse in der Krypta einer Abtei erschien von gleißender Helle, wo ein Mönch, bevor er zum Gedächtnis zweier Toter im Beisein zweier Lebender die Opferung vollzog, auf die größere Hostie die beiden dünnen kleinen legte, die für die beiden Paare auf den zwei gegenüberliegenden Seiten des Lebens bestimmt waren. Die Lebenden sollten für die Toten die unsterbliche Speise essen, und das kleine Stückchen Hostie, in den Wein getunkt und aufgelöst, war, so der Mönch, das Leben, das sich im Tode auflöst, aber nicht verloren geht: *vita mutatur, non tollitur:* Worte aus dem Lobpreis der Toten.

Wer ist ärmer als die Toten und stummer als die Armen, die der Mahlzeit der Lebenden beiwohnen? Die Toten, die der Hände und Münder der Lebenden bedürfen, um das Mahl aufzunehmen? Ein Heiliger aus Süditalien, Pompilio Pirrotti, schritt, während er die Fürbitten sprach, zwischen den Totenschädeln der Beinhäuser einher und legte kleine Brotstückchen zwischen ihre Kiefer: »Oh, der hat aber Hunger!« Wenn die Mönche nach dem Dankgebet langsam das Refektorium verlassen, die Kapuze über das Haupt gezogen und die Hände in den Ärmeln ihrer Kutten verborgen, sprechen sie das *De profundis,* und die Geistlichkeit des Ostens verkündet ein paar Tage nach Ostern der Welt der Toten die Auferstehung der »unvergänglichen Liebe«, indem sie eine Süßspeise aus Mehl und Trauben über den Gräbern zerbröckelt.

5. Der Heilige ist ein Mensch, bei dem es unmöglich scheint, noch eine Spur der ursprünglichen Wunde zu entdecken, mit welchem Namen man sie auch immer benennen möchte. »Mache mich schön«, betete Meta-

phrastes, und wer jemals das Glück hatte, einem Heiligen zu begegnen, dem wird es für den Rest seines Lebens ein Leichtes sein, ohne allzu große Vorbehalte das Wort *Schönheit* auszusprechen.

Der Mensch, begabt mit übernatürlichen Sinnen, steht an der kristallklaren Quelle des Menschengeschlechts, ist wieder wie Adam, den der heilige Antonius als »den reinen Urstoff der Seele« definiert. Ein kostbarer, frischer und strahlender Leib noch im hohen Alter ist sein Siegel, auch die beschwörende Macht über wilde Tiere, die herbeilaufen und ihm zärtlich gehorchen: wie in der himmlischen Brise des Gartens Eden, wie in den geheimnisvollen vierzig Tagen der Einsamkeit, während derer den Zweiten Adam eine himmlische Heerschar wilder Tiere umgab. Die Tierwelt kann nur eine unverdorbene Unschuld betören, von der allerdings alles Tierhafte abgefallen ist. Wilde Tiere greifen für gewöhnlich keine Kinder an, nicht weil Kinder Heilige sind, sondern weil sie den Heiligen als Vorbilder dienen. Den Ring schließen, wieder »zu den Reinen« gehören, nachdem die »unvergängliche Liebe« überschritten ist. Dies und nichts anderes ist gemeint mit jener Wendung aus der Apokalypse »ein neuer Himmel und eine neue Erde«, über die es heute viele einfältige Spekulationen gibt: ein neuer Leib und ein neuer Geist, Mikrokosmos und Makrokosmos, in der Ekstase vereint, frei von aller Vielfalt. Eine neue Schöpfung, »von Gott mit seinem Speichel erbaut«. Nichts anderes rechtfertigt die Verehrung der Reliquien, denen noch immer die Macht verwandelter Sinne entströmt, die sublime Gäste beherbergten.

Die blutleer gewordenen Figuren und Formeln von gestern, die dennoch wie zerbrechliche Eierschalen die gesamte Substanz in sich bargen, endeten, wie es heute geschieht, in einem jähen Zu-Boden-Stürzen, und aus den schändlich zertrümmerten Formen sickern Inhalte, sind bereits so gut wie unbegreiflich oder haben ihr Wesen verändert, weil sie sich kontaminiert haben. Die nicht wiedergutzumachende Kreuzigung der Schönheit, das allgegenwärtige Martyrium des Symbols – angekündigt durch die Anwesenheit und zugleich Ungreifbarkeit des Grauens – haben der Wahrnehmung entzogen, was dem Grauen innewohnt: den göttlichen Realismus, der jede erschaffene Realität übersteigt. Dies hat sich bitter gerächt, denn das Brot, der Laib Brot, den es zu brechen und eilig zu verteilen galt, wie und wo man sei, wie eine gewöhnliche Speise von der Substanz mehr und mehr zum bloßen Zeichen verkommen ist, und vom Zeichen zur bloßen Abstraktion, so sehr man auch aufrichtig hineinzubeißen glaubte. Noch einmal zeigt das Transzendente sich als untäuschbare Vorbedingung des Realen: Sobald die Vorstellung verschwindet, beißen die Zähne ins Leere. Nicht nur physisch hielt das Geheimnis der Theophagie sich im byzantinischen Kelch intakt, den man während der Bußzeremonien der Fastenzeit *nicht einmal betrachten durfte;* nicht nur physisch leuchtete es in der Zartheit der lateinischen Partikel: aus weißem, durchscheinendem Mehl, reine Hülle von etwas anderem, rund wie der Kreis der Unendlichkeit, Mittelpunkt und Umfang des Kosmos, im funkelnden Strahlenkranz zuerst den Augen dargeboten, dann dem Mund. »Stellvertretendes Opfer des Universums« definierte Pater de Condren den geopferten Opferer, Jesus Christus, den Hohen Priester, mit dessen Person man das Erschaffene darbringt und das Ewige verspeist.

Das klassische Bild des byzantinischen *Pantokrators* – mit der Haut von der Farbe einer Dattel oder eines Löwen, auf der Stirn die große gespaltene Ader, das Kinn geteilt wie die zwei Hemisphären – war sowohl

Stilisierung des Kosmos, als auch jenes anderen, ungemein realistischen Bildes: der *Rex tremendae maiestatis* des Heiligen Leichentuches Christi mit gebrochener Nasenscheidewand und aufgedunsenen Wangen.

Nur wenn sie weiterlebt wie seit Jahrtausenden, auf diesem feinen, furchterregenden Unterscheidungskriterium, hat die Pracht der Riten einen Sinn: Flammen, Weihrauch, bedeutungsvolle Gewänder, majestätische Gebärden und Gesichter, das Nacheinander von Gesängen, Schritten, Worten, Stillen, der gesamte lebendige, funkelnde, pulsierende Kosmos der Symbole, der unentwegt auf seinen himmlischen Zwilling deutet, anspielt, verweist, von dem er lediglich der Schatten ist, den jener auf die Erde wirft. Auf diesem Kriterium zieht sich sogar die Vernunft an ihren bescheidenen Ort zurück, den ihr die Natur angewiesen hat, und so ist es eher der Leib, der gerufen ist, das Unsichtbare zu erkennen, zu grüßen und zu empfangen. »Unser Leib«, wieder ist es der heilige Antonius, der dies lehrt, »ist der Altar, auf dem unser Geist die Seele darbringen muß samt all ihren Leidenschaften, damit Gott sich darin niederläßt.« In den Kirchen des Ostens, wo das Volk Gott sei Dank kein Wort spricht, überkommt eine erhabene, beständige Strömung von den goldenen Pforten des Sanktuariums die aufrechten, wie Bögen gespannten Leiber, neigt ihre Häupter, wirft sie auf die Knie, streckt sie nieder wie ein Blitz, um sie schließlich mit Stirn und Bauch an den Boden zu heften. Es ist die »körperliche Anbetung«, die einzige, von der Lella da Foligno nicht abriet, es ist der ekstatische Tanz mit den vierzehn kontemplativen Haltungen des heiligen Dominikus. Der Weihrauch, sinnlich und unheilvoll, verändert den Atem; beim gewollten Schütteln der silbernen Kettchen, hoch in die Luft geschleudert, »öffnet« das Ohr sich erschreckt; der glühende Wirbel von Gesängen, Ikonen und Flammen vereint und vervielfacht die Wahrnehmungen. Alle fünf Sinne sind weit außerhalb des Körpers, außerhalb des »dämonischen Raumes« der Welt: in einem Zustand verschärfter Wachsamkeit, wissend hervorgerufen und hinausgezögert, die bereits einsetzende Verwandlung. Noch einmal, wer auch nur ein einziges Mal einer traditionellen Messe beigewohnt hat, mit Hingabe gefeiert, wird nicht mehr leicht bereit sein, nicht einmal angesichts der verbrauchtesten Kunst, mit dem Wort *Schönheit* Handel zu treiben.

Wer glaubt, die Erneuerung des Profanen, die »heilige Wandlung der Welt«, könne anderswo vonstatten gehen, als in den schwindelerregenden Höhen des Sinaïgebirges, ist einfältig. Mit Freunden ein symbolisches Mahl einzunehmen, wo und wie immer es beliebt, zum Andenken an einen längst verstorbenen Menschenfreund –, der durchaus ein außergewöhnliches Ohr für das Wort Gottes besaß – ist nicht nur die Schändung des Heiligen, sondern auch der Verlust des Weltlichen, so daß sogar die Idee des gemeinsamen Mahls zu Seinem Gedächtnis von Tag zu Tag mehr ein rein politisches Anliegen wird, und es ist nicht einzusehen, weshalb Letzteres nicht wieder einem anderen, dunkleren Anliegen weichen sollte, sobald es zur Genüge erprobt worden ist. Heschel erinnert uns daran, daß, sobald wir aufhören, Gott auf unsere Altäre zu rufen, diese unweigerlich von Dämonen besetzt würden. Nicht ungestraft praktiziert man die düstere Homöopathie, die dazu rät, eine Welt zu heilen, die tödlich krank ist an Verlassenheit, Anonymität, Banalität und Zügellosigkeit aufgrund von Verlassenheit, Anonymität, Banalität und Zügellosigkeit. Es ist nur natürlich, daß die Kirche des Ostens, die Kirche der triumphalen Verherrlichungen, der Ort ist, wo am grausamsten gefastet wird und die Asketen schwere Ketten tragen.

Sinjawskij berichtet von einer alten Russin, die aus dem Badezimmer zurückkehrt und sich ihre langen, krallenförmigen Nägel nicht schneiden lassen will, weil ihre Stunde gekommen ist, und sie nicht weiß, wie sie ohne Nägel den Berg Gottes ersteigen soll. »Die alte Frau hat wohl kaum vergessen«, bemerkt er, »daß ihr Leib zu den Würmern geht. Aber ihre Vorstellungen vom Reich Gottes sind so real, daß sie greifbar werden. Und ihre unsterbliche Seele sieht sie mit Fußnägeln, mit dem Hemd auf dem Leib, wie eine andere barfüßige alte Frau ...« Gegenüber den giftigen humanitären und sentimentalen Vernünfteleien begrüßt Sinjawskij natürlich in der Alten das wahre spirituelle Denken, und im übrigen ist es ein klassisches Bild, von jenem »heiligen Berg Gottes«, der jener kleinen hübschen Phantasie Flügel verleiht und hartnäckige, handfeste Fußnägel. Anscheinend konnte nur ein Mann, der dreißig Jahre lang im Einfluß des wissenschaftlichen Atheismus stand, den blockierten Lebensknoten, die verstopfte Hauptader öffnen, die Leib und Geist zugleich trennt und erstickt. Während seine Schritte sich im arktischen Schnee verloren, schloß er den Kreis mit Ignatios: »Christus ist wahrhaft, sichtbar auferstanden. Er hat mit uns am gleichen Tisch gegessen und getrunken ... Außerhalb dieser Wahrheit gibt es nichts.«

Im beunruhigenden Schweigen der gläubigen Welt wird jener, der dem Symbol und der Figur innewohnt, erneut rufen, bis die Macht des Wirklichen sich wieder seiner Himmel bemächtigt, und das Absolute wieder seine Erde verwandelt: in jene neue, uns unbekannte Natur, geschaffen aus dem göttlichen Speichel, aus dem Milch und Honig süßer Vernünftigkeit fließen.

BIOGRAPHISCHE ANGABEN

von Margherita Pieracci Harwell

> »Solange Menschen auf den Flügeln
> ihrer Phantasie noch ins Reich der
> Märchen gelangen, sind sie von edler
> Gesinnung, mitfühlend und voller
> Poesie.«

MILAN KUNDERA

Vittoria Guerrini (Pseudonym Cristina Campo) wurde am 28. April 1923 in Bologna geboren. Sie war die Tochter von Maestro Guido Guerrini aus Faenza und von Emilia Putti, Schwester des berühmten Chirurgen Vittorio Putti. Diese verwandtschaftlichen Bande verliehen ihrer Kindheit einen ungewöhnlichen Rahmen: Die Familie Guerrini wohnte bis zum Jahr 1929 in der Residenz von Professor Putti im Park des Rizzoli-Hospitals in Bologna. Der Nachteil an diesem Vorrecht – das kleine Mädchen durfte nach Belieben umherlaufen, wo andere Kinder und Erwachsene an Betten und Rollstühle gefesselt waren – war von Anfang an eine etwas verworrene Identifikationssituation, da Vittoria mit einem Herzfehler zur Welt gekommen war, durch den ihr diverse Bereiche des »normalen« Lebens versagt blieben. Sogar die schulische Erfahrung, im Werdegang eines Kindes der erste Angleichungsprozeß, beschränkte sich bei ihr auf wenige Jahre und verlief unter recht ungewöhnlichen Umständen.

Nachdem Vittorias Vater zum Leiter des Cherubini-Konservatoriums ernannt worden war, übersiedelte die Familie nach Florenz und verbrachte die Kriegsjahre in einer ruhigen Wohnung in der Via de Laugier, an einem kleinen Garten gelegen, der den damals ohnehin noch erträglichen Verkehrslärm fernhielt. Während Vittoria nach einem kurzen Aufenthalt in einer Privatschule anhand von literarischen Texten und unter der Anleitung ausgezeichneter Lehrer das Deutsche und das Englische erlernte, schloß sie ihre erste entscheidende Freundschaft mit Anna Cavallotti, mit der sie die Vorliebe für das Lesen teilte und erste literarische Versuche unternahm. Diese Freundin kam bereits 1943 bei einem Bombenangriff ums Leben. Vittoria verwahrte ihre Tagebücher und veröffentlichte sie in Auszügen in der zweiten Ausgabe der Zeitschrift *Posta letteraria des Corriere dell'Adda,* und diese Gedanken zeigen sie uns wie ein Spiegel, sind kleine Samen, die im *Diario d'agosto* vollends erblühen. Auch die künftigen persönlichen Beziehungen Vittorias waren eng verwoben mit ihren literarischen Neigungen.

In den Jahren '43 und '44 veröffentlichte sie, noch unter ihrem wirklichen Namen Vittoria Guerrini, ihre ersten Schriften: die Übersetzung von *Sibelius: a close-up by B. von Törne* (B. von Törne, *Conversazioni con Sibelius,* Florenz 1943) und Erzählungen Katherine Mansfields: *Una tazza di t'e altri racconti* (Frassinelli, Turin 1944), mit einer biographischen Anmerkung und einem kurzen, nicht signierten Vorwort, in dem sich der künftige, so eigene Stil Cristina Campos noch nicht erkennen läßt, wohl aber ihr Geschmack, wenn man die gezielte Auswahl von Dichtern und Themen so bezeichnen darf.

Noch während des Krieges begegnete sie Leone Traverso, der ihren Florentiner Dichterkreis, bestehend aus sehr jungen Leuten und aus Freunden der Familie, von den De Robertis bis hin zu den Chiapelli, erheblich erweiterte. Traverso – dessen Einflußnahme auf

ihren Stil sie nur mühsam wieder abschütteln konnte –
brachte Vittoria einen Literaten nahe, der sie entschei-
dend prägen sollte: Hugo von Hofmannsthal, den
Hofmannsthal, der das Schweigen brach wie sein Lord
Chandos, dessen reiner Erzählstil und strenge Gedan-
kenführung bereits auf Simone Weil verwiesen. Zwischen 1942 und 1963 erwachte in Italien das Interesse
an Hofmannsthal zu neuem Leben, nachdem Übersetzungen seiner Werke, mit Einführungen versehen, im
Mailänder Verlag Cederna und in der Cederna-Reihe
bei Vallecchi in Florenz erschienen waren, hauptsächlich herausgegeben von bereits erwähntem L. Traverso
und von Gabriella Bemporad, aber auch von Zampa
und Landolfi. Von Gabriella Bemporad, deren Freundschaft Vittoria zu wichtigen Begegnungen verhalf –
mit Bazlen und Bernhard zum Beispiel, von denen
noch die Rede sein wird –, erschien 1946 die Übersetzung von Hofmannsthals Romanfragment *Andreas
oder Die Vereinigten,* das zu jenen Texten gehörte,
anhand derer Vittoria die deutsche Sprache erlernt
hatte, und 1955 die Übersetzung der Erzählung *Die
Frau ohne Schatten,* in deren Nachwort man auf etliche
Themen Vittorias stößt. 1958 erschien in dem Band
Viaggi e saggi Vittorias Übersetzung des Essays *Gerechtigkeit* (Cederna, Mailand). Wesentlich aber war, daß
von allen oben erwähnten italienischen Schriftstellern
Vittoria Guerrini die Lehre Hofmannsthals am meisten
in ihren eigenen Schriften umgesetzt und nachempfunden hat – der »intensivste Klang« der in der Stille rezitierenden Stimme, die mit klaren alltäglichen Zeichen
in das Mysterium einweiht. Durch ihre Verbindung
mit der Gruppe um den Verlag Cederna ergab sich für
unsere Schriftstellerin die Möglichkeit, ihren ersten
Band mit Gedichtübersetzungen zu veröffentlichen:
Eduard Mörike, Cederna, Mailand 1948.

1951 wurde in Florenz aus einer Idee Gianfranco

Draghis und Vittorias die Posta *letteraria* des *Corriere dell'Adda* geboren, ein Treffpunkt verwandter Seelen. Schriftsteller wie De Robertis, Luzi und Bigongiari wirkten mit, und auch einige junge Leute, unter anderen Ferruccio Masini, Pierfrancesco Marcucci, Pierpaolo Draghi, Silvano Giacchini, die Schweizer Remo Fasani und Giorgio Orelli, alles Freunde Vittorias, mit der sie schon vorher Interessen und neue Entdeckungen teilten. Von entscheidendender Bedeutung für Vittoria war die Entdeckung von Simone Weils Werk *La pesanteur et la grâce,* das Gianfranco Draghi in Paris bei Doktor Shelmmer fand (dem gebildeten Verfasser von *La méthode naturelle en médecine,* der ein Freund Vittorias wurde) und es Vittoria brachte. (Die erste italienische Besprechung dieses Werks erschien in der ersten Ausgabe des *Approdo* 1952 und entstammte der Feder Anna Maria Chiavaccis, die ebenfalls ein Mitglied des Posta-Zirkels war). Vittoria erkannte die Welt der Weil sofort als die ihre und nahm sie in sich auf, so wie sie es bereits mit Hofmannsthal getan hatte. Deshalb finden sich in ihren Schriften Symbole der Weil und fügen sich auf vollendete Weise ein (»die linke Hand« ist nichts anderes als »malheur«, ausgezeichnet durch »souffrance«). Die *Posta* veröffentlichte 1953 zum ersten Mal *Diario d'agosto.* Diese Gedanken weilscher Prägung erschienen 1960 in erweiterter Form im *Approdo letterario* – VI, 9, Januar-März, S. 85 ff. Der *Diario d'agosto* bildet die ersten beiden Teile des Essays *Parco dei cervi* (Hirsche im Gehege) in *Fiaba e mistero* (Märchen und Mysterium). Außerdem erschienen in der Posta ein Auszug des *Diario* von bereits erwähnter Anna Cavallotti und Übersetzungen Vittorias von Prosa und Poesie, darunter Werke von Simone Weil und Emily Dickinson.

Die Schriftstellerin arbeitete dann an dem *Libro delle ottanta poetesse* (Buch der achtzig Dichterinnen), das im

Verlagskatalog Casini in Rom angekündigt wurde als »eine bislang noch nie versuchte Sammlung der makellosesten Seiten, die jemals von weiblicher Hand geschrieben wurden«. Doch das Buch wurde nie veröffentlicht, und sein Manuskript, fast vollendet, mit etlichen Übersetzungen Vittorias, ging verloren.

Im Kreis um Traverso entdeckte Vittoria in jenen Jahren in Mario Luzi den Schriftsteller Italiens, der ihrer Gedankenwelt am nächsten kam (neben dem verehrten Montale) –, und so las sie, neben ihrer Lektüre der Werke von Hofmannsthal und Weil, immer wieder seine *Primizie del deserto*. Den *Primizie* widmete sie Jahre später eine Studie, von der uns ein höchst nützlicher »Plan« geblieben ist, anhand dessen wir verstehen können, wie sie arbeitete. (Eine ganz und gar »natürliche« Vorgehensweise – und »Natürlichkeit« ist Wort und Ziel Luzis – ein Brief Vittorias aus dem Jahr 1956: »... nehmen Sie Kontakt auf mit dem (Text). Machen Sie sich eine Liste mit Notizen (Zitate), und der verbindende Diskurs wird ganz von selbst wachsen, wie eine Kletterpflanze zwischen den Felsen.«)

1953 ist das Datum, das sich unterhalb des letzten Essays von *Märchen und Mysterium* befindet: »Aufmerksamkeit und Poesie«. 1954 veröffentlichte die Florentiner Zeitschrift *La Chimera*, die ein zwar kurzes, aber intensives Dasein führte, die erste Fassung der Schrift, die dann 1960, in der Zeitschrift *Paragone* mit dem Titel *Un medico: Ordine del mondo nei racconti di Cechov* erschien. Aus dem Jahr 1954 stammt auch der erste Beitrag in der Zeitschrift *Approdo* (vielleicht gehen einige Sendungen voraus): ein Kommentar zum Tagebuch von Virginia Woolf (4, S. 98-101). Vittoria arbeitete gerade an der Übersetzung dieses Tagebuchs, die schließlich 1959 in den *Quaderni della Medusa* bei Mondadori erschien, mit einem Vorwort von Leonard Woolf (ins Italienische übertragen von Giuliana de

Carlo und Vittoria Guerrini). Mit einer kleinen Anzahl von Freunden erwog Vittoria nun die Gründung einer vollkommen reinen Zeitschrift für Essays und Gedichte, die dem Genie (weilscher Prägung), nicht dem Talent Stimme verleihen sollte: »Simone macht mir all das begreifbar, was ich nicht zu glauben wage. So müssen wir Dorfnarren werden ... Genies ... Tief in mir habe ich gespürt, daß es *möglich* ist, genial (nicht talentiert) zu werden, nur *gesagt* hat es mir bisher noch niemand. Schade, man müßte als Dorfnarr geboren sein ... aber zuweilen hat Gott wohl andere Pläne. So muß ich diese kalte Klinge lieben, die sich eines Tages zwischen die Türangeln meiner Seele zwängen wird, um sie offen zu halten für die Worte der Sprachlosigkeit ...« (aus einem Brief im Dezember 1956). Der Name der Zeitschrift sollte an die Weil erinnern: *Die Aufmerksamkeit:* ein Entwurf erschien 1956 in einer Ausgabe von *Stagione. Ungaretti* und *Angioletti* waren davon sehr angetan.

Von 1955 an lebte Vittoria in Rom, wohin sie ihren Vater begleitet hatte, der inzwischen Leiter des Konservatoriums Santa Cecilia und Vorsitzender des Collegio di Musica geworden war. Aus diesem Grund lebte sie neben dem Konservatorium am Foro Italico, wo sie der sonntäglichen Ausgelassenheit der Sportbegeisterten ausgeliefert war, aber auch nahe am Ufer des Tiber, auf dem damals zahlreiche Hausboote schwammen mit kinderreichen Familien. An den Fenstern spazierten afrikanische und orientalische Studenten in fremdartigen Kleidern und mit ihren Instrumenten vorüber. Die Entdeckung Roms war schwierig und wunderbar zugleich: Die Stadt erschien ihr wie eine Wüste, durch die der Schirokko fegte und ihr den Atem benahm, ihr aber zugleich sämtliche Schichten des immer neuen Lebens öffnete, am Portico di Ottavia oder in der Via Giulia. Sie besuchte alte Freunde –

Francesco Tentori, Maria Zambrano, vor allem Margherita Dalmati, eine griechische Dichterin, Musikerin und Übersetzerin italienischer Literatur –, schloß aber auch neue Bekanntschaften. Bobi Bazlen, der große, nicht zu bestimmende Hermes, führte sie zu Doktor Bernhard, der die Ideen Jungs in Italien bekannt gemacht hatte und sie von einer quälenden Klaustrophobie befreite. (»Ich erinnere mich an einen stillen Psychiater, der wie kein anderer den Erzählungen Tschechows entstiegen schien und seinen schwermütigen Patienten die Lektüre des Buches Hiob empfahl«, schrieb sie in ihrem Essay über Tschechow).

Inzwischen erschien bei Scheiwiller (1956) *Passo d'addio* (im Zeichen des Goldfisches), jenes kostbare Büchlein mit Gedichten Vittorias, die damals bereits unter dem Pseudonym Cristina Campo schrieb. Außerdem sorgte Vittoria für die Herausgabe einer Simone Weil gewidmeten Sondernummer der *Letteratura*, 39-40 (Mai-August 1959), in der »Canto di Violetta« und »Monologo di Jaffier« aus *Venezia salva* erschienen, sowie von Vittoria übersetzte Gedanken und Briefe der Weil. Ein Jahr zuvor, 1958, war, ebenfalls bei Scheiwiller, das erste Büchlein mit Übersetzungen von Gedichten William Carlos Williams' erschienen – *Il fiore è il nostro segno,* jenes betagten Dichters, mit dem sie einen sehr regen Briefwechsel führte. Einige Jahre später, 1961, veröffentlichte Einaudi den Band *Poesie* von Williams, übersetzt und vorgestellt von Cristina Campo und Vittorio Sereni und im Jahr 1967 neu aufgelegt. 1960 erschienen zwei Essays in *Paragone:* »J.L. Borges« (XI, 124, April) und »Un medico« (XI, 132, Dezember); hinzu kamen einige Übersetzungen von Werken John Donnes (XI, 128, August). 1961 folgten Übersetzungen von Gedichten Héctor Murenas für die Zeitschrift *L'Approdo.*

1962 erschien ihre erste Sammlung Essays: *Fiaba e*

mistero e altre note (Vallecchi, Florenz), und ein Jahr später Scheiwillers Ausgabe von *La Storia della Città di Rame* (Die Geschichte von der Messingstadt, Übersetzung aus dem Arabischen von Alessandro Spina, mit einer Einführung von Cristina Campo). Seit ihrer Kindheit war sie den Erzählungen aus Tausendundeiner Nacht treu geblieben. In der Zeitschrift *Paragone* wurde der Essay »Les sources de la Vivonne« (XIV, 164, August, S. 55–60) veröffentlicht, der noch einmal in *Flauto* erschien. Ebenfalls aus dem Jahr 1963 stammt die Übersetzung von Weils *Venice sauvée (Venezia salva)*, mit »erläuternden Randbemerkungen von einer Dichte«, wie kürzlich Zolla schrieb, »wie man sie sonst nur selten findet in der italienischen Literaturkritik dieser Tage.« In diese Erläuterungen ließ Vittoria die eine oder andere Bemerkung aus ihren Gesprächen mit T. S. Eliot und T. E. Lawrence einfließen. Eine Biographie von Vittoria Guerrini müßte vor allem eine Geschichte ihrer Lesevorlieben sein: Auch ihr Umgang mit den Lebenden nährte sich daraus, wie ich bereits zu Anfang erwähnte. Literatur ist für sie, wie bereits für Simone Weil (oder für Hofmannsthal in seinem *Buch der Freunde*), eine Lebensaufgabe. Blieb Vittoria auch jener Art von Literatur, die sich damals als engagiert bezeichnete, stets ganz und gar fremd, so war sie dennoch, wenn auch auf erlesenere Weise, eine Zeugin und Teilnehmerin unserer Zeit, eine Tatsache, die man nun endlich zu erkennen beginnt.

Auf dieser Ebene, einer Ebene des Sich-makellos-Ineinanderfügens von Distanz und Präsenz, vollzog sich das für sie entscheidende Zusammentreffen mit Elémire Zolla. An seiner Seite lebte und schrieb Vittoria ab 1960 bis zu ihrem Tod. Das Spiel der wechselseitigen Inspiration soll hier nicht näher erläutert werden. Der Leser kann sich selbst ein Bild davon machen,

wenn er die Essays aus jenen Jahren liest, die der vor-
liegende Band enthält.

1964 erschien »Omaggio a Borges« in *Elsinore*
(3, Februar).

1967 veröffentlichte Borla in dem Band *La Grecia e
le intuizioni precristiane* die wunderschöne Übersetzung
des Essays »L'Iliade ou le poème de la force«. Zwei
Jahre später, ebenfalls bei Borla, erschien Vittorias
Vorwort zu *Nato in Tibet* von Chögiam Teungpa.

1974 erfolgte eine Neuauflage von *La Grecia e le
intuizioni precristiane* des Verlags Rusconi, der 1971
bereits *Il flauto e il tappeto* veröffentlicht hatte. Zwischen 1970 und 1975 erschienen religiöse Schriften
über die Kirchen in Ost und West, deren Einführungen
(zwei davon sind in vorliegendem Band enthalten)
Il flauto e il tappeto auf ideale Weise ergänzten: 1970,
L'uomo non è solo von Heschel; 1973, *Racconti di un
pellegrino russo;* 1975 *Detti e fatti dei Padri del deserto
(Apophtegmata Patrum).*

1971 hatte Einaudi die Übersetzung von John Donnes Poesie *amorose e teologiche* veröffentlicht, herausgegeben von Cristina Campo. Die Einführung zu den
Werken Donnes vermittelt, noch mehr als die zu den
Schriften Rusconis, einen Eindruck von der ungeheu-
ren Kohärenz der Schriftstellerin (vergleicht man
spätere Schriften mit ihrem Jugendwerk: dieselben
Themen, dieselben Interessen) und von der Entwick-
lung, die sie inzwischen durchlebt hatte, deren lyrischer Ausdruck sich in den Gedichten wiederfindet,
die in der von Elémire Zolla gegründeten und geleite-
ten Zeitschrift *Conoscenza religiosa* erschienen sind:
Missa Romana (1, 1969), *La tigre assenza* (3, 1969) und
schließlich, im Januar des Jahres 1977, in dem sie ver-
starb, *Diario bizantino e altre poesie.*

Und noch aus der »hieratischen« Form, die sie den
Ikonen entlieh, kann ein jeder, der mit den Augen der

Seele liest, die Flammen jenes Wesens leuchten sehen, das der unaufmerksame Leser für eine »Literatin« halten konnte.

Die Liebe zur Liturgie, die Vittoria mit Simone Weil teilte, führte sie zuerst in das Benediktinerkloster Sant' Anselmo (nach dem Tod ihres Vaters im Jahre 1965 lebte Vittoria sehr zurückgezogen), wo man noch den gregorianischen Gesang pflegte. Als nach dem II. Vatikanischen Konzil auch Sant' Anselmo die heilige Messe in der Volkssprache zelebrierte, suchte Vittoria das Russicum auf, wo der byzantinische Ritus in all seinen Formen der Zeit getrotzt hatte. Sie starb am 10. Januar 1977 an einem Herzanfall, der um ein weniges heftiger war als die der vorausgehenden zwei oder drei Jahre, welche sie teils in Rom und teils in Nervi zugebracht hatte.

BIBLIOGRAPHISCHE ANGABEN

»Una rosa« (Eine Rose) in *Fiaba e mistero,* Vallecchi, Firenze 1962, S. 15-17, dann in *Il flauto e il tappeto,* Rusconi, Milano 1971, S. 11-14.

»In medio coeli« in *Paragone,* XIII, 150 (Juni 1962), S. 42-53, dann in *Fiaba e mistero,* S. 43-59, und in *Il flauto e il tappeto,* S. 15-33.

»Della fiaba« (Über das Märchen) Eine erste kurze Fassung erschien in *Fiaba e mistero* mit dem Titel »Fiaba e mistero«, S. 5-13, und die endgültige Fassung in *Il flauto e il tappeto,* S. 34-52.

»Les sources de la Vivonne« in *Paragone,* XIV, 164 (August 1963), S. 55-60, dann in *Il flauto e il tappeto,* S. 56-63.

»Notti« (Nächte)

1. »La storia della Città di Rame« (Die Geschichte von der Messingstadt), Vorwort zu *La storia della Città di Rame,* Scheiwiller, Mailand 1963, dann in *Il flauto e il tappeto,* S. 65-76.

2. »Tappeti volanti« (Fliegende Teppiche), in *Il flauto e il tappeto,* S. 76-88.

»Gli imperdonabili« (Die Unverzeihlichen), in *Il flauto e il tappeto,* S. 91-111.

»Una divagazione: del linguaggio« (Ein Exkurs: Über die Sprache) in *Il flauto e il tappeto,* S. 113-119.

»Con lievi man« (Mit leichten Händen) in *Il flauto e il tappeto*, S. 123-142.

»Il flauto e il tappeto« in *Il flauto e il tappeto*, S. 143-177.

FIABA E MISTERO
(Märchen und Mysterium)

»Parco dei cervi« (Hirsche im Gehege): Teil 1 und 2 erschienen in der Zeitschrift *L'Approdo letterario*, IV, 9 (Januar-März 1960) unter dem Titel »Diario d'agosto«, S. 85-90 (bereits in *La posta letteraria des Corriere dell'Adda*, 1953); vollständige Fassung in *Fiaba e mistero*, S. 19-43.

»Attenzione e poesia« (Aufmerksamkeit und Poesie) in *L'approdo letterario*, VII, 13 (Januar-Februar 1961), S. 58 ff., dann in *Fiaba e mistero*, S. 61-67.

IL SAPORE MASSIMO DI OGNI PAROLA
(Der Worte intensivster Geschmack)

»Su William Carlos Williams«: Vorwort zu *Poesie* von William Carlos Williams, übersetzt und präsentiert von Cristina Campo und Vittorio Sereni, Einaudi, Turin 1961 (Zweite Auflage 1967).

»Su John Donne«: Vorwort zu *Poesie amorose e teologiche* von John Donne, herausgegeben von Cristina Campo, Einaudi, Turin 1971.

»Un medico«: Erste unvollständige Fassung mit dem Titel »Ordine del mondo nei racconti di Cechov«, in *La Chimera*, 8 (November-Dezember 1954); endgültige Fassung mit dem Titel »Un medico« in *Paragone* XI, 132 (Dezember 1960), S. 50-58.

»Omaggio a Borges« in *Elsinore*, 3 (Februar 1964), S. 111-113.

SENSI SOPRANNATURALI
(Übernatürliche Sinne)

»Sui Racconti di un pellegrino russo«: Vorwort zur Ausgabe Rusconi, Mailand 1973.

   »Su Detti e fatti dei Padri del deserto«: Vorwort zur Ausgabe Rusconi, Mailand 1975.

   »Sensi soprannaturali« in *Conoscenza religiosa*, III, 1971, S. 214-226.

GUIDO CERONETTI

CRISTINA CAMPO
ODER
VON DER VOLLKOMMENHEIT

Wäre ich der einzige Rezensent von Cristina Campos *Flöte und Teppich,* und das bin ich wohl auch, so hätte ich allen Grund, stolz zu sein auf dies einsame Privileg. Die Liebe zum gereinigten Wort sucht und erkennt das ihrige: Bruchstücke fremder Welten werden uns dank ihres feurigen Wesens wie der Schatten der Rizinusstaude für Jonas. Im übrigen fleht man vergebens, die Dummen möchten schweigen: sie tun es von sich aus, wenn sie die Art, in der man schreibt, fernhält wie eine lange, unsichtbare Lanze.

Die Texte der Campo gleichen nicht zu bestimmenden, nicht zu klassifizierenden Blumen inmitten zahlloser, leicht zu bestimmender Mittelmäßigkeiten. Wir dürfen sie ehrfürchtig als Essays bezeichnen, sollten aber tunlichst verhindern, daß der häßliche Hundefänger Essayistik sie an die Leine nehme. Argument und Ergebnis fügen sich im Unfaßbaren zusammen: das ist Vollkommenheit. Die Inquisition der Wichtigkeit und der Nützlichkeit mag das Buch also bedenkenlos den Flammen anvertrauen.

Vollkommenheit als Natur, als Martyrium, als etwas Unverzeihliches: Wie Perlen eines Rosenkranzes werden Beispiele aus sämtlichen Lebensbereichen aufgereiht: Heiligkeit und Musik, Handwerk und Heldentat, Poesie und Liturgie, Tierreich und Tod. Dies ergibt ein Traktat mit offenem Ende, ein zartes Lehrbuch der Vollkommenheit, anhand dessen die Dichterin uns mit genauen, gewandten Bewegungen über einen Boden geleitet, der so zerbrechlich ist, daß er nur auf verschlüsselte Weise angedeutet werden darf. *Kritische* Essays? Nein. Hier wird nicht geurteilt. Das ist vorher geschehen. Man schreitet von Vision zu Vision. Nichts anderes.

Freudig stellt man fest, genügend Kenntnisse im Umgang mit dem Unbestimmten und dem Unmöglichen zu besitzen, um wesentliche Aussagen in diesem Buch zu begreifen. Bleibt die seltene Belesenheit der Campo zuweilen undurchschaubar (nicht gelesene Werke, nicht gesehne Dinge usw.), so ist der Mangel verzeihlich; doch ohne Templerbruderschaft verflüchtigen sich all diese Aussagen über Glaubensdoktrin und Weisheit, in die nur der veredelte Verstand, die wahre Geistestätigkeit und die Treue zum Denken münden, all diese unvorhergesehenen Wahrheiten, die durch den Riß ins Dunkel leuchten.

»Detailliebend, trügerisch und unbeugsam wie alle echten Seher schreibt die Dichterin Marianne Moore einen Aufsatz über Messer ...«. Diese drei Adjektive bauen mit drei gekonnten Handgriffen die Höhle, in der der echte Seher arbeitet, sprechen von einer Askese, die *detailliebend, trügerisch* und *unbeugsam* sein muß, um in einem nächtlichen Gesicht zu gipfeln, das nicht in morgendlichem Wasserlassen endet. Es sind drei durchaus technische Begriffe und beschreiben ein unauffindbares Handwerk, das man aber, wie jedes Handwerk, dennoch *erlernen* kann. In den berühmten Briefen an Izambard und an Paul Demeny schreibt Rimbaud: *»Je travaille à me rendre voyant.«* (Ich arbeite daran, sehend zu werden.) Und *»je m'encrapule le plus* *possible, un long, immense et raisonné dérèglement de tous les sens*« (ich führe ein durch und durch liederliches Leben, ein langes, gewaltiges und bewußtes Entgleisen der Sinne); eine Ebene des Lernens, die zu denken gibt. Namen von Lehrern, *Crapule und Dérèglement,* und scheue Masken: Hinter dem liederlichen Leben und dem Zersetzen der eigenen Empfindung, diesem vermeintlichen Durcheinander, verbirgt sich die *detailliebende, trügerische* und *unbeugsame* Arbeit des echten Sehers. Denn die Ordnung wird durch das Ziel vorgegeben: *le suprème Savant* ... Izambard selbst schrieb in seinen Erinnerungen, Rimbaud habe dieses *je m'encrapule* so ernst genommen, daß er es als eine *formule cabalistique propice à la fermentation du génie* auffaßte (als eine kabbalistische Formel, die die Gärung des Genies begünstigt). Parallelen der Wahrheit: *long, immense et raisonné* – detailliebend, trügerisch, unbeugsam; eine Härte, die nicht scheitern kann. Die Schule der Seher, erneut heraufbeschworen durch die *Orphée* von Ballanche, war lediglich ein nebelhaftes literarisches Ägypten, das *dérèglement* jedoch stand in Reichweite einer starken Hand. Und auch *j'ai horreur de tous les métiers* (ich verabscheue ein jedes Handwerk, in *Mauvais sang*) gesteht das notwendige Grauen davor, das Wort ›detailliebend‹ auf ein absolutes *Handwerk* anzuwenden ... Vom Seherthron zu einem überaus detailliebenden und qualvollen Unterfangen im Afrika Meneliks: Nur wer an Schicksale und symbolische Reisen glaubt, kann ohne Ekel die Kluft überbrücken. Der Begriff *specioso* hat im Italienischen die negative Bedeutung ›trügerisch, scheinbar‹, während die lateinische Wurzel *spezioso* ›blendend‹, mehr als ›schön‹ bedeutete. Der Visionär arbeitet also auf der Basis eines blendenden Scheins, um eine karge, überwesentliche Wirklichkeit zu offenbaren, die einzige Wirklichkeit, die im schwindenden Nichts des Wesen-

327

haften sich nicht in Rauch auflöst. Deshalb ist seine Arbeit auserlesen trügerisch. Eine lichtgefüllte Leere als Wohnung Gottes. Es scheint sehr schwierig, das Trugbildhafte auf die Propheten Israels anzuwenden, doch wo es die Vision gibt, findet sie auch den Spiegel des Trügerischen. (Vielleicht ist Ezechiel der detailliebendste von allen).

Wie eine Biene fliegt das Auge der Campo vom Märchen zum gregorianischen Gesang, vom Sprichwort zum byzantinischen Ritus, von Proust zu Borges, von Lawrence Olivier zu Gérard Philipe (letzter moderner Bewohner des Elfenreiches), von Schahrazad zur Mazurka, und sammelt dabei stets etwas Schwindelerregendes, Wesentliches. Symbol, Geheimnis, Vollkommenheit, Schicksal sind würdige Themen von Menschen für Menschen. Der Stil kann nicht lügen, und die Hochzeit zwischen der Belesenheit und der ihr übergeordneten Wahrheit ist immer gesegnet. An jeder Weggabelung eine Zusammenkunft mit dem treffenden Wort, mit dem Wort, nach dem man dürstet, das man unausgesprochen in sich trägt: »Denn Religion ist nichts anderes als ein geheiligtes Schicksal, und der weitverbreitete Mord an den Symbolen, die nicht zu sühnende Kreuzigung der Schönheit, ist ... ein Ermorden und Kreuzigen von Schicksalen ...« Mit befreienden Worten: »Der letzte Kritiker in Italien war, wie mir scheint, Leopardi, denn bei De Sanctis wurde die reine Anlage eines betrachtenden Geistes durch dessen Geschichtswahn empfindlich gestört und verzerrt.« Anbetungswürdige Ketzerei! De Sanctis war der Begründer der *Letteratura Italiana* und vernichtete damit das Leben. Er vergiftete die Forschung und machte Italien zu einer Provinz Hegelscher Prokonsuln (mit eitrigen Söhnen und marxistischen Enkeln, die der Atmung abträglicher waren als eine Überdosis Kurare), und seine verfluchten *es*

gibt und *es gibt noch nicht* haben Millionen stilistischer Pubertäten entwürdigt, überall Zerstörung gesät ...
Mein alter Groll gegen diesen Professor und seinen Geschichtswahn, der eine gesamte, durchaus annehmbare Kultur verseuchte, bejubelt seine Geißelung. Und dieser Leopardi, der »der letzte war, der eine Buchseite untersuchte wie ein Schriftsteller«, ist eine schwebende phrygische Mütze, die sich bereitwillig auf jedes Haupt senken wird, das nicht danach dürstet zu dienen.

In dem Abschnitt über Manzoni merkt man noch deutlicher, daß es dem Schriftsteller Campo so ganz und gar an Falschheit fehlt, weil Manzoni ein glänzender Unterscheider des Wahren vom Falschen ist. Er steht im Mittelpunkt eines Exkurses in die Sprache und wird mit den übrigen Stäubchen der Vollkommenheit verglichen, denen die Campo nachspürt, und das Erkennungszeichen wird weise und zart berührt: dies »Netz von wortreichen Litoten«, die tiefe Seelenverwandtschaft zwischen dem Kardinal und dem Unbenannten, die »geheimen symbolischen Bezüge«. Der Unbenannte wird auf eine Weise beschrieben, die uns in einen Wahrheitstaumel reißt: »jener asketische Kondor«. *»Je me suis séché à l'air du crime ...«* (Ich habe mich in der Luft des Verbrechens getrocknet.) Man begreift also *schreibend,* rückt eine Lampe heran, indem man selbst eine ist.

In einem Hinweis auf Psalm 57 bezieht Campo sich auf meine Auslegung des Textes. Es handelt sich dabei allerdings um Psalm 58, in dem die Bemühung um die rechte Übersetzung des Begriffes *rashá* (gottlos, schuldhaft, verderbt, usw.) mich zu ungewohnten Maßnahmen zwang: der Glaubensabtrünnige, der Ketzer. Das sind natürlich nur Mutmaßungen. Ich dachte an die wilde Gemeinschaft der aus Babylonien heimgekehrten Reinen, welche die Juden, die während ihrer Verbannung in Jericho geblieben waren, als *reshaìm* bezeichneten, als ›Glaubensabtrünnige‹, ›Ketzer‹, ›Hexer‹, und ich empfand für diese *reshaìm,* in deren Blut der *Recht*gläubige seine Füße wäscht (v. 11), ein gewisses zärtliches, rachsüchtiges Mitgefühl, das des Gnostikers. Ich weiß gar nichts über die reshaìm der schwer verständlichen Psalmen und fühlte dennoch einen heftigen Widerwillen, ihre Verurteilung zu sanktionieren. Wo ist das Böse in den Psalmen, bei wem ist es? Nicht immer bei den Gesegneten, nicht immer bei den Verdammten. Wer weiß, wer sie waren, die einen oder die anderen? Das Wort *Ketzer* klingt heutzutage wie eine Absolution.

In Vers 4 habe ich *Ketzer* verwendet wegen der Ähnlichkeit zum Begriff *dovré khazàv,* den die Vulgata exakt mit *loquentes mendacium* wiedergibt. Die *Ketzer* tauchen erneut in Vers 11 auf: *be-dàm ha-rashà:* Im Blut des *rashà.* Wer sicher ist, ein *tzadìq* zu sein, der wasche nur ruhig seine Füße im Blut des *rashà.* Die Sicherheit ist sein. Cristina Campo knüpft an das Bild des *rashà,* der wie die taube Schlange die Stimme des Beschwörers nicht hören will, einen wunderschönen Kommentar: »Bezeichnet dies alles nicht anmutig und höchst feinsinnig den, der die göttliche Stimme flieht und seine Augen bedeckt hält vor dem Unsichtbaren? Der im Gegensatz zum Heiligen sich weigert, geduldig und blind vertrauend in jener Schrift, die von einem Gott im Himmel spricht, die geheimen Zeichen eines Schicksals einzubinden oder abzulesen?« Dennoch versinnbildlicht meiner Meinung nach die Schlange, die der Stimme des Beschwörers entfliehen möchte, auch eine edle, einsame Weigerung, eine Widerspenstigkeit, die nicht der Größe entbehrt. (Vielleicht weil ein jedes *Gegenteil* dessen, was die Heilige Schrift preist, nicht automatisch der Größe entbehren muß.)

Ich möchte zum Psalterium zurückkehren, der Lektion dieser Augen gedenkend, die die Tradition nicht verleugneten. Zu wissen, daß jemand noch immer im verlassenen Tempel kniet, genügt, aus jenem Tempel ein wenig mehr zu machen als ein schlichtes Denkmal. Aber es wird mir niemals gelingen – und ist die Bemühung zu groß, leidet die Anmut –, die Ausgrabung eines heiligen Textes mit der Achtung vor der Tradition zu versöhnen, die an ihrem Abgrund erblüht. Es genügt zu wissen, sagt Elémire Zolla, daß man aus diesem Text zog, was die Heiligen daraus zogen ... Auch ich bin mir der Risiken der Kritik bewußt, deren letztes Heil in der Vernichtung liegt, aber das eintönige Kommentieren der Heiligen ist häufig ein aufgesetzter Schein, mächtig und klebrig, der engelhaft die Pforten des Textes verriegelt. Die Versuchung, sie mit eigener Hand (nicht immer mit »leichter Hand«) zu öffnen, ist stark, sehr stark. Einem jedem seinen Dämon ... Das Wort wird stets sich selber retten.

Ich möchte noch einmal wiederholen, was einzig zählt in dieser entscheidenden endzeitlichen Trennung von Seelen und Welten, in der wir, ohne uns dessen bewußt zu sein, leben: diese Schriften weisen nicht die geringste Spur von Lüge auf. Das *mendacium* wird uns unaufhörlich, mit allen Mitteln und mit Inbrunst in den schutzlosen Magen geträufelt, ins Fleisch gerammt, aufs Haar gestreut, auf die Haut geklebt, und so droht uns allen eine grausige Gewöhnung, die noch schlimmer ist als der Tod. Um uns davon reinzuhalten, müssen wir eine Askese des Ekels betreiben, uns anfüllen mit Ekel, triefen vor Ekel. Denn die Lüge ist stark, die Lüge ist überall, wird von jedermann angewendet, gegen alle, für alle. Sogar unsere Zellen, abgewogen, durchstöbert, durchforscht, zerstückelt und endlich triumphierend in ein Register eingetragen, lügen ... Sie lügen aus Selbstschutz ... Lügen, erbärmliche, banale, nie gesehne, nie gehörte, nie erfahrene Formen der Lüge. Lügen, die die Vernichtung vertuschen; Lügen, die dreist das Leben loben, während sie es schon erdolchen. Wir wollen Ekel und Abscheu vertrauen und diesen treuen Hunden ein jedes Mahl, das man uns kocht, vorkosten lassen.

Die Campo lehrt uns vieles. Sie lehrt nicht mit der Rute, sondern mit »leichten Händen« – leicht aber wie Messer, wie die exakten Messer der Moore. Ich verlasse die, die *Flöte und Teppich* ersann und niederschrieb, an dieser sibyllinischen Grenze des aufrichtigen Lobs: Sie gehört nicht zu den loquentes mendacium.

1971

Cristina Campo in Fotoporträts